臺灣歷史與文化 研究輯刊

二二編

第 9 冊

臺灣後現代詩中的主體研究

張夢凡 著

花木蘭文化事業有限公司

國家圖書館出版品預行編目資料

臺灣後現代詩中的主體研究／張夢凡 著 -- 初版 -- 新北市：
花木蘭文化事業有限公司，2022〔民111〕
目 2+204 面；19×26 公分
（臺灣歷史與文化研究輯刊二二編；第 9 冊）
ISBN 978-986-518-989-1（精裝）
1.CST：臺灣詩 2.CST：詩評
733.08   111009909

ISBN-978-986-518-989-1

9 789865 189891

臺灣歷史與文化研究輯刊
二二編 第 九 冊   ISBN：978-986-518-989-1

臺灣後現代詩中的主體研究

作 者 張夢凡
總 編 輯 杜潔祥
副總編輯 楊嘉樂
編輯主任 許郁翎
編 輯 張雅淋、潘玟靜、劉子瑄 美術編輯 陳逸婷
出 版 花木蘭文化事業有限公司
發 行 人 高小娟
聯絡地址 235 新北市中和區中安街七二號十三樓
        電話：02-2923-1455 ／傳真：02-2923-1452
網 址 http://www.huamulan.tw 信箱 service@huamulans.com
印 刷 普羅文化出版廣告事業
初 版 2022 年 9 月
定 價 二二編 9 冊（精裝）新台幣 26,000 元

臺灣後現代詩中的主體研究

張夢凡　著

作者簡介

張夢凡，國立臺灣師範大學國文系、國文所畢業，現任職高中教師。研究新詩，關注符號延異的表現，追尋後現代詩作中的主體意識。認為關懷社會是文學的終極意義，在詩行間上下求索，希冀因剖析個人欲望如何回應大他者，而澄清詩人存在的使命。

提　　要

　　本文探討作品中的主體。在後現代主義思潮中，標榜主體權威的喪失，實際上作品中主體表達的位置仍在，但是主體不再是作品中唯一的權威作者，而是多音交響，屬於回應當下時代背景的無意識主體；而無論作者還是讀者，人們所能抓住的永遠只是語言構築出的自我幻象。筆者依據拉岡的無意識主體理論，分出性別、空間及社會三面向，以詩作中能指符號的游離過程，說明後現代詩中主體的表現與內涵。

　　回溯臺灣後現代詩論述的形成，以羅青詩作為例，錄影詩的詩觀是以文字造像，意象連綿不斷，具備實驗性，亦企圖標示後現代；然而，除了少數明顯呈現解構技巧的作品，羅青大部分的詩作後現代性不強，細究詩行，詩作大多意旨明確，企圖以詩作反映時代的抒情主體清晰可辨。

　　相對於在作者和作品之間追求統一性的抒情主體，後現代詩中的主體概念屬於無意識主體，被動地回應各界大他者的欲望，自我僅僅是幻象。

　　在性別主體方面，以夏宇、陳克華詩作為例，以解構性別的面向分析後現代詩中主體與自我認知的關係。夏宇詩通過重寫童話解構傳統兩性關係，而在不斷地反覆定義自我的存在中，凸出第一人稱「我」，跨越性別二元限制，思考「我」與宇宙萬物的關係，觀察詩中無意識主體回應性別大他者，所得到的自我幻象即當下完滿自足的個體；陳克華詩中大量的性交描寫彰顯人類的欲望本質，透過雌雄同體進而解構性別主體，而騎鯨少年成為詩中無意識主體反覆回應的永恆他者，貫串創作歷程，其後性別主體呈現出後人類無性化的特徵。

　　在空間主體方面，以林燿德、陳黎詩作為例，以解構空間的面向分析後現代詩中主體與時空感知的關係。林燿德詩以解構的詩觀將都市空間表現為廢墟心靈空間，交織政治與性愛的都市並非崇高文明，而是荒涼墮落的廢墟形象。詩中以文字記號呈現都市心靈空間，無意識主體回應的空間大他者是抽象的都市心靈，為後空間主體的呈顯；陳黎詩書寫邊緣空間，展現去中心化、解構同一性敘述的後現代性，運用文字形音義的分歧特性產生「延異」的效果，在文字構築的後空間中，一個個字塊承載並時空間，具備文化縱深，無意識主體回應空間大他者所呈現的是字塊映照出當下自我的幻象。

　　在社會主體方面，以鴻鴻詩作為例，以解構社會的面向分析後現代詩中主體與群體互動的關係。鴻鴻的後現代詩運用換喻技巧使詩中的主體表達撤離，當能指在意指鏈上移動，就會產生游離的空間，形成不確定文本；詩中的無意識主體回應社會大他者，經由「時空置換」或「時空變形」貼近社會議題，吸引讀者參與創作，使得後現代詩足以拓展表達社會關懷的途徑。

　　最終，本文提出分析詩作中主體的方法：首先，區分隱含作者與敘事者的聲音；接著，觀察詩作的寫作主題與主要能指，說明能指的移動；最後，從能指的移動軌跡分析主體的無意識話語結構，進而詮釋後現代詩中的主體。

謝　辭

謝謝陳義芝老師。

謝謝楊小濱老師，指導論文中無意識主體的概念，澄清拉岡理論應用的細節；謝謝劉正忠老師，逐步檢閱文中論述矛盾與疏漏處，給予明確的修改方向。謝謝陳義芝老師，一路護著學生前進，謝謝您說：「好！這題目可以做。」，我才有機會為自己的夢想努力，儘管我跌得再醜，有您的耐心鼓勵，讓我感受到生命被接納的美好。這世界上有人願意肯定自己，原來這麼讓人刻骨銘心。

謝謝研究所的師長，謝謝石曉楓老師於課堂上的包容、謝謝胡衍南老師一直很帥的背影、謝謝劉滄龍老師真誠給予學生鼓勵、謝謝張春榮老師指導研究的方法、謝謝顏瑞芳老師大方出借書籍；謝謝台大、政大師長多方啟迪，給予諸多學習建議。

謝謝研究所同學，分享文獻、課堂筆記，不忘提醒作業的繳交期限。記憶中課堂上平靜地言語交鋒、走廊上熱烈地零食交流，都是漫漫長夜最溫暖的咖啡。謝謝鼎鈞的個人魅力、謝謝睿衫的細心協助、謝謝勝傑的最強後援、謝謝雁喬的暖心照顧、謝謝秉旻的細膩可敬、謝謝家禎的滿滿愛心。

謝謝南港高中校長、主任及老師，謝謝涂玉萍老師，給予最大的支持還有研究建議，是您比我更相信我，在我最迷惘的時候告訴我：「你可以的！」，我才有辦法走完這一步，謝謝您！

謝謝好朋友們，耐心等待、望斷訊息，充分發揮不聞不問的禮貌運動精神。謝謝詩軒的苦口婆心、謝謝鈺婷的堅持守候、謝謝泰西的體貼關懷、謝謝昕樺的遠目支持。

　　謝謝我一輩子的家人，無論我在外如何受挫，回到家，我仍然是那個不用理由就可以被呵護的公主。謝謝母親讓我走自己想走的路，讓我成為我自己。

　　謝謝文字引領我走到這裡，我是幸運的，也應該滿足，而我多麼希望、卑微地渴求，能讓我報答一路陪伴在身邊的人。

　　我自私地選擇讀研究所，看自己想看的、鑽研自己有興趣的方向，留下一點心得。在這當中我認識最多的、最大的發現其實是「自己」，幾次捧著書本落淚，因為讀到一段深感共鳴的文字；進入論述狀態後，因為終於能表達內心感受而手舞足蹈。如果說寫論文是一件冒險的事，我們必須隨時隨地繃緊神經戰鬥，不畏懼關心問候、不焦急文獻回顧，在彷彿全世界都失眠的角落，仍進行著與孤獨的拚搏。關於研究，我還在路上，所有酸甜風景都將成為前往下一站的行囊，為了抵達不可能的遠方。

張夢凡

2018/07/23 謹誌

第一章　緒　論

第一節　研究動機與目的

一、研究動機

　　文學作品是創作者對世界的回應，而文學批評是閱讀者對作品的詮釋。筆者撰寫本文的動機在於自問兩個問題：「什麼是詩？」、「人為什麼寫詩？」。簡政珍認為：

> 詩創造一個洞穿現實的世界。在詩中，自我和他人的意識交感。詩
> 人能在詩中自我騰空，以他人的立場和感受看世界。但他也能在和
> 他人的兩相觀照下逼視自我。詩是從我到他，再從他到我的交相辯
> 證。詩人因此在社會和現實的洪流中審視自己。〔註1〕

可見詩作與現實、自我與他人若即若離的關係。詩，是語言的藝術。詩人透過詩作來面對生存環境，從中反映出社會的真實。凡文學作品皆有作者的意識滲透其中，我們找不到完全客觀的文字段落。不論是散文或是詩歌，當作者依據想表達的情思，選擇適當的體裁，若技藝不缺，則能夠順利完成作品。作品完成後，讀者的解讀將一次次「再現」作品的內涵。由於詩行精鍊，不一定在表層顯示作者的用意，讀者必須參與建構，因此文學解讀或批評才能夠給予我們閱讀作品的無限驚喜。

　　本文探究的「主體」，在現象學中，主體是意識所構成的表象、主體是

〔註 1〕簡政珍：《詩的瞬間狂喜》（臺北：時報文化出版企業有限公司，1991 年 9 月），
　　　　頁 20～21。

意識流匯聚的地方。依胡塞爾所言：

> 同一不變的「自我」，作為意識之流具備了「主動性」而又有感染力
> 的主體（Subject），活在意識流所有的過程之中，而通過意識流，與
> 所有的「客體軸（Object-poles）」相關連著。〔註2〕

當主體是意識流動的場域，主體與意識的關係可以視為「位置」與「流動」的概念。所以詩人在詩作中所呈現的主體（subject）是意識（conscious）的匯聚，藉由詩人與世界（客體）的互動，而構成了詩的情境。〔註3〕

其次，「後現代詩」在臺灣新詩領域中定義莫衷一是，〔註4〕源自於後現代主義的「不確定性」，〔註5〕閱讀後現代文本「不再相信『作者』是某一個人或許是恢復表達行為完整性的又一種方式。作品的製作者可能代表了文本中需要填充的一個位置（就像接受者一樣）。」〔註6〕，於是，在後現代的情境下，「作品中的主體」變得不確定。

如前所述，創作是人們回應世界的方式，如果確認作品都有意識的流動，那麼我們要問：「後現代詩中的主體為何？」有關「後現代」的定義眾說紛紜，因其特色或在於「沒有中心」，拒絕建立「統一」的模式，因此，探究這一類型的主體才具有開展的意義。

二、研究目的

由於後現代的不確定性，使得後現代詩的研究往往陷溺於各種前衛的浪潮，以至於面目模糊。〔註7〕然而，不論標籤下得再多，實際運用於辨認後現代詩的

〔註2〕蔡美麗：《胡塞爾》（臺北：東大圖書股份有限公司，1990年3月），頁109。

〔註3〕依據現象學認為有一主動的、同一性的主體，因此我們可以推知作品是作者主體意識的匯聚；相對而言，在後現代缺乏中心主體的情境中，探究後現代詩中的主體，則是聚焦於無意識的面向討論，以彰顯主體是被動的、多元的主體，詳見研究方法一節。

〔註4〕臺灣後現代詩的論述最早經由羅青展開，繼起者如：孟樊、廖咸浩、陳義芝、簡政珍等人，亦有專文討論，詳見研究文獻探討一節。

〔註5〕高宣揚：「後現代主義旨在批判和超越現代資本主義社會內部佔統治地位的思想、文化及其所繼承的歷史傳統，提倡一種不斷更新、永不滿足、不止於形式和不追求結果的自我突破的創造精神。」參見高宣揚：《論後現代藝術的「不確定性」》（臺北：唐山出版社，1996年10月），頁2。

〔註6〕【加】琳達·哈琴（Linda Hutcheon）著；李楊、李鋒譯：《後現代主義詩學：歷史·理論·小說》（南京：南京大學出版社，2009年9月），頁110。

〔註7〕例如孟樊在〈後現代時期的詩作特徵〉一節分出十二種類型來討論，依序為：「語言詩、圖像詩、網路詩、科幻詩、都市詩、生態詩、政治詩、方言詩、情

途徑，主要還是經由詩的表面下手，因此簡政珍批評臺灣後現代詩的研究：

> 在臺灣，所謂後現代詩幾乎都在文字或是圖像的刻意扭曲下，成為
> 「形而下」的遊戲。如此的詩作，也是一般批評家趨之若鶩的舉證
> 對象。於是，夏宇、林燿德、陳黎等人的作品一直曝顯在批評家的
> 聚光燈下。〔註8〕

所謂「形而下」的遊戲，指出後現代詩最顯著的特色為「拼貼」，例如夏宇〈連連看〉將詞語置放兩端，暗示讀者自行串連、林燿德〈鋁罐的生態〉將鋁罐上的廣告詞及原料成分穿插成詩、陳黎〈島嶼飛行〉大量羅列山脈名稱，以及陳克華〈車站留言〉並置多個時空、不同對象的對話於一詩。〔註9〕諸如此類皆是以詞語的拼貼為主要表現手法。

　　再者，「後設作為一種創作樣式，在更為廣泛的文化運動中經常涉及到後現代主義。」〔註10〕，例如羅青多次被引用的〈一封關於訣別的訣別書〉，其中後設語言亦成為辨認後現代詩的簡便途徑。〔註11〕由此可知，評論後現代詩除了辨別拼貼手法及後設語言之外，詩作中的後現代精神是容易被忽略及難以指認的。因此，在分析主體之前，應先確立本文對於後現代詩的定義，以期能作出合理的詮釋。

　　至於對主體的分析，則需要透過後現代詩人群體為代表。針對主體本文分為「性別主體」、「空間主體」及「社會主體」三個主題，冀望藉由個體跨越性別、空間、社會等途徑來詮釋主體在後現代情境中不同層面的回應。

　　以上，本文以臺灣後現代詩人羅青（1948～）、陳黎（1954～）、夏宇（1956～）、陳克華（1961～）、林燿德（1962～1996）、鴻鴻（1964～）等六位詩人的

　　　　色詩、女性詩、原住民詩、後殖民詩。」參見孟樊：《臺灣後現代詩理論與實際》（臺北：揚智文化事業股份有限公司，2003年1月），頁90～154。

〔註8〕簡政珍：《臺灣現代詩美學》（北京：北京大學出版社，2014年1月），頁167。（此書於2004年在臺灣由揚智出版社出版。）

〔註9〕以上列舉詩作依序參見夏宇：《備忘錄‧連連看》（臺北：夏宇出版，1984年9月），頁24、林燿德：《都市之甍‧鋁罐的生態》（臺北：漢光文化事業股份有限公司，1989年6月），頁103～119、陳黎：《島嶼邊緣‧島嶼飛行》（臺北：皇冠文學出版有限公司，1995年12月），頁199～201、陳克華：《美麗深遂的亞細亞‧車站留言》（臺北：書林出版有限公司，1997年4月），頁9～10。

〔註10〕【英】帕特里莎‧渥厄（Patricia Waugh）著；錢競、劉雁濱譯：《後設小說：自我意識小說的理論與實踐》（臺北：駱駝出版社，1995年1月），頁24。

〔註11〕參見陳義芝：《聲納——臺灣現代主義詩學流變》（臺北：九歌出版社，2006年3月），頁190～192。

作品為研究範圍，以詩中的主體為考察對象，略窺 1970 年代以降臺灣新詩發展。欲達成的研究目標有：一、後現代詩的再定義。二、說明後現代詩中主體的表現與內涵。

第二節　文獻回顧與探討

一、研究文獻回顧

（一）後現代主義

後現代（Post Modern）一詞最早使用於 1870 年，英國畫家 J. W. Chapman 使用的涵義是「比現代更現代」（more Modern than Modern），也可以說是後印象主義（Post Impressionism）。〔註12〕

而後現代主義思潮最早是在建築領域興起，〔註13〕以去中心、不均衡、解構、及多元並陳等特徵作為表現手法。實際上「後現代」的特徵多與「現代」關係密切，例如學者伊哈布·哈山在《後現代的轉向：後現代理論與文化論文集》一書中，提及兩者的關聯性，〔註14〕而哈山認為在眾多指標當中，「不確定性」和「內在性」可以涵蓋後現代主義思潮的一切特徵。〔註15〕

〔註12〕關於「後現代」一詞的使用，各領域的意涵、發展源起不盡相同。參見老碗：《後現代建築》（臺北：揚智文化事業股份有限公司，1996 年 7 月），頁 5～14。

〔註13〕「『後現代主義』一詞大約是在六〇年代中期正式啟用的，它出現於一個很特定的領域，那就是建築。建築師是第一批有系統地使用『後現代主義』一詞的人，他們的意思是建築裡的現代主義已經過時了，已經死亡了，現在已進入了後現代主義階段。」參見【美】詹明信著；唐小兵譯：《後現代主義與文化理論》（臺北：合志文化事業股份有限公司，2001 年 6 月），頁 176。

〔註14〕伊哈布·哈山表列出現代主義與後現代主義的特徵，並一一對照，例如：「浪漫主義／象徵主義 vs. 帕塔費西學」、「達達主義、形式（關聯的、封閉的）vs. 反形式（斷裂的、開放的）」、「確定性 vs. 不確定性」、「超越 vs. 內在性」……等 33 項差異。參見【美】伊哈布·哈山（Ihab Hassan）著；劉象愚譯：《後現代的轉向：後現代理論與文化論文集》（臺北：時報文化出版企業股份有限公司，1993 年 1 月），頁 153～154。

〔註15〕「認為不確定性涵括了所有那些要解體（unmaking）的意志、欲望和傾向，諸如：含混、分裂、解構、離心、位移、變形、多元性、隨意性等，而內在性則代表了心靈在符號中概括自身的能力，也就是人的智性運用符號和語言干預自然、創造自身的能力，它涵括了散佈、傳播、推進、相互作用、相互依存、交流等欲望和傾向。」參見【美】伊哈布·哈山（Ihab Hassan）著；劉象愚譯：《後現代的轉向：後現代理論與文化論文集》，頁 350。

　　學者王岳川《後現代主義文化研究》則將其視為一陣經歷巔峰過後便隨之衰頹的文化思潮：「後現代主義思潮是後現代社會（後工業社會、信息社會、晚期資本主義等）的產物，它孕育於現代主義的母胎（30 年代）中，並在二戰以後與母胎撕裂，而成為一個毀譽交加的文化幽靈，徘徊在整個西方文化領域。後現代主義的正式出現是 50 年代末至 60 年代前期。其聲勢奪人並震懾思想界是在 70 年代和 80 年代。這一階段，在歐美學術界引起一場世界性的大師級之間的『後現代主義論戰』。到了 90 年代初，後現代主義開始表現出狂躁以後的疲憊，聲勢大減。」〔註16〕，將後現代主義視為文化浪潮，以其先鋒性襲捲各個領域。

　　學者高宣揚認為：「後現代主義並不單純屬於西方社會和文化的範疇。人類社會和文化在本世紀末的發展及其全球化過程，使後現代主義成為一種全球性的文化現象。」〔註17〕《後現代論》分出歷史的、社會的以及文化等範疇探討後現代現象，並從符號的解構性開始探討有關拉岡、德希達、傅柯等人的學說，有系統性地分析後現代主義，整體而言，從社會經濟發展到個體精神存在，後現代主義是處在一種「反」的姿態。

　　而這種姿態與後結構主義有密切的關係，在《後現代理論：批判的質疑》中，主張「發生在法國一連串社會經濟的、文化的、理論的以及政治的事件，助長了新的後現代理論的興起。主張歷史發生後現代斷裂的法國理論，深受二次大戰後法國快速現代化的過程、五〇到六〇年代哲學與社會理論令人興奮的發展，以及一九六八年五月風暴所產生的巨變感所影響；在五月風暴中，學生和工人的反叛癱瘓了整個國家，並重新燃起法國的革命傳統。風暴帶來的政治希望破滅之後，天啟式的衝動轉化成為主張歷史斷裂、新時代來臨的後現代理論。」〔註18〕，將後現代主義與後結構主義的發展聯繫起來，有助於理解後現代破除二元對立架構的傾向，書中提及傅柯、德勒茲、李歐塔等人的論述，呈現出理論的多元面向。

　　因此，本文探究後現代主義的切入點著重於「解構」，從這個角度去理解主體的建構與解構。

〔註16〕王岳川：《後現代主義文化研究》（臺北：淑馨出版社，1993 年 2 月），頁 8。
〔註17〕高宣揚：《後現代論》（臺北：五南圖書出版有限公司，1999 年 10 月），頁 5。
〔註18〕【美】史帝文‧貝斯特（Steven Best）、道格拉斯‧凱爾納（Douglas Kellner）著；朱元鴻等翻譯：《後現代理論：批判的質疑》（臺北：巨流圖書公司，1994 年 8 月），頁 37。

（二）主體／無意識

主體（subject）／主體性（subjectivity）的內涵主要有以下幾點：

1.「主體」往往在哲學論述中和客體互為對照。

2. 從笛卡兒到康德、黑格爾至尼采，主體性的概念得到完整的發展，進一步在佛洛伊德的精神分析理論中，透過無意識所累積的心理創傷和記憶，形成精神的主體。

3. 主體是個體的自我意識。

4.（拉岡）認為形構主體性的過程是一種語言性的結構。

5.（傅柯）的論述中，主體與客體是權力運作的關係。

6. 在後結構主義的思考下，主體往往和語言的演現有關。〔註19〕

可見「主體」一詞的涵蓋層面甚廣，且各界對於「主體」一詞的使用亦不盡相同。〔註20〕其中，先就主體的建構歷程而言，笛卡兒（1596～1650）是理性主義的哲學家代表，以理性為出發點，目標是找到絕對可靠的知識，而尋找的過程中如何保證存有？笛卡兒提出「我思故我在」，思想就是意識的存在，即思想著的主體。〔註21〕「按笛卡兒的描述，我思主體的心靈或精神分離於、並且對立於外在的物質世界（有機的和無機的自然）。」〔註22〕可以說從理性主義建構出或標高了「主體」與「自然」二元對立的模式，「將人定義為與自然分離的理性主體，總是伴隨著人追求其對環境的控制，在穩步發展的科技技術的幫助下，這種追求最終導致了人對自然的無限的統治。」〔註23〕

〔註19〕廖炳惠：《關鍵詞200：文學與批評研究的通用辭彙編》（臺北：麥田出版社，2003 年 9 月），頁 252～253。

〔註20〕舉安哲利茲（Peter A. Angeles）《哲學辭典》中對「主體」的解釋為例：「1. 它的一些事物（性質、關係、特徵、屬性、特性）可予以肯定（或否定）、2. 可以說是它內在固有一些事物。在形上學意義上，主體可以與諸如實體（substance）、本體（substratum）、根據（ground）、存有（being）、真實（real）、實在（reality）、絕對（absolute）一類詞語交換使用、3. 思想動因（agent）；支持心理活動和事件或為其原因的存有物、4. 心靈（mind）、5. 自我（ego）。」參見【美】安哲利茲（Peter A. Angeles）著；段德智、尹大貽、金常政譯：《哲學辭典》（臺北：貓頭鷹出版社，2004 年 4 月），頁 10。其中，「思想動因」可以成為本文探究的焦點，也就是掌握活動和事件的主動性。

〔註21〕參見鄔昆如：《西洋哲學史》（臺北：正中書局，1971 年 12 月），頁 367～373。

〔註22〕【美】弗萊德‧R‧多邁爾（Fred R. Dallmayr）著；萬俊人譯：《主體性的黃昏》（桂林：廣西師範大學出版社，2013 年 1 月），頁 162。

〔註23〕【美】弗萊德‧R‧多邁爾（Fred R. Dallmayr）著；萬俊人譯：《主體性的黃昏》，頁 163。

而如此深入社會各個層面的控制，反映出現代社會的樣貌。

　　在傅柯（1926～1984）的論述中，正是從人類對自然的全面掌控，甚至是對現代人的「製造」來瓦解人的主體性。〔註24〕就作品的層面而言，傅柯認為：

> 人們承認作品中必定有某個層次（想像多深就有多深），在這個層次上，作品通過它所有的，哪怕是最微小、最不顯眼的細節顯現出來，就像表達作者的思想或者經驗，想像或者無意識，或是作者受制於的歷史規範性一樣。但是人們會很快發現這樣的單位是由某種操作構成的，這非是即刻給予的。〔註25〕

也就是說，傅柯不認為存在有連續性、統一性的主體，主體是在權力關係中被建構出來的，現代人是由外力操作到自我內化的產物，「人將被抹去，如同大海邊沙灘上的一張臉。」〔註26〕，傅柯進一步討論「主體」在書寫主體方面的特性，認為書寫是展開一個遊戲空間：

> 書寫好像遊戲般展開，而且這種遊戲必然超越它自身的法則與界限。就書寫而言，其要點不在於彰顯或提升書寫的作為，亦非將某一主體囚禁在語言中，而是要創造出一個寫作主體經常隱遁其中的空間。〔註27〕

傅柯認為作者提供的是空間，而作者在書寫中扮演的是死亡的角色。作者最終將隱遁——或死亡，從而顛覆作者權威，讓文本成為一個開放的空間，誰都有可能佔據那個主體位置。

〔註24〕「對於西方文化而言，『現代人』不僅僅是一個觀念，更重要的是一種『現代人』實踐，即『把人變成主體』的過程。現代西方文化把人當作主體，主體這個概念包含著以人性為基礎的一整套對人的理解和對人的規範。但是，本真的人、原初的人並不是主體，並不按照以主體為基礎的人性觀念來行動。所以，西方文化就需要對本真的人進行改造，使之成為符合主體標準的人即現代人，同時對不符合主體標準的『不可改造的人』進行排斥，將其歸入『非人』。從這個意義上說，『把主體變成人』的過程就是『生產』現代人的過程。」參見劉永謀：《傅柯的主體解構之旅——從知識考古學到「人之死」》（南京：江蘇人民出版社，2009 年 5 月），頁 151。

〔註25〕【法】米歇爾・傅柯（Michel Foucault）著；謝強、馬月譯：《知識考古學》（北京：生活・讀書・新知三聯書店，2003 年 1 月），頁 24。

〔註26〕【法】米歇爾・傅柯（Michel Foucault）著；莫偉民譯：《詞與物：人文科學的考古學》（上海：上海三聯書店，2016 年 7 月），頁 392。

〔註27〕【法】米歇爾・傅柯（Michel Foucault）著；王俊三譯：〈「作者」探義〉，《中外文學》第 13 卷第 1 期（1984 年 6 月），頁 131～132。

　　然而，即使主體的自主性消亡、權威性喪失，傅柯仍提及「無意識」存在的可能性。主體的意識依據佛洛依德（1856～1939）在精神分析學的觀點，可以分為「意識」、「前意識」及「潛意識」，而透過壓抑機制，讓主體能夠統合三方意識，達到和諧。〔註28〕針對無意識，拉岡（1901～1981）提出「無意識是他人的話語」〔註29〕，認為無意識的構成可以分為三個界域，分別是想像域、符號域與現實域。〔註30〕拉岡援用愛倫‧坡（Edgar Allan Poe）《失竊的信》（Purloined Letter）為例，說明主體的欲望：

> 因為我們從愛倫‧坡的這篇從數學意義上講蘊涵廣大的小說中解釋出一種分立。在這個分立中，主體以客體越過自身但主客體又絕不交融而得到自證。這個分立歸屬於在這個文集末尾以客體 a 的名義出現的準則的（讀作小 a）。恰是要由客體來回答我們一開始就提出的風格的問題。在布封認為人施以影響的地方，我們要求客體的除離。這除離顯示出了它所孤立出的地方。而客體既是使主體隱蔽的欲望的原因，亦是將主體維繫在真理與知識之間的力量。〔註31〕

那封信件的內容是客體，當信件在主體間流動，整個過程顯示出主體的欲望。所謂「小它物」即主體的欲望客體，拉岡認為小它物是主體永遠追尋不到的欲望，但是同時也成為主體無意識的證據。

　　由此可知，「主體」相關的理論大多來自佛洛依德、拉岡、傅柯等，而專就文學作品而言，筆者所要探討的是作者的意識「如何」滲透到作品當中，「如何」是過程，經過某個明確的程序，去指出作者之所以會創作出這樣的作品，是因為環境因素，或是某種原因，讓他一再地於作品中體現某種意識，

〔註28〕參見【奧】西格蒙德‧佛洛伊德（Sigmund Freud）著；林塵譯：《自我與本我》（上海：上海譯文出版社，2011 年 9 月），頁 197～216。

〔註29〕參見【法】拉康（J.M. Lacan）著；褚孝泉譯：《拉康選集》（上海：上海三聯書店，2001 年 1 月），頁 409～411。

〔註30〕王德威：「拉岡認為，符號語言所形成的『現實』無法絕對整合意義秩序，『真實域』總以這樣或那樣的方式從符號體系的縫隙中疏漏出來。這些從符號域疏漏出來的殘餘像鬼魅一樣流竄在我們的世界裡，隨時伺機反撲。換句話說，『真實域』是欲望圍繞而無法抵達的對象，而『小它物』成為詭異的中間物，被壓抑者的變體回返，一方面指向創傷性內核的誘惑，一方面成為抵制主體符號化的殘渣。」參見王德威：〈楊小濱視野下的拉岡〉，收入楊小濱：《欲望與絕爽：拉岡視野下的當代華語文學與文化‧序》（臺北：麥田出版，2013 年 9 月），頁 6。

〔註31〕【法】拉康（J.M. Lacan）著；褚孝泉譯：《拉康選集》，頁 3。

這個滲透需要判讀的標準，而不能夠僅只於「呈現」而已。再藉由讀者的閱讀「再現」或「轉化」某種意義與價值。因此，分析主體的方式需要透過文本細讀，旁及作品的內外交和，重新詮釋。

　　舉李癸雲《朦朧‧清明與流動——論臺灣現代女性詩中的女性主體》〔註32〕為例，其詮釋主體性的途徑為「作品中的主體位置」、「作品中的性別認同」到「語言實踐」。其中，性別認同的設定與女性主體研究有關，在本文則與「同志」有關，而「主體位置」與「語言實踐」則可以成為本文架構的參考方向。

（三）臺灣後現代詩論述

　　在臺灣文學的新詩領域中，較早討論到關於後現代的影響，主要從 1989 年蔡源煌《從浪漫主義到後現代主義》、1993 年羅青的《什麼是後現代主義》以及 1995 年孟樊的《當代臺灣新詩理論》展開論述。繼起者如：廖咸浩、陳義芝、簡政珍等人，小有專文討論，將後現代詩的特徵整理得更加完備。試以「後現代詩」標籤在臺灣詩壇由萌芽、發展至階段性成熟的相關論著，整理表格如下：

分　期	說　明	出　版	代表著作
萌芽期	觀察詩作語言多元性的表現方式，結合社會快速變遷等背景因素，提出整體詩風的轉向	1993	羅青《什麼是後現代主義》
		1995	孟樊《當代臺灣新詩理論》
發展期	引介西方理論，分析歸納後現代詩作的表現及其精神內涵，對於圖象詩作尤其關注；夏宇、陳黎成為代表性的後現代詩人	2003	孟樊《臺灣後現代詩的理論與實際》
		2004	簡政珍《臺灣現代詩美學》
		2006	陳義芝《聲納：臺灣現代主義詩學流變》
成熟期	階段性地總結臺灣後現代詩的發展，以後現代精神為主，持續發展後現代詩美學	2012	蕭蕭《後現代新詩美學》

　　蔡源煌認為：「後現代文化代表了一種新的自覺，而反映在文學上的便是

〔註32〕李癸雲：《朦朧、清明與流動：論臺灣現代女性詩作中的女性主體》，臺北：萬卷樓圖書股份有限公司，2002 年 5 月。

敘事語言的自我指涉傾向。……後現代主義是現代主義運動之後繼起的文化趨勢。它一則延續現代主義，一則是一種絕望的情緒之下所產生的反動。後現代文化現象的產生，至少說明了它是由自於作家、藝術家、理論家對現代主義藝術及文學的不滿意而誕生。」〔註33〕

　　相較於蔡源煌偏向於文學領域的觀察，羅青在引介後現代主義時，則是從整體社會經濟發展著手，他主張後現代文化是後工業社會的反映，「在資訊社會中的人、事、物都可以分解成最小的資訊記號單元，都可以從過去的結構體中解構出來。資訊的交流重組與複製再生，便成了後工業社會的主要生活及生產方式。……至於在文學方面，從1961年，余光中發表〈再見，虛無〉及〈天狼星〉長詩，以及稍後出版的《蓮的聯想》詩集，便開始了文學通向後現代的門徑。1970年，我自己（羅青）發表〈吃西瓜的六種方法〉，充滿了解構式的觀念，運用留白，開啟單元相互對照的多元技法，是新詩中後現代傾向的一個先聲。」〔註34〕，其中，所謂「通向後現代的門徑」，筆者認為對余光中而言，是告別現代主義之虛無，而開啟新古典主義，發揚東方美學之精神；而羅青所言，意指後現代詩為臺灣後現代情況在文學方面之「新」的轉向，因此上溯新詩發展，簡便地將余光中之「新」與後現代之「新」聯繫在一起，實際上兩者的意義並不相同，但是可以說明羅青欲強調後現代狀況在臺灣社會各層面帶來的「新」傾向。

　　在後現代理論的領域中，孟樊在1995年《當代臺灣新詩理論》及2003年《臺灣後現代詩的理論與實際》中，關於臺灣後現代詩的特徵勘為代表；〔註35〕其後，廖咸浩在1996年〈離散與聚焦之間──八十年代後現代詩與本土詩〉、1998年〈悲喜未若世紀末──九〇年代的臺灣後現代詩〉亦提出見解，

〔註33〕蔡源煌：《從浪漫主義到後現代主義》（臺北：雅典出版社，1994年8月），頁241～243。

〔註34〕關於後工業社會的特色還包含電視、電腦等技術性的改變，擴及到食、衣、住、行等，參見羅青：《什麼是後現代主義》（臺北：臺灣學生，1993年11月），頁318～323。

〔註35〕孟樊認為臺灣後現代詩創作的特徵有：「1. 文類界線的泯滅。2. 後設語言的嵌入。3. 博議（bricolage）的拼貼與混合。4. 意符的遊戲。5. 事件般的即興演出（happening performance）6. 更新的圖像詩與字體的形式實驗 7. 諧擬（parody）大量的被引用。」參見孟樊：《當代臺灣新詩理論》，（臺北：揚智文化事業股份有限公司，1995年6月），頁265；以及《臺灣後現代詩理論與實際》，（臺北：揚智文化事業股份有限公司，2003年1月），頁193。

可為補充；〔註36〕接著，2000 年陳義芝〈臺灣後現代詩學的建構〉當中歸納後現代主義詩文本的特色。〔註37〕綜合以上論點，可以清楚看見後現代詩多義的特質並且處於流動的狀態。

　　觀察以上學者所引用的西方論著大致有：

　　1979 年【法】李歐塔（Jean-François Lyotard）：《後現代狀態：關於知識的報告》〔註38〕，探討「知識」的合法性，誰決定知識是什麼？回歸「陳述」的本質，陳述的內容不變，改變的是視野，在後現代視野中，「後設語言」影響陳述的效果。

　　1985 年【美】詹明信（Fredric Jameson）：《後現代主義與文化理論》〔註39〕，著重討論馬克思主義、資本主義等社會文化發展，在書末的訪談中針對後現代主義提出個人的歷史觀察。

　　1987 年【美】伊哈布・哈山（Ihab Hassan）：《後現代的轉向：後現代理論與文化論文集》〔註40〕，揭出內在性和不確定性作為概括後現代主義思潮的

〔註36〕廖咸浩所歸納的特色包含：「1. 反寫實主義。2. 國際取向。3. 宏觀政治取向。4. 都市取向。5. 未知／未來取向。6 多語混雜。7. 多元議題。」以及修正之後的：「1. 文字物質性的深掘。2. 日常感動常在無心處。3. 政治議題與文本交歡。4. 情欲的歡慶、無奈與癲狂。5. 網路文化與想像未來。」參見廖咸浩：〈離散與聚焦之間——八十年代後現代詩與本土詩〉，收入封德屏主編《臺灣現代詩史論》（臺北：文訊雜誌社，1996 年 6 月），頁 437～450；以及〈悲喜未若世紀末——一九〇年代的臺灣後現代詩〉，收入林水福主編《兩岸後現代文學研討會論文集》（新莊：輔仁大學外語學院，1998 年），頁 33～55。

〔註37〕陳義芝歸納後現代主義詩文本的特色有五點：「1. 不再追求個人主義風格的創新，反而將仿造（pastich）作為一種寫作策略。2. 以不連續的文字符號建構出有別於傳統、不具意指（signification）的語言系統。3. 創作的精神不在於抒發情感，而在於表現媒介本身；不在於呈現真實事物，而在完成一種廣告式的幻象。4. 表現手法不依賴時間邏輯，而靠並時性空間關係的突出，景物與景物間、事件與事件間，因互不相屬而留下更多聯想的空間。5. 要求讀者參與創作遊戲，讀者可以在作者有意缺漏的地方填入不同的意符而產生不同的意指。」參見陳義芝：〈臺灣後現代詩學的建構〉，收入國立臺灣師範大學國文系編《解嚴以來台灣文學國際學術研討會論文集》（臺北：萬卷樓出版社，2000 年 9 月），頁 385。

〔註38〕【法】李歐塔（Jean-François Lyotard）著；車槿山譯：《後現代狀態：關於知識的報告》，臺北：五南，2012 年 4 月。

〔註39〕【美】詹明信著；唐小兵譯：《後現代主義與文化理論》，臺北：合志文化事業股份有限公司，2001 年 6 月。

〔註40〕【美】伊哈布・哈山（Ihab Hassan）著；劉象愚譯：《後現代的轉向：後現代理論與文化論文集》臺北：時報文化出版企業股份有限公司，1993 年 1 月。

一切特徵；書中討論大眾文化與解構主義，說明後現代思潮的根本改變。

1988 年【加】琳達‧哈琴（Linda Hutcheon）:《後現代主義詩學：歷史‧理論‧小說》〔註 41〕，後現代主義詩學表現一種元語言矛盾，既置身其中又置身其外、既參與又保持距離，既確立又質疑自己臨時不定的表達形式。

至於中國學者關於後現代的專著如：1998 年王岳川《後現代主義文化研究》〔註 42〕，階段性地歸納整理後現代主義思潮對社會各層面帶來的影響。在這些論述的基礎之上，後現代主義仍在進行、產生變化，等待、也不等待新的定義。

（四）六位詩人相關論述

學位論文方面，在後現代詩人的研究領域當中，林燿德、夏宇及陳黎三位詩人，是最常被舉例的研究對象，而羅青則是與後現代思潮的引進最為密切；陳克華除了情色文學相關研究外，還有其他發展面向，例如「死亡」、「知識分子」等，於此不贅述；至於詩人鴻鴻則尚無論文專論其後現代詩的表現。

1. 1998 年鄒桂苑《拼貼當代臺灣情／色文學地景──陳克華詩作文本探勘 1981～1997》〔註 43〕，以傅柯（Foucault）、巴塔耶（Bataille）、德希達（Derrida）等人的學說，檢視詩作與臺灣地景的關係，由此探勘文學與權力之間的關係；其內、外緣的研究成果可以成為參考資料。

2. 2002 年王文仁《光與火──林燿德詩論》〔註 44〕，論者以林燿德為中心，追尋其創作步伐，闡釋臺灣新詩的走向，對於後現代主義的形成與發展有詳細的整理；論文第四章提出「後都市詩學」的建構，說明後現代情境下多元解構與都市集體潛意識的現象。

3. 2003 年鄭智仁《苦惱與自由的平均律──陳黎新詩美學研究》〔註 45〕，論者援引波蘭哲學家羅曼‧英加登的理論架構，將「文學藝術作品」分為四個

〔註 41〕【加】琳達‧哈琴（Linda Hutcheon）著；李楊、李鋒譯：《後現代主義詩學：歷史‧理論‧小說》，南京：南京大學出版社，2009 年 9 月。

〔註 42〕王岳川：《後現代主義文化研究》，臺北：淑馨出版，1993 年 2 月。

〔註 43〕鄒桂苑：《拼貼當代臺灣情／色文學地景──陳克華詩作文本探勘 1981～1997》，臺北：淡江大學中國文學系碩士論文，1998 年。

〔註 44〕王文仁：《光與火──林燿德詩論》，嘉義：南華大學文學研究所碩士論文，2002 年。

〔註 45〕鄭智仁：《苦惱與自由的平均律──陳黎新詩美學研究》，高雄：國立中山大學中國語文學系研究所碩士論文，2003 年。

層次，從語詞聲音、意象語義、意向關聯所投射的客體到客體的外觀層次等。論文先從語言策略著手，依次分析陳黎詩作的美學表現，其結論認為陳黎的創作正是從苦難中捕捉喜悅。

4. 2004 年陳柏伶《據我們所不知的——夏宇詩研究》〔註46〕，論者鋪開與夏宇相關的評論，在如詩的語言裡與夏宇一同呼吸。其論述即使隨性，仍不失卻詩的美感。關於後現代主義以古繼堂、林燿德、楊小濱、朱雙一等人的論述為主；其附錄中對於夏宇詩的賞析，可進一步參酌討論。

5. 2005 年張仁春《陳黎後現代詩研究》〔註47〕，論者多方面地論述陳黎的「邊緣性」，包含精神上、地理位置上及教育觀念等；另一方面，提出「本土性」，認為「庶民文化是陳黎詩作裡的起動點，它滲合了本土性和邊緣性的要素，彰顯其原本曖昧、拋置的角色。」〔註48〕

6. 2010 年蕭芳珊《羅青詩藝研究》〔註49〕，論者肯定羅青引進後現代理論的貢獻，而且臺灣最早使用後現代詩命題的亦為羅青；論者認為羅青是具有創造力的詩人，然而其詩作的語言文字淺薄，在一定程度上影響詩作的表現。

7. 2011 年甘能嘉《台灣現代詩壇的「新世代」論（1985～1990）——以林燿德為問題核心》〔註50〕，論者從年度詩選與詩社的發展，探討詩壇的「世代建構」，而林燿德是其中重要的推手。其結論言：「臺灣文學史上『寫實→後現代』間會存在一種『跳躍』的發展關係，毋寧也是刻意被製造出來的。」〔註51〕論者強調林燿德等人為了建構「新世代」而定義出的「後現代詩」，實際上不見得是屬於後現代的。

8. 2012 年李宥璇《夏宇詩的修辭意象與其後現代風格》〔註52〕，論者歸納夏宇詩的後現代風格：諧擬、拼貼、聲音、圖像，分別引詩分析。

〔註46〕陳柏伶：《據我們所不知的——夏宇詩研究》，臺南：國立成功大學中國文學系碩博士班碩士論文，2004 年。

〔註47〕張仁春：《陳黎後現代詩研究》，嘉義：國立嘉義大學中國文學系碩士論文，2005 年。

〔註48〕張仁春：《陳黎後現代詩研究》，頁 383。

〔註49〕蕭芳珊：《羅青詩藝研究》，臺中：逢甲大學中國文學所碩士論文，2010 年。

〔註50〕甘能嘉：《台灣現代詩壇的「新世代」論（1985～1990）——以林燿德為問題核心》，新竹：國立清華大學中國文學系碩士論文，2011 年。

〔註51〕甘能嘉：《台灣現代詩壇的「新世代」論（1985～1990）——以林燿德為問題核心》，頁 183。

〔註52〕李宥璇：《夏宇詩的修辭意象與其後現代風格》，高雄：國立中山大學中國文學系研究所碩士論文，2012 年。

9. 2012 年張之維《臺灣現代詩中的廢墟詩境——以商禽、羅門、林燿德為例》〔註53〕，論者以藝術社會學的觀點分析，關注「人類處境」的變化，其中第五章討論後現代「身體」的拔升，認為林燿德大量寫「性」，是承認性與人性的連結，甚至以「性」的書寫作為一種反傳統的表徵。

關於詩人林燿德的研究大致可分為「新世代詩人」與「都市詩技法」兩方面；夏宇則較集中於後現代詩法的表現；陳黎在「圖象詩」的表現則最受矚目。

以上，從後現代主義、主體意識到臺灣後現代詩相關文獻回顧可知，解構傾向從個人精神內在的辯證，至於社會制度外在的變動，皆佔據重要的地位。而不論文學作品的表達手法如何更新，甚至突變或自我毀滅，都無法抹煞其反映社會的功能與意義。

二、研究文獻探討

從以上文獻回顧當中，發現需要解決的問題有：

（一）後現代詩的定義模糊

後現代詩在後現代主義思潮下，可供論者切入的角度多樣，從表面的修辭到文字符號的關係，或者延伸到解構主義以及精神分析等，倘若以「後現代視野」觀照任何一首詩，可能都能夠解讀出一番道理。因此，對於後現代詩的定義，筆者先依據臺灣後現代論述的生成，提出對於「後現代概念」的定義，主要有四點：

1. 後現代主義是一種意識形態、一種運動、一種過程。它處在過程中，沒有提供終點。

2. 後現代拒絕中心、一統化，強調共性，排除二元對立、不均衡、不相稱。

3. 後現代質疑主體性，但不否認主體性。

4. 後現代讓主從結構變化為點狀結構，並置多元價值，因此削弱整體的意義性。

依據以上的觀點，筆者認為判斷具備後現代概念及技法的作品，大致有二點特徵：

〔註53〕張之維：《臺灣現代詩中的廢墟詩境——以商禽、羅門、林燿德為例》，桃園：元智大學中國語文學系碩士論文，2012 年。

1. 企圖以語言的物質性達到反諷的效果，它有一個對峙的「對象」。

2. 詩作的主題從相對的邊緣出發，抵達並肯認自我，形成一個中心。

最後，筆者對於後現代詩的概略定義是：「解構的主體與流動的意識。」

（二）主體意識的定義模糊

「主體」一詞關涉三個面向：精神分析學的個體（生物的）、哲學的思考者（精神的）以及文學的創作者（想像的）。雖然筆者所要詮釋的主體，應界定在文學的創作者；然而，為了說明這想像的存在，仍需要借助精神分析理論或哲學理論來詮釋，因此，研究的路徑需要奠基於筆者對「主體」及「意識」的界定。

如果說有所謂「後現代主體」，那麼可以與之對應的概念是否為「抒情主體」？高友工從「經驗」的角度談抒情主體：

> 在這個「言志」傳統中，它的核心義是在個人心境中實現他的理想。這種理想就「抒情」一義來看顯然是一個「自然、自足、自得、自在」精神的實現，這也就是說在這一理想下每一階段都有體現「和諧」歸於「一」的可能。而在這最後的一個層次即是說這個「和諧、一體」不但可以在我們的解釋本身中出現，而且它必須能解釋「作者」與此「作品」之關係及此「作品」與其所指「對象」的關係。為了實現這種統一性「作品」中的「對象」（object）必終於與「作品」中的「主體」（subject）得進入一種混同的境界。〔註54〕

主體掌握經驗，進而能夠再經驗，因此當「作者—言志—作品」達到統一性，就是抒情主體的展現。

高友工提出詩言志的抒情傳統來說明作者與作品之間的密切關係，是以抒情體式能夠讓「主客統一」，建立起作者人格精神保存在作品表現中的途徑。

筆者認為這樣詮釋抒情傳統可以指出一個「抒情主體」，在詩言志的態度下，抒情主體透過藝術媒介表達個人心境。據此，我們要思考的問題是：後現代主義中的主體與抒情主體有何異同？如果詩不言志，那麼「言」表達的價值至少在抒情傳統眼中是喪失的。當「傳統」的價值遭到挑戰，詩不言

〔註54〕高友工：《中國美典與文學研究論集》（臺北：臺大出版中心，2004 年 3 月），頁 97。

志了、人類的人格不崇高了，一切建構的世界開始崩解，各方新的、邊緣的價值開始湧現，藝術的定義產生動搖，什麼是？什麼不是？都得到激活的可能。

那麼我們可以思考的，例如機器人寫的詩，有什麼意義？意義不在本身，不在字詞上，而在「書寫過程」，一首後人類創造的詩，它每個細微的動作都在體現後人類的想像；至於作品則在「字的罅縫」，字塊被擺放的位置以及字與字之間的關係充斥著意義，所以當一首詩刻意保留被詮釋的空間，形成不確定文本，能夠誘使讀者參與創作或延伸想像，那麼筆者願意武斷地說，它是一首具備後現代主義傾向的作品。

後現代主義的作品中有著什麼樣的主體呢？它像鏡子，碎裂的鏡子。如果是抒情主體應有一面完整的鏡子，讀者可以通過作品看到完整的形象，包含作者與讀者的形象將會清晰地投射在抒情主體的鏡面上。而後現代主體的鏡子是碎裂成一片片的，如果的讀者想要找「意義」，就只能自己拼湊鏡子碎片，最終可能得到滿意的答案離去，或者始終迷失在碎片裡。一個優秀的後現代詩人，是擅於提供碎片的，他誘使讀者撿拾碎片，讓大部分的人可以找到某種答案，但是不排斥有其他可能。

最終，一首後現代詩沒有辦法蓋棺論定，它像羅生門，映照出讀者眾生相。那個放置碎片的詩人，他仍然擁有自己完整的主體意識（現實個體），但是在詩作中，他不會完整顯現，他只在碎片間遊走，誘導讀者看碎片，有些碎片是有詩人主體的、有些碎片則沒有。研究初始，筆者試圖抓住的是那游移的主體，但是發現所能抓住的只有自己的詮釋，如果說要指認後現代主體，我會嘗試說出這個後現代主體的關懷有哪些不同的面向，而意義是沒辦法定於一尊的，也就是說，後現代主體本身就應該是多元的定義。因此在本文的研究範圍內，嘗試分出性別、空間及社會三個面向討論，企圖勾勒後現代詩中的主體內涵。

（三）研究後現代詩人相關論著，多停留在表現技巧

從專書、期刊到學位論文，大部分的研究者想要定位後現代詩人，通常先要經過層層文字迷障，因此多在寫作技巧上打轉，例如修辭技巧、文字排列或拼貼遊戲等，從章節安排以至整體架構，往往在嬉戲之後遊戲就結束，而未能進一步申論詩作中的後現代精神。因此，本文嘗試聚焦在詩作中意識的流動，希冀能詮釋主體的表現與內涵。

第三節　研究理論與方法

一、研究理論

　　本文研究理論主要觸及兩個領域：一是精神分析學，由佛洛伊德的潛意識、榮格的集體潛意識到拉岡的無意識話語系統；一是語言學，從索緒爾的能指所指到德希達的延異理論，另外旁及胡塞爾的現象學、傅柯的權力關係等。從主體的意識到作品中的意象，再連結到能指所指符號，透過物質化符號的流動，能指、所指的塗抹，去解構、顛覆了主體，讓主體在詩作中空出表達位置。

　　筆者嘗試以拉岡「永遠匱乏的欲望」對應於德希達「永遠延異的符號」，其概念如下：

主體	作品
無意識	能指
話語	修辭

當主體的無意識運作具備語言系統的特性，那麼滲入作品中的主體意識，可以依據意象（能指符號）的變化來捕捉，而話語的變化對應於文句的修辭，也就是說，拉岡提及隱喻、換喻的修辭概念，可以應用於分析無意識話語的呈現歷程。

　　方漢文認為：「後現代理論是以『主體分裂』為自己主要的理論觀念的，而拉岡就是『主體分裂』論的始作俑者。」〔註 55〕，拉岡的鏡像理論雖然是精神分析的範疇，但是啟發筆者詮釋詩作中的主體，從辨認到解構的分析途徑。

　　拉岡所描述的主體是沒有主動性的空無狀態，它是被動地回應大他者的欲望，它是無意識的主體。而能指符號成為我們指認無意識運作的痕跡：

> 能指的移位決定了主體的行動、主體的命運、主體的拒絕、主體的盲目，主體的成功和主體的結局，而不管他們的才賦，他們的社會成就，他們的性格和性別。人的心理不管願意不願意地都跟隨著能指的走向，就像是一堆武器裝備一樣。〔註56〕

〔註55〕方漢文：《後現代主義文化心理：拉康研究》（上海：上海三聯書店，2000 年 11 月），頁 4。

〔註56〕【法】拉康（J.M. Lacan）著；褚孝泉譯：《拉康選集》，頁 22。

拉岡的無意識主體概念能夠與後現代主義的情境貼合，傾向解構的、非中心的表現。而語言所反映的並非個人主體意識，恰恰是主體分裂的證明，也就是能指的移位。

拉岡認為人是因為進入語言才造成主體的分裂。那麼「分裂主體」應該視為是一個後現代視野，而不是說主體到了後現代才分裂，主體一直是分裂的，當語言存在的時候。那麼，分裂主體應該強調的是言說主體與真實主體之間的縫隙，據此來看文學作品，那就是企圖以後現代視野的分裂主體詮釋文學作品的表現。

作品表現出來的口誤、失言，種種錯誤可以看做是真實主體不經意留下的間隙；而另一種切入的方式是，刻意的語言表現，正是主體進入語言秩序後，被分裂出的自我。兩種主體來自同一個人，所以，語言（作品）是一種分裂的證據。

二、研究方法

（一）選取後現代詩人

1. 羅青（1948～）

詩人羅青是為臺灣引進後現代主義的先驅者，〔註 57〕其詩作〈吃西瓜的六種方法〉〔註 58〕，以缺漏的方式引發讀者聯想，進一步參與創作，可視為後現代技巧的展現；又，詩集《錄影詩學》〔註 59〕為其詩論建構的代表作品。因此本文第二章是以羅青詩作為例，探討臺灣後現代詩論述的形成與特色。

2. 陳黎（1954～）

陳黎是後現代詩風的發揚者，〔註 60〕其詩作〈戰爭交響曲〉是相當著名

〔註57〕 蕭水順：「後現代主義的輸入，顯示臺灣詩壇也在臺灣經濟之後走向國際貿易的路子，其中最主要的推手就是羅青，創作、翻譯、論述，三管齊下。」參見蕭水順：〈後現代主義的臺灣論述——羅青論〉，《國文學誌》第 10 期（2005 年 6 月），頁 106。

〔註58〕 羅青：《吃西瓜的方法·吃西瓜的六種方法》（臺北：麥田出版，2002 年 12 月），頁 186～189。

〔註59〕 羅青：《錄影詩學》，臺北：書林出版有限公司，1988 年 6 月。

〔註60〕 葉淑美：「陳黎是台灣後現代詩人的中生代作家，……其於 1995 年出版的詩集《島嶼邊緣》，可視為其創作已進入後現代主義階段的代表作，由詩集名稱『島嶼邊緣』看來，就具有強烈的後現代色彩。」參見葉淑美：〈「邊緣」作

的後現代詩，即使除去時代背景，這首詩仍然有反戰的深刻意義。其次，陳黎在圖象詩的表現突出，充滿後現代詩的色彩。晚近詩集如《輕／慢》、《我／城》、《妖／冶》、《朝／聖》等，亦充滿後現代風。

3. 夏宇（1956～）

夏宇現身詩壇即以後現代之姿引起關注，[註61] 其詩集《備忘錄》、《腹語術》至《摩擦·無以名狀》，不斷拋出對創作理念的挑戰，是後現代的代表詩人。近期出版的詩集《詩六十首》、《第一人稱》為後現代詩的發展再翻新頁。

4. 陳克華（1961～）

陳克華的詩往往令人怵目驚心，[註62] 其詩作〈我撿到一顆頭顱〉在意象的編織下，傳達出對人性與生存的思索，後現代詩對權威的顛覆企圖由此可觀。《阿大，阿大，阿大美國：陳克華2000～2008詩集》、《乳頭上的天使：陳克華情色詩選，1979～2013》的表現更加叛逆。

5. 林燿德（1962～1996）

林燿德是活躍於八〇年代文壇的作家，[註63] 在現代與後現代風潮之間傳遞薪火。關於林燿德作品的研究以後現代的表現及都市詩的主題內涵居多，[註64] 其詩集《都市終端機》、《都市之甍》為代表作品，以圖象解構都市意象為主要特色。《都市之甍·公園》將政治與性愛的意象交織並置，為後現代詩的代表作品之一。

為後現代的聲源——試析陳黎《島嶼邊緣》的後現代詩風〉，《臺灣文學評論》第8卷第3期（2008年7月），頁28～52。

〔註61〕陳義芝從達達主義的實驗心理切入，由此解讀夏宇在「有意義的創作」與「無意義的遊戲」之間的姿態。參見陳義芝：《聲納——臺灣現代主義詩學流變》，頁197～208。

〔註62〕參見簡政珍、林燿德主編：《臺灣新世代詩人大系》（臺北：書林出版有限公司，1990年10月），頁659～697。

〔註63〕林燿德，本名林燿德，生於臺北，1977年開始文學創作，著有詩、散文、長短篇小說等各類創作三十餘種、編著選集（台灣新世代詩人大系）等四十餘種；曾獲國家文藝獎、梁實秋文學獎首獎、時報文學獎首獎等三十餘項。參見林水福主編：《林燿德與新世代作家文學論》，臺北：行政院文建會，1997年。

〔註64〕例如在1997年《林燿德與新世代作家文學論》中，有蔡詩萍：〈八〇年代後都市散文的新世代性格——林燿德的一種嘗試〉、林綠：〈都市與後現代——林燿德詩論〉、孟樊：〈重組的星空！重組的星空？——林燿德的後現代論述〉等；以及2008年沈曼菱：《現代與後現代——戰後台灣現代詩的空間書寫研究》，國立中興大學台灣文學研究所碩士論文，皆以林燿德為後現代都市空間的主要參照對象。

6. 鴻鴻（1964～）

鴻鴻是詩人，同時也是戲劇作家及電影導演。其詩〈超然幻覺的總說明〉〔註65〕在輕鬆、嬉戲的外表下，能啟發讀者的思考，自然地參與到作品當中；早期詩集 1993 年《黑暗中的音樂》中即出現解構現代社會主體的作品，〔註66〕態度相對拘謹，到了 2006 年《土製炸彈》則大量出現呼應時事的詩作，文字淺白，而晚近的《仁愛路犁田》、《暴民之歌》更是走上街頭，以詩為生活的實驗品。〔註67〕其部分詩作以社會抗議性為主，部分詩作亦帶有後現代諧擬的風格，〔註68〕可視為後現代詩「遊戲」技法的代表詩人。

以上列舉的六位詩人，選擇標準不盡相同，大致可分為兩類：其一是創作後現代詩的特徵明顯，成為該詩人風格者；其二是詩人雖非一貫後現代表現，但具有階段代表性，能凸顯後現代詩發展變化者。

（二）選取後現代詩

本文的研究目標之一即是對後現代詩的再定義，在此之前，先就所選詩人之詩作為研究範圍，觀察這些詩作的「後現代質素」。原則上，界定一首後現代詩的標準在於指出它的後現代特徵，但是仍然保留詩作的其他特質，因為強行區分「後現代」與「非後現代」這樣二元對立的態度本身，其實距離後現代的解構精神更遠。

在詮釋詩作中主體／意識的運作時，筆者嘗試建立一條分析的路徑，從敘事聲音到能指符號，再到無意識主體的話語系統，三個層次的概念如表列：

1	區分詩作中的敘事聲音	
	隱含作者	敘述者

〔註65〕鴻鴻：《黑暗中的音樂・超然幻覺的總說明》（臺北：現代詩季刊社，1993 年 8 月），頁 72～73。

〔註66〕楊小濱曾以鴻鴻《黑暗中的音樂・超級馬利》為例，從「後神話」角度詮釋詩作，認為詩作以電子遊戲解構了營救公主的童話／神話結構，遊戲人物循著既定模式最終死亡，為「後主體」的展現。參見楊小濱：《語言的放逐：楊小濱詩學短論與對話》（臺北：釀出版，2012 年 2 月），頁 58～60。

〔註67〕鴻鴻：「自覺幸運的是，如今我已不再孜孜矻矻於把一首詩反復雕琢至臻獨特完美，而是一揮而就，然後帶到街頭去檢驗成果。」參見鴻鴻：《仁愛路犁田・後記：革命與愛情》（臺北：黑眼睛文化事業有限公司，2012 年 10 月），頁 244。

〔註68〕林餘佐：〈（填充題）詩是一種_____方式：鴻鴻小論〉，《創世紀詩雜誌》第 172 期（2012 年 9 月），頁 15～20。

2	觀察詩作中的能指符號	
	能指	所指
3	分析詩作中的主體意識	
	無意識	話語結構

為界定研究目標，辨認一首後現代詩，筆者狹義的定義是：以游離的能指形成的不確定文本（形式），企圖解構二元對立的堄象（內涵）。〔註69〕（筆者論述時，先不進行分類，將後現代詩人的作品皆納入研究範圍）

而分析的途徑是：先區分詩作中的隱含作者與敘述者，掌握詩作所要表達的主題（分裂主體的欲望目標）；接著，指出詩作中代表性的能指符號，觀察能指的游離性所產生的不確定文本；最後，結合能指符號的延異以及分裂主體的欲望，詮釋主體的無意識話語（詩）。〔註70〕

另一方面，有關敘事理論的應用，相對而言，新詩著重意象的跳躍，而敘事理論則較多應用於散文或小說文類的研究。而本文探討作品中的主體，即涉及作品中意識的流動，因此，援用敘事理論研究詩作的意義在於從創作意識的角度分析詩作，探討詩中的敘事結構帶來了什麼效果。

敘事理論其中一個面向為「敘事聲音」〔註71〕，辨認訊息的來源與傳遞目標，將影響作品如何被讀者閱讀。而「隱含作者」〔註72〕（implied author）是筆者詮釋的主要對象（主體），隱含作者是真實作者無法百分之百控制的結果，

〔註69〕 筆者對於後現代詩的廣義定義為：形式與內涵能突破傳統的、統一的或主流的觀點，並且在解構的過程中呈現出一種遊戲的態度。

〔註70〕 筆者認為，這樣的分析路徑不僅限於後現代詩，而是適用於所有類型的詩作，因為主要的目標在於詮釋詩作中的主體，惟後現代詩中的主體特徵為無意識主體。

〔註71〕 「敘述『聲音』（voice）指的是敘述行為（發聲 énonciation）與所敘記故事之間的關係。『聲音』的來源可能是故事層中的當事人，也可能是敘述層中的敘述人。」參見高辛勇：《形名學與敘事理論：結構主義的小說分析法》（臺北：聯經出版事業公司，1987年11月），頁165。

〔註72〕 「隱含的作者（作者的『第二自我』）──即使那種敘述者未被戲劇化的小說，也創造了一個置於場景之後的作者的隱含的化身，不論他是作為舞台監督、木偶操縱人，或是默不作聲修整指甲而無動於衷的神。這個隱含作者始終與『真實的人』不同──不管我們把他當作什麼──當他創造自己的作品時，他也就創造了一種自己的優越的替身，一個『第二自我』。」參見【美】韋恩·布斯（Wayne Booth）著；華明、胡曉蘇、周憲譯：《小說修辭學》（北京：北京聯合出版公司，2017年7月），頁141。

一方面來自於真實作者不自覺的滲透，一方面則參雜著讀者的誤讀。

至於真實作者、隱含作者與敘事者的界定，筆者認為，當「真實作者」有意或無意地將自己的意識形態、價值觀、審美趣味等注入其中，這就是隱含讀者閱讀到的隱含作者。

另外，關於「主體位置」，如果按照小說的敘事觀點，作者與作品之間的中介，所指的是「敘述者」，而敘述者的敘事手法可以依據第三人稱或第一人稱的條件組合分為八種。〔註73〕筆者對此「主體位置」的界定簡單區分為三種：現實世界的作者、作品中的敘述者、作品中的被敘述者；以詩作為中心，詩作中的敘述者是可以直截分析的標的，而真實作者或是作品中被敘述的對象，則是需要透過佐證，才能進一步詮釋。

後現代主義中關聯到後結構主義理論，符號的任意性成為解消主體的關鍵，因此，本文討論詩作的方法是將意象視為物質化符號加以拆解。雖然依據讀者反應理論批評的論述為「作者已死」：

> 符號學批評拋棄了那種由某個主體揭示某個作者創作的某個文本的意義這種傳統觀念。羅蘭·巴特不僅宣告了作者的死亡，而且由於作者已經消失，「破譯文本純屬無益之舉」（巴特，1977，p.147），因為現在文本已經讓位給控制著「寫作」的代碼的多樣性以及無窮無盡的符號遊戲。〔註74〕

消除作者權威相對地擴大讀者詮釋的空間，而本文站在後現代主義的解構基礎上，探討的是詩作中「被動地回應時代而形成的主體」，詮釋真實作者的無意識主體（隱含作者），因此，選取後現代詩的標準，是從六位後現代詩人的作品中找出具有後現代質素的詩作加以分析。

〔註73〕 參見蔡源煌：《從浪漫主義到後現代主義》，（臺北：雅典出版社，1994 年 8 月），頁 155～168。表列八種敘事法為：客觀（第三人稱）敘述者（1）在故事內、外在行為、（2）在故事外、內心活動、（3）在故事外、外在行為、（4）在故事外、內心活動；主觀（第一人稱）敘述者（5）在故事外、外在行為、（6）在故事內、外在行為、（7）在故事外、內心活動、（8）在故事內、內心活動。

〔註74〕 伊麗莎白·弗洛恩德（Elizabeth Freund）著；陳燕谷譯：《讀者反應理論批評》（臺北：駱駝出版社，1994 年 6 月），頁 76～77。

第二章 臺灣後現代詩論述的形成與特色：以羅青為例

　　上溯西方美學理論，自十七世紀古典主義，強調經典、傳統與規律；浪漫主義發展於十八世紀末到十九世紀，注重個人經驗與自然的發揮；而現代主義興起於十九世紀末，強調集體的、標準的，以及科學的邏輯性；後現代主義的潮流來自於對現代主義的反抗與延續，〔註1〕它排斥統一，呈現為後設、解構，且多元並陳等現象。在眾多後現代標籤裡，簡政珍提出：「後現代主義重要的精神是雙重視野。後現代論述是一面批判、一面自我反思；有時批判的箭頭也會反轉朝向自我。」〔註2〕雙重視野強調並置兩端，而任一端都無法完全佔有主導權；那朝向自我的箭頭，放置在文學作品中，揭示出作者自我質疑或自我消解的可能。

　　在後現代的情境中，統一的論述、穩固的秩序，或是崇高的價值等，皆成為被顛覆的對象，「作品中的主體」變得不確定。譯者汪耀進在《戀人絮語》的序言如此寫道：「語言不是主體意義的表達；相反的，是語言鑄就了主體，鑄就了『我』。因此，《戀人絮語》中的『我』是多元的、不確定的、無性別的、流動的多部合唱的。」〔註3〕，作品中主體的游移不定，是我們對「後現代」

〔註1〕參見【美】伊哈布‧哈山（Ihab Hassan）著；劉象愚譯：《後現代的轉向：後現代理論與文化論文集》（臺北：時報文化出版企業股份有限公司，1993年1月），頁153～154。

〔註2〕簡政珍：《臺灣現代詩美學》（北京：北京大學出版社，2014年，1月），頁109。

〔註3〕【法】羅蘭‧巴特（Roland Barthes）著；汪耀進、武佩榮合譯：《戀人絮語》（臺北：桂冠圖書股份有限公司，1991年7月），頁14。

的既定印象，甚至是「沒有主體」。然而，文學創作既落於文字表現，後現代詩亦然。因此只要是文字創作，新詩體裁所需要的意象、節奏，都將藉由作者進行揀選及鎔裁，一旦作者的主體意識遭到排除，或者忽略，那麼重新詮釋和創作，就產生了不同價值與意義。因此，後現代詩的主體意識不是不存在，更可能是多元的存在。

在臺灣後現代詩的形成與發展中，詩人羅青一般被視為引進後現代主義的先驅者，〔註4〕其詩作〈吃西瓜的六種方法〉，以缺漏的方式引發讀者聯想，進一步參與創作，可視為後現代技巧的展現。詩集《錄影詩學》為其詩論建構的代表作品。蕭芳珊在論文《羅青詩藝研究》〔註5〕中以詩作為主，呈現創作歷程各階段的特色。其中後現代風格一章，清楚呈現羅青在後現代詩承先啟後的地位，一方面是詩論的建立，後現代主義的引進，對應當時臺灣邁向工業化的時代背景，能指出後現代思潮進入臺灣的現象；另一方面，羅青以詩作進行實驗，詩的節奏、詩的語言、詩的內涵，一步步在論文脈絡中，蕭芳珊詮釋出羅青詩作，節奏的斷裂性、語言的嬉戲性，以及面向社會的人文性。

筆者閱讀詩作後發現，羅青選擇以後現代技巧展現的文學作品，呈現的是創作者對於自我創作發展的追求，其實驗性大於文學性；實際觀察羅青的詩作，大部分則傾向於呈現出詩人關懷社會的企圖心，以文字錄影社會是一種寫實技法，並不全然符合筆者於研究文獻回顧中所述後現代主義作品的特徵。羅青的詩作其實具備相當鮮明的創作意識，因此，後現代標籤對於羅青而言，應在於「新」的嘗試，而不在於創作大量後現代詩。

羅青創作的多元性，奠定其後現代詩人的領導地位。在後現代詩的研究領域中，多數評論者以羅青為標的，或為引進、或為開創。〔註6〕羅青作為領航者，其詩作的後現代特性為何？以及詩人羅青作為臺灣後現代詩論述的指標

〔註4〕參見蕭水順：〈後現代主義的臺灣論述——羅青論〉，《國文學誌》第10期（2005年6月），頁105～128。

〔註5〕蕭芳珊：《羅青詩藝研究》，臺中：逢甲大學中國文學所碩士論文，2010年。

〔註6〕1993年羅青的《什麼是後現代主義》一書，被視為是開啟臺灣後現代論述的代表著作。參見孟樊：《當代臺灣新詩理論》（臺北：揚智文化事業股份有限公司，1995年6月）、簡政珍：《臺灣現代詩美學》（臺北：揚智文化事業股份有限公司，2004年7月）、陳義芝：〈臺灣後現代詩學的建構〉，收入國立臺灣師範大學國文系編《解嚴以來臺灣文學國際學術研討會論文集》（臺北：萬卷樓出版社，2000年10月），頁384～419。

人物，其詩作中的主體為何？以下先回顧羅青的後現代詩論述，說明創作「新」時代的引進背景；接著，以羅青詩作為例，分為兩個部分討論，一是具備鮮明創作意識的作品，一是標榜「後現代詩」的作品；最後，羅青詩中的主體，相對於無意識主體的概念，更明顯的表現是抒情主體。〔註7〕

第一節　羅青的後現代詩論述

　　在討論詩作之前，先就羅青在臺灣後現代詩中所扮演的角色談起。羅青固然是後現代詩論述的指標人物；然而，羅青的詩論及創作是否具備後現代性，是需要釐清的問題。

一、新時代的脈動

　　在眾多後現代思潮的標籤中，羅青以「解構」作為後現代詩的主要特色：

> 1970 年，我自己（羅青）發表〈吃西瓜的六種方法〉，充滿了解構式的觀念，運用留白，開啟單元相互對照的多元技法，是新詩中後現代傾向的一個先聲。〔註8〕

羅青不諱言自己在後現代詩的先聲角色，而蕭水順在〈後現代主義的臺灣論述——羅青論〉〔註9〕一文中，更細數羅青在後現代論述推動上的努力。

　　首先，蕭水順檢視歷史發展，提出現代主義與後現代主義交疊的狀況，從而反對孟樊線性發展的觀點。認為後現代詩的創作並非單純地對現代延續或反動，而是與現代詩共同交疊與發展。其次，蕭水順：「後現代主義的輸入，顯示臺灣詩壇也在臺灣經濟之後走向國際貿易的路子，其中最主要的推手就是羅青，創作、翻譯、論述，三管齊下。」〔註10〕，蕭水順指出羅青在後現代主義的引進上不遺餘力，令人印象深刻。最後，蕭水順以自撰名詞「後兒童期」討論羅青詩的嬉戲本質，說明詩人著力拼貼、創新，突破純文學與通俗文學的界線，在嬉戲的過程中展現後現代的創作技巧。

〔註7〕有關「抒情主體」與後現代主體的相對性，詳見本文研究文獻探討一節。
〔註8〕羅青：《什麼是後現代主義》（臺北：臺灣學生，1993 年 10 月），頁 318～323。
〔註9〕蕭水順：〈後現代主義的臺灣論述——羅青論〉，《國文學誌》第 10 期（2005 年 6 月），頁 105～128。
〔註10〕蕭水順：〈後現代主義的臺灣論述——羅青論〉，頁 106。

　　蕭水順從歷史脈絡中，細膩地指點出後現代主義論述在臺灣詩壇的發展。包含陳義芝、孟樊等；其交疊的觀點，的確可以化解線性發展的衝突，然而，事實上也讓後現代與現代的關係更加模糊不清，在交疊之中，後現代對臺灣詩壇的影響力仍留下一個未知數。

　　其次，對於羅青詩作的評論，筆者認為嬉戲不等於於赤子之心，淺白的語詞當然可以接近青少年的閱讀，然而不免減弱對詩意的追求，詩作的意象、節奏，在後現代表面的技巧中零落不堪，是不爭的事實。〔註11〕

　　對於羅青詩作的評價，筆者認為其實驗性大於意義性，因此，筆者將羅青視為後現代詩的引進者，肯定其在創作、論述等多方面的推動；至於後現代詩的拓展，則有待後人持續地努力與奮鬥。

二、新世代的崛起

　　另一方面，羅青引進後現代論述功不可沒，然而，羅青對後現代論述的影響同樣成為關注的焦點。陳允元在〈問題化「後現代」──以八〇年代中期台灣「後現代詩」的想像建構為觀察中心〉一文中，提出的觀點是：「後現代詩」這個文類範疇的成立，是為了催生、合理化『臺灣後現代狀況』的存在，而由羅青、林燿德、孟樊等人透過論述逐步『建構』而成的一個『新文類』」。〔註12〕

　　一開始，陳允元引用薩依德〈移動的理論〉，以「理論產生的時空條件不需要相同」為前提，質疑陳芳明在「後殖民／後現代」的觀點，認為陳芳明批評臺灣社會環境沒有符合現代、後現代主義的觸發條件，這樣反而陷入了「起源（西方）中心主義」邏輯。陳允元據此鬆動後現代主義進入到臺灣的灌輸管道，而是從全球化知識流動的觀點，說明後現代主義「在地化」的過程。接著，以羅青、林燿德等人在論述上的有意堆積，認為「臺灣後現代」的真面目是臺灣詩壇新世代的崛起。

〔註11〕蕭芳珊：「在羅青早期至近期之詩作中，口語的散文化與機智幽默的文字靈現活脫，已成為羅式風格與創作方式，然不可諱言，語言的過度散文化確為羅青當時的缺失，過多的口語亦容易使詩作語言不夠精緻。」參見蕭芳珊：《羅青詩藝研究》（臺中：逢甲大學中國文學所碩士論文，2010年），頁150。

〔註12〕陳允元：〈問題化「後現代」──以八〇年代中期台灣「後現代詩」的想像建構為觀察中心〉，《中外文學》第42卷3期（2013年9月），頁107～145。

　　陳允元基本上站在簡政珍《臺灣現代詩美學》的觀點看待後現代詩論述的發展。簡政珍批評後現代詩是被批評家給扭曲的：

　　　　在臺灣，所謂後現代詩幾乎都在文字或是圖像的刻意扭曲下，成為
　　　　「形而下」的遊戲。如此的詩作，也是一般批評家趨之若鶩的舉證
　　　　對象。於是，夏宇、林燿德、陳黎等人的作品一直曝顯在批評家的
　　　　聚光燈下。……有深度的後現代嬉戲不在於文字表象的形式。嬉戲
　　　　是語言的內涵，在歪斜的身姿中踏出詩的身影，在嬉笑中暴露難言
　　　　是非的情境。〔註13〕

　　而陳允元論述的態度，是將林燿德塑造成為了完成「新世代建構」，提出大量論述，與羅青互相援引，製造出所謂「後現代狀況」，並以「都市文學」作為後現代的主軸，藉此收編異己，取得新世代的話語權。

　　陳允元認為林燿德的詩作其實是受到抒情傳統與現代主義的影響，但是卻以後現代為自己作註。這些「有意為之」影響了臺灣詩壇，強行後現代「化」。

　　最後，陳允元認為後現代主義真正在臺灣「在地化」，要到九〇年代中期，以陳克華、陳黎等人的作品為例，說明後現代主義的解構力量。

　　筆者認為陳允元以「想像」的觀點看待後現代主義在臺灣的引進，是有力的論述。細數後現代論述的發展，羅青等人的開拓雖然不遺餘力，卻不免讓人有過分詮釋的焦慮。因此，若說後現代狀況發生了，是一種想像，而非紮實的產生，那是因為陳允元觀察到新世代的產生與後現代的引進密不可分的關係；然而，理論與實踐的距離又有何標準可以丈量？如果陳允元認為後現代主義真正在地化要到九〇年代中期，也就是推遲十年，那麼這十年之間後現代是否仍處於「想像」的狀態呢？

　　因此，看待所謂「後現代主義詩人」的作品時，要警戒地跳出後現代「化」的標籤慣性，不能落於表面文字遊戲，而要深入探究詩作的內涵與價值，由此才能破除「想像」，而真正觸及「臺灣後現代詩」。

　　有關羅青的後現代論述，可以看到羅青抓住後現代思潮，成功引進臺灣詩壇。作為新世代的領導者，羅青並非偉大的或唯一的後現代詩人代表，而是後現代詩論的其中一個面向，若將其置放於後現代思潮的一隅，其實更能

〔註13〕簡政珍：《臺灣現代詩美學》（北京：北京大學出版社，2014 年 1 月），頁 167
　　　～169。

反映一位詩人面對時代變遷，努力對自我、對社會進行詮釋的一種面貌。以下就羅青詩作的特色，分析錄影詩的實驗性與後現代詩的解構性。

第二節　羅青詩的實驗性與解構性

羅青在 1988 年出版的《錄影詩學》，其卷六命名為「後現代情狀實況轉播」，而多次被引用的〈一封關於訣別的訣別書〉、〈多次觀滄海之後再觀滄海〉兩首詩即收錄於此卷。陳義芝評論前者使用後設語言，而後一首則後現代性不強；〔註14〕儘管爭議性大，仍成功吸引目光。

游正裕在〈從羅青、夏雨的詩探索臺灣詩作的電影符號〉〔註15〕一文中，先梳理臺灣新詩百年的發展概況，再指出電影發展百年，同樣在八○年代拓展出多元的面向。其援引德勒茲對電影的論述，德勒茲主張「鏡頭即運動——影像」，將影像視為素材，可以分為四種電影符號：零度性（名詞）、第一性（形容詞）、第二性（動詞）、第三性（連接詞）。

對應於後現代詩人，以羅青、夏雨為代表，舉出詩人特別具有文字符號特徵的詩作，分析其中的電影符號。游正裕認為文字與影像的跨界藝術是發展的趨勢，以詩人須文蔚為代表，其數位詩的發展值得期待。

筆者認為游正裕所援引的理論，可以做為切入後現代詩作的角度之一。文字與影像之間的交流，產生豐富的詮釋場域。然而，仍要追究的是，將詩作分裂成鏡頭之後，僅以符徵、符指二分，所進行的論述略顯單薄。

詩人以文字為素材，所要表達的內涵仍有其整體的概念，在分析出個別鏡頭之後，將鏡頭組合而成的完成品，其意義亦需要獲得關注。以下，依循以文字運鏡的概念，試論羅青詩作主體意識的特徵。

一、錄影詩的實驗性

從錄影詩的角度觀看，羅青要實驗的是運用文字造影的鏡頭語言，透過日常生活中的觀察，以詩的形式記錄。

羅青在〈「錄影詩學」之理論基礎〉中所談到的手卷思考，與繪畫原理相關，

〔註14〕陳義芝：《聲納——臺灣現代主義詩學流變》（臺北：九歌出版社，2006 年 3 月），頁 190～192。
〔註15〕游正裕：〈從羅青、夏宇的詩探索台灣詩作的電影符號〉，《高雄師大學報》人文與藝術類 37 期（2014 年 12 月），頁 63～77。

認為中國語言較具有抒情特性，易於打破時空次序，而不易表達需要時間分析的敘事性。〔註16〕於是我們在錄影詩的舉例當中看到，以〈天淨沙〉為例，作出分解動作般的運鏡策略：

枯藤：鏡頭從

　　　一條電線

　　　移到一團

　　　或緊或鬆或糾纏不清的電線

　　　然後跟著出現

　　　一朵被千萬條電線

　　　五花大綁的白雲

　　　出現出現

　　　不斷的出現〔註17〕

　　白雲不斷出現、出現，是詩境不斷地擴大、延伸。為了凸顯運鏡效果，詩的意象喪失跳接之感，而形成連續出現在鏡頭前的物品，其詩質粗糙之弊病由錄影詩的實驗目的可看出。類似這樣分解古典詩行的作品，一方面拆解詩作原有結構，一方面重組詩作意象產生新意，具備後現代性，例如：林燿德〈上邪注〉：「上邪／在上位的情人啊／請容我　容我喚醒妳頸下的盲點／那柔軟密閉的山脈結構／請容我　容我悄悄揭露自己青色的魔性／虐殺一枚枚螢亮的細絨／好雪片片／當妳我深吻成一扇迴轉的銅扉／在上位的妳便浮成負片中的幻島／生滿黑色水晶的要塞」〔註18〕，將上邪之「上」轉為「在上位者」的權力關係，同時隱喻「在上位」的性交位置，詩境原有的深情呼喊，已轉化為政治與性愛交織的場域。

　　又如陳克華〈上邪〉：「上邪／醒來，在無數次的醒來之間／昏昧的日頭

〔註16〕羅青：「錄影詩，在理論上，可以動用所有與錄影相關的機器語言技巧及思考模式；但同時，也可以保存相當的傳統語言手法。錄影詩，並不一定要以錄影帶為其最終發表的形式，其重點，還是以文字印刷為主，可以閱讀，可以朗誦。這是詩在手法上的拓展，精神上的改變，把二十世紀科技在中國社會裏所產生的影響，在詩中具體地反映出來。所謂詩反映時代，不單是在現象上，同時也該在思考模式上，才對。」參見羅青：《錄影詩學・「錄影詩學」之理論基礎》（臺北：書林出版有限公司，1988 年 6 月），頁 274。

〔註17〕羅青：《錄影詩學・天淨沙》（臺北：書林出版有限公司，1988 年 6 月），頁 15。

〔註18〕林燿德：《銀碗盛雪・上邪注》（臺北：洪範書店有限公司，1987 年 1 月），頁 31。

和目光／雙眸如穴／褥單如雪／雪地中露出幾枝枯椏／是因畏寒而蜷曲的肢體／愛情長途跋涉至此，紮營，生起篝火／遠處密林裡狼嚎四起了／是生活裡埋伏的愁苦勞煩／正要伺機而動／偷襲／我們終將倦極／失溫倒地的心」〔註19〕，「愛情長途跋涉至此」勾勒原有詩境中堅定不移的情操，詩人再加上雪、枯枝與狼嚎等，具體呈現出為愛拚命掙扎、對抗威脅的形象。相較於詩境的轉換，詩人羅青對詩行的拆解則企圖脫去主觀意志，布置出如在眼前的記錄片場景，例如：〈遠處傳來馬達的聲音——虎尾所聞〉：

> 一隻黃狗趴在門口，看一隻水牛
> 一隻水牛臥在欄外，看幾隻鴨子
>
> 幾隻鴨子伸頭入水
> 探探藍天，找找太陽〔註20〕

同樣以連續的視覺移動，帶出運鏡的效果。特別的是，在簡單的意象接連出現之後，詩的結尾寫道：

> 呵，凡此種種，一切安祥，安祥和平而無人知曉
> 在阿傳伯死後，第七天的早上〔註21〕

普遍的敘述至此有了針對性，雖然阿傳伯的身分不明，但是詩作的氛圍到結尾突然翻轉，將平淡的運鏡過程揭露為宇宙流轉不停的自然現象，這不只是詩人的視角，也是宇宙的視角，詩作的詮釋可以拉出後現代性的雙重視野。從錄影詩的實驗性可以看到羅青在後現代詩的企圖心與實踐力。以下接著討論的是羅青後現代詩的解構性。

二、後現代詩的解構性

羅青為形成「臺灣後現代詩論述」的主要推手之一。〔註22〕論者蕭水順

〔註19〕陳克華：《滲‧上邪》（臺北：釀出版，2013年7月），頁10。
〔註20〕羅青：《神州豪俠傳‧遠處傳來馬達的聲音》（臺北：武陵出版社，1975年9月），頁13～14。
〔註21〕羅青：《神州豪俠傳‧遠處傳來馬達的聲音》（臺北：武陵出版社，1975年9月），頁13～14。
〔註22〕羅青在《詩人之燈》中〈詩與後工業社會：「後現代狀況出現了」〉一文，為學者孟樊引用以說明臺灣後現代詩的緣起。其後論者多採此說。參見羅青：《詩人之燈》（臺北：光復書局，1988年2月），頁237～251、孟樊：《當代臺灣新詩理論》（臺北：揚智文化事業股份有限公司，1995年6月），頁222～224。

認為羅青的詩作有「嬉戲」性質。〔註23〕「嬉戲」的概念是後現代思潮經常出現的標籤，若我們從嬉戲的角度看待羅青詩作，的確可以簡單地從詩作技巧摘出代表的文句；然而，後現代詩不僅止於嬉戲表層，其內在精神是筆者探討後現代詩意義的主軸。因此，以下筆者試著從詩作的內涵分析羅青詩的解構性。

　　所謂後現代詩，筆者認為可以將「後現代」當作修辭的一種，而一首詩可以兼具多種修辭技巧，因此，一首後現代主義的詩同時可以是寫實主義的詩，或者浪漫主義的作品。這樣的說明不是為了混雜各種主義於一詩，而是強調當筆者指出一首「後現代詩」，並不否定此詩作的其他可能性，這亦符合後現代主義多元並立的特性。

　　在後現代思潮中，「破除權威」與「去除中心」是鮮明的標籤。學者琳達‧哈琴（Linda Hutcheon）指出：

> （後現代主義）它既不是游弋不定也不是推遲做出評判：它質疑一切肯定無疑的事物（歷史‧主體性，指涉）賴以存在的基礎以及一切評判標準。誰制定了它們？在什麼時候？在什麼地方？出於什麼原因？與其說後現代主義標誌著秩序和連貫一致性正在面臨消極的後果——「解體」或者「衰弱」（Kahler 1968），不如說它主要是質疑了我們在評判秩序和連貫一致性時所依據的概念本身。〔註24〕

後現代主義的姿態是提問，而不在下定論。質疑一切既有標準，可以說是後現代崛起的開始。而羅青的詩作中，對於「權威」的態度，呈現出的是一切已成定局的失落感與挫敗感，他抨擊既定的事實，卻沒有抵抗的聲音，以〈畢業——典禮由訓導主任代理主持〉為例：

一個又矮又瘦的訓導主任
站在高高寬寬的畢業典禮台上
面對左右分開排列的
（男生）
以及
（女生）

〔註23〕 蕭水順以「嬉戲不爭氣」、「矛盾不對立」及「拼貼不遲疑」三方面為題，論述羅青詩作的嬉戲特性。詳參蕭水順：〈後現代主義的臺灣論述——羅青論〉，《國文學誌》第 10 期（2005 年 6 月），頁 120～126。

〔註24〕 【加】琳達‧哈琴（Linda Hutcheon）著；李楊、李鋒譯：《後現代主義詩學：歷史‧理論‧小說》（南京：南京大學出版社，2009 年 9 月），頁 79。

說出一句音調平板
毫無轉折又無須換氣
的簡單句

簡單的像根鐵柱子
學生聽完之後
個個目瞪口呆
不知不覺之中
耳朵統統脫落了下來
脫落脫落脫落
脫落了一地花瓣

面對一地脫落的聽覺
大家正要張口驚呼
但見舌頭居然從口腔中掉了下來
掉下掉下掉下
掉下了一地葉子
面對掉了滿地的味覺
大家正要俯身撿拾
但見眼珠子也紛紛
迸了出來
迸出迸出迸出
迸出了一地龍眼

在大家即將「畢業」的剎那！
台上的訓導主任
手足失措的奮力大吼一聲
「立正！」
但見操場內外
所有嚇得癱瘓在地上的影子
全都立正站了起來
而男生女生
老師家長的頭顱

　　　　卻噗通噗通的

　　　　應聲

　　　　滾落

　　　　下來

　　　　滾得到處都是

　　　　把升旗台滾成了一方石碑

　　　　把頭顱滾成了一地石頭〔註25〕

　　詩作前兩行描繪出一個滑稽的畫面，高台上站著瘦小的訓導主任，而校長卻在重要的畢業典禮上缺席，高台的權威與典禮的莊嚴被破壞殆盡。

　　訓導主任僅說出一句簡單的話，就讓所有人開始崩壞。假設那一句話是標題所指的「畢業」，可能是「恭喜畢業！」、「畢業快樂！」或者僅是「你們畢業了。」一句，竟足以讓學生「目瞪口呆」，可見「畢業」是一件可怕的事。

　　接著，耳朵脫落成花瓣、舌頭掉下為葉子、眼珠迸出成龍眼，五官紛紛物化而失去功能，先是聽不到，再是說不出，然後看不見。如果這就是「畢業」，那麼畢業典禮居然是一場失去自我的儀式，並預告著接下來精神的死亡。

　　當訓導主任奮力大吼「立正」，足以權威力量逼迫大家忽略荒謬事實，繼續典禮的進行。癱瘓的影子立正站好，此時每個人都只剩下黑影，而無差異性，一群黑壓壓的影子，顯得壓迫而恐怖。最終學生、老師與家長的頭顱都滾到地上，滾成一地的石頭。原來「畢業」即是「死亡」。走入社會的結果將會是校園赤子之心的死亡，而且老師、家長一齊變成沒血沒淚的石頭。升旗台變成石碑，不再升旗，畢業是「僵化」的開始，生命塵封進歷史軌跡，不再成長。

　　這首詩以掉落的器官表達對社會的控訴，呈現出畢業不是喜悅，反而是一場全面性的毀滅，讓絕望與沮喪的情緒滾了一地。

　　作者藉由「錄影」的方式記錄畢業典禮的過程，而畢業的主題、未知的社會則留待讀者自行想像，就後現代詩的特徵而言，〈畢業〉一詩打擊權威，一開始就讓「校長」這個權威代表不在場，突破我們對畢業的既定印象；接著以花瓣、葉子與龍眼物化感官，於是學生變成影子，失去創造意義的可能性。在權威的虛假與意義的落空之後，這首詩呈現出的主題思想是「幻滅」，至於是什麼的幻滅，則由讀者自行填補。

〔註25〕羅青：《錄影詩學・畢業》（臺北：書林出版有限公司，1988 年 6 月），頁 134 ～137。

對於權威的質疑，顯露羅青的後現代精神。延續質疑權威而來的，是權威崩毀之後的不確定性，保持在不確定狀態，成為後現代主義的特性。學者伊哈布・哈山（Ihab Hassan）即以「不確定性」以及「內在性」作為後現代主義思潮的特徵。其言：

> 所謂不確定性，或者說種種不確定性，我指由種種不同的概念幫助描述出的一種複雜的現象。這些概念是：含混、不連續性、異端、多元性、隨意性、叛逆、變態、變形。〔註26〕

> 這樣不確定的衍射（diffraction）造成了廣泛的分散（dispersal）。我把後現代主義的第二種主要傾向稱作內在性。我使用這一術語並不包含任何宗教意味，只是想指明心靈的能力。這種能力在符號中概括它自身，越來越多地干預自然，通過抽象對自身產生作用，因而不斷強化地、直接地變成自身的環境。這一智性的傾向可以由下列概念進一步說明：散佈、傳播、推進、相互作用、交流、相互依存。〔註27〕

哈山為「不確定性」及「內在性」又連結多種詞彙，表示它仍是一種概念，而非確切的定義。因為詞語本身就存在多方的詮釋，所以當我們嘗試以「不確定性」為標的，看待後現代詩，將會以指出其多元的特性為主。以羅青的〈吃西瓜的六種方法〉為例：

> 沒人會誤認西瓜為隕石
>
> 西瓜星星，是完全不相干的
>
> 然我們卻不能否認地球是，星的一種
>
> 故也就難以否認，西瓜具有
>
> 星星的血統〔註28〕

詩作從「第五種 西瓜的血統」開始倒敘，直到「第一種 吃了再說」全詩完結。在第一節聯繫西瓜與星球的血統，從外型切入，西瓜的形象浮現，是讓讀者用眼睛吃西瓜的方法；然而，此節的邏輯牽強，一開始就點染戲謔的氛圍。

〔註26〕【美】伊哈布・哈山（Ihab Hassan）著；劉象愚譯：《後現代的轉向：後現代理論與文化論文集》（臺北：時報文化出版企業股份有限公司，1993年1月），頁155。

〔註27〕【美】伊哈布・哈山（Ihab Hassan）著；劉象愚譯：《後現代的轉向：後現代理論與文化論文集》，頁156。

〔註28〕羅青：《吃西瓜的方法・吃西瓜的六種方法》（臺北：麥田出版社，2002年1月），頁186～189。（詩集首次出版於臺北：幼獅出版社，1972年10月）

在「第四種　西瓜的籍貫」：「我們住在地球外面，顯然／顯然，他們住在西瓜裏面」從「我們」與「他們」的指稱已陷入模糊地帶，如果「我們」是人類，那「他們」可能是西瓜子；當人們在意的「籍貫」標籤使用在非生物上，形成一種嘲諷的態度，也就是人們對於西瓜的籍貫將影響人對吃西瓜的感受，這是讓讀者用「想像的身份」來吃西瓜。「第三種　西瓜的哲學」：「所以，西瓜不怕侵略，更不懼／死亡」即使西瓜真的畏懼死亡，人們也不得而知，這是對人類懼怕死亡的嘲弄。「第二種　西瓜的版圖」：「如果我們敲破一個西瓜／那純粹是為了，嫉妒／敲破西瓜就等於敲碎一個圓圓的夜」，此節對於吃西瓜的幻想來到拓展版圖的攻防戰，「吃」成為戰鬥的一環，而當我們將「吃」與「生存」聯繫在一起，那麼人們的生與西瓜的死，就成為此消彼長的世界版圖。

對於第六種方法，羅青白言希望讓讀者參與其中，〔註29〕而詩作的「不確定性」從詩作中對「血統」、「籍貫」、「哲學」與「版圖」各方面的嘲弄延伸到詩作外，讀者也將得以任意變形，輻射對吃西瓜方法的想像。

另外，這首詩與臺灣後現代詩論述的關係，亦值得說明，羅青自認〈吃西瓜的六種方法〉為臺灣後現代傾向的先聲：

> 我的題目寫明了是「六種方法」，而內容只寫了四種，而且全與吃西瓜無關，第五種甚至只有題目。最後一種，是第零種還是第六種，則完全不能確定。形式的不固定使內容也完全開放了出來，產生了無數意義的可能。因此，表達的形式，是十分重要的，內容和形式的關係，已成了後現代主義最希望重新探討的問題。「吃西瓜的六種方法」這首詩，不只是象徵新寫作材料的開發，同時也可以用來暗喻體裁和寫作方式的新關係。這一點，可以說是臺灣文學中，「後現代」傾向的一個先聲。〔註30〕

可以說羅青詩作展現的後現代性，是自我鍛鍊的精神，而非順應時代標籤的拼貼操練。筆者從解構傾向重新檢索羅青詩作，依據「藉能指游離性形成

〔註29〕羅青：「『吃西瓜的方法』是創作的方法，是寫詩的方法，也是生活的方法，做人的方法。方法有千萬種，各人有各人的，千變萬化不可勝數。因此，我寫『吃西瓜的六種方法』，而實際上只寫了五種，那未說明的一種，便是留給讀者自己體會去補充。」參見羅青：《吃西瓜的方法·吃西瓜的方法》，頁 268。

〔註30〕羅青：《詩人之燈·詩與後設方法：「後現代主義」淺談》（臺北：光復書局，1988 年 2 月），頁 270～271。

不確定文本」或者「具備突破二元對立的顛覆意義」，符合兩者之一的詩作，統整羅青的後現代詩作，表列如下：

詩　集	出　版	數　量	篇　目
《吃西瓜的方法》	1972	4首	〈吃西瓜的方法〉、〈月亮的臉——前言〉、〈太太的月亮〉、〈司機阿土的月亮〉
《神州豪俠傳》	1975	1首	〈蒼蠅〉
《捉賊記》	1977	1首	〈炒菜記〉
《水稻之歌》	1981	2首	〈試管成人〉、〈江河〉
《錄影詩學》	1988	9首	〈天淨沙〉、〈野渡無人舟自橫〉、〈日出〉、〈喂！你在幹什麼呀〉、〈飛〉、〈葫蘆歌〉、〈一首有關規律觀念的格律詩〉、〈一封關於訣別的訣別書〉、〈多次觀滄海之後再觀滄海〉

　　從實驗性到解構性，我們看到詩人對創作的用心；然而，其後現代詩作的份量與質量仍有待拓展。最後，本文從後現代的不確定性出發，探討羅青詩中的主體，筆者認為，其詩中主體的特徵更傾向於抒情主體的表現。

第三節　羅青詩中的抒情主體

　　延續後現代的不確定性，在詩作中主體的權威性受到衝擊，也就是「作品中的敘事者」其權威性受到挑戰。簡政珍提出：「後現代主義重要的精神是雙重視野。後現代論述是一面批判、一面自我反思；有時批判的箭頭也會反轉朝向自我。」〔註31〕在轉向自我消解的箭頭下，詩人對於自我的懷疑與不確定性，因此更加凸顯。以羅青〈問〉為例，詩中對自我的質問企圖鮮明，雖然留下值得深究的問題，但是表現技巧不屬於不確定文本，詩作的意象連貫，能清楚傳達「問」的主旨：

　　　樹的血
　　　怎麼是白的呀
　　　我的，也該是白的吧
　　　可是，究竟被誰染紅了呢

〔註31〕簡政珍：《臺灣現代詩美學》（北京：北京大學出版社，2014年1月），頁109。

風定雨颯

夜流千里

柯斷草荒後

一行歪斜沒於原野盡頭的腳印

一顆靜靜逝於雲中的流星

如是說〔註32〕

　　詩中的「我」對自己產生強烈的懷疑。詩作勾勒的畫面有「樹」、「白色的血」、「荒野上的腳印」、「夜空中的流星」。最後一行「如是說」，其發話者可以是整首詩的敘事者，或是前兩行腳印與流星的軌跡；至於說了什麼，如果對應詩題，則可以視為是敘事者問：「被誰染紅」，而腳印與流星以「消逝」來回答。

　　這首詩將一個問題放置在時空當中展開。當樹的血是白色的，奇怪的是「我也該是白的」，如果「我」理應是白的，那麼「我」是樹的同類，然而，我的血卻被染「紅」，那麼「我」就可能不再是樹，或者本來不是樹，而是人。如果「我」是人，那麼「也該是白的吧」就有自我認知錯誤的意味。

　　在自我認知錯誤的情形下，進入到詩的第二節，風雨停歇，黑夜廣布，帶出時間的流逝與畫面的凝結，問題沒有獲得解答，也可以視為思考的過程；詩的第三節，柯斷草荒，樹木倒塌、草地荒蕪，最終看到的是消失於盡頭的腳印，那麼可能是「我」砍倒樹之後離去的腳印，同時在天空中一顆安靜無聲的流星劃過，同樣呈顯時間的流動。而「我究竟被誰染紅」，這問題可以是「我究竟被誰產生」，而「我」砍倒了樹，破壞與「我」不同的存在。

　　在時空當中，問題被如此回答，冷淡而安靜，彷彿回不回答也沒有關係，因為這就是生命的事實，白色或者紅色都是存在、樹與我都是個體。詩中隱含作者呈現出對自我存在的探問，「我」究竟是一個什麼樣的存在呢？問題雖然沒有答案，但是表現手法展現抒情主體的叩問姿態。

　　類似的詩作往往留下疑問，而沒有確切的解答，又如〈那該多好〉：

有一個人

拿一把砍山刀

砍一棵相思樹

〔註32〕羅青：《吃西瓜的方法‧序詩》（臺北：麥田出版，2002 年 12 月），無頁碼。

> 一邊砍一邊想
> 若是世上沒有砍山刀
> 那該多好……
> 一邊想一邊砍
> 若是世上沒有相思樹
> 那該多好
>
> 有一個人
> 在一個狂風暴雨的深夜裏
> 在一個沒人去過的深山裏
> 手拿一把斷了的砍山刀
> 身藏一座枯死的相思林
> 不砍什麼，不想什麼
> 只用刀尖，在泥濘的地上，反覆寫著
> 反覆寫著一堆瘦骨嶙峋的字體：
> 若是世上沒人，那該多好！〔註33〕

詩作最終指向毀滅，而自我的主體性仍舊懸而未決。這首詩傳達出「如果願望實現，那該多好」、「如果一切如我所願，那該多好？」。在第一節，有一個人、一把刀、一棵相思樹，那個「人」希望沒有砍山刀，一邊看一邊想，如果沒有砍山刀是好的，那麼相思樹就不用被砍，「砍」彷彿是被迫的行為，而非主動的破壞。

　　接著一邊想一邊砍，也許沒有了樹，那我也不用砍了。一旦被迫害的主角消失，那迫害就沒有目標，迫害的行動也將消失。因此，如果沒有刀或者沒有樹，就太好了，也就是說，如果「沒有傷害」，就太好了。在第一節呈現出的是「沒有傷害的理想世界」，破壞的工具不存在，而被破壞的目標也不存在。目標是「相思」，是一種情感，如果沒有相思，何來怨憎，何來砍伐？因此，「情」是需要被消滅的目標。因此，「我」的願望可能是：如果沒有「傷害」就好了、如果沒有「情感」就好了。

　　第二節，有人、深夜、沒人去過的深山，手上的砍山刀斷了，表示不能傷害；身體藏在相思林，枯死，沒有情感了，沒有被傷害的原因了。這個「人」，

〔註33〕羅青：《吃西瓜的方法·那該多好》，頁 90～91。

不砍、不想，只用刀尖寫，「瘦骨嶙峋」強化枯死的意象。如果「沒有人」，那該多好！

　　詩作至此，因相思而拿起刀的「人」也要消失，崩解了一切關係的鏈結。

　　人在相思林中，應該是「靈魂」藏在相思林中，因為形體已經消滅，消滅的靈魂，在沒有人的深山裡徘徊，一把斷掉的砍山刀，起不了作用，只能在因為暴雨泥濘的地上，用刀尖寫，沒有人，我就沒有痛苦了，我就不會困在這裡了。

　　作者要將詩中出現的意象逐一銷毀，讓它失去作用、價值，刀不能砍、樹不能思、人不能想，詩作的首尾，是一場消解的饗宴，看情感萌生幻滅與生命的荒蕪。羅青在詩作中展現的是對自我的質疑，而在消解之餘，我們看到更多的是羅青對詩人身分的定位與省思。

　　羅青不僅在多本詩集的序詩中，展現他的詩觀，同時也在詩作中經常表現他對創作的執著與努力。羅青常將作品投射為自然的「雲」，而創作者則是像「樹」一般會生長、延展。以《水稻之歌》的序詩〈甘露〉為例：

> 他們說我不該隱居在那麼高冷的山上
>
> 更不該工作在那麼深熱的谷底
>
> 說我不該整天關在不同的屋裏
>
> 用瘦如枯枝的手掌
>
> 畫如夢如幻的白雲
>
> 畫得滿牆滿地都是
>
> 他們卻不知
>
> 每當黑夜從我去的那個地方回來時
>
> 牆上地上那些多采多姿豐滿無比的白雲
>
> 便會悄悄飄了出去
>
> 在最苦最旱的地方
>
> 化做雨聲陣陣〔註34〕

此詩對於創作的目的較為明確，也是詩人一再探問自己創作動機的反映。前三行詩句刻劃詩人創作時的空間感受，周圍的氣氛有極寒、極熱，當思緒轉換就彷彿待在不同的屋子裡寫詩。而「白雲」是創作出來的詩句，這些詩句完成之後，會悄悄地發揮它的影響力，在最苦悶的、最乾旱的地方降雨，如天降甘霖，

〔註34〕羅青：《水稻之歌‧甘露》（臺北：大地出版社，1981年4月），頁1～2。

至此呼應詩題,「甘露」成為滋潤萬物的養分,也就是說,詩人對於自己的創作有關懷社會的期許,作品與作者緊緊相扣、呼應,屬於抒情主體的表現。

再如〈採藥〉一首,創作是蒐集、挑選文句的過程,而羅青以直白的比喻呈現:

> 我常常辛苦的爬到
>
> 深山頂,去採藥
>
> 去採那仙人所食的靈藥
>
> 結果,卻往往採了
>
> 一籃子的詩
>
> 那些白雲一樣潔白的詩
>
> 剛剛細心藏入懷裏
>
> 稍不留神
>
> 又從袖口漏了出來
>
> 一路漏了下去
>
> 舖平了所有崎嶇的險徑
>
> 為我指點出
>
> 重回人間的路〔註35〕

此首與前述〈甘露〉一詩皆不具備鮮明的後現代性,它是簡單的聯想,比擬創作的過程;本文要指出的是羅青在自我質疑與自我的定位之間的主體性。如學者琳達・哈琴(Linda Hutcheon)引述法國語言學家埃米爾・邦弗尼斯特(Émile Benveniste)(1902～1976),1971 年在《語言中的主體性》(〈Subjectivity in Language〉)的說法,認為語言是建立自我概念的媒介:

> 主體性是語言的一種根本屬性:「正是在語言當中,也正是通過語
>
> 言,人類才能將自身形成一個主體,因為只有語言才能在現實中,
>
> 在它的現實中,建立起『自我』的概念」。〔註36〕

語言是尋找自我的媒介,以詩人羅青為例,在詩作中質疑自我並一再地敘述對創作過程的感受,詩人對自我定位的焦慮明顯可見;據此,在(小我)自我辯證的基礎之上,再以〈蒼蠅族〉為例,說明羅青詩作的主體性,一部分展現在

〔註35〕羅青:《不明飛行物來了・採藥》(臺北:純文學出版社,1984 年 5 月),頁 107。

〔註36〕【加】琳達・哈琴(Linda Hutcheon)著;李楊、李鋒譯:《後現代主義詩學:歷史・理論・小說》,頁 228。

（大我）國家認同的意識形態上：

　　我應該原諒他們
　　因為他們只弄壞了我一雙眼睛兩條腿
　　而我們竟原諒了他們
　　因為他們才只殺了我們三千萬多一點點

　　殺人的人
　　可以隨時把暴厲的聲音
　　放得溫柔，放得和平無辜而且善良
　　而且黑壓壓的印刷在純潔的白紙上
　　被殺的人
　　就只能把慘痛的聲音
　　放在草地下水溝底
　　放在鳥獸蟲魚的嘴爪裏
　　然後消失在灰塵滾滾的步伐中

　　而我活著的同胞呵
　　依舊春天散步在草地上
　　夏天游泳在水花裏
　　秋冬一到，便把衣服一件件的加起
　　把親眼讀過的血淚，變成淡淡的墨水
　　填入空白的試卷，變成簡單的答案

　　把親身經歷的往事，連同口中的麵包
　　一起撕成細絲
　　餵養籠中的飛鳥，缸中的游魚

　　然他們卻不能原諒我們
　　說我們太愛相互猜嫉打擊、互相出賣
　　然他們決不原諒我們
　　說我們有毒有害，說我們繁殖太快……〔註37〕

〔註37〕羅青：《水稻之歌‧蒼蠅族》（臺北：大地出版社，1981 年 4 月），頁 117～
　　　　119。（羅青於詩後註：紀念抗戰勝利二十五周年）

　　首節以「只弄壞」、「只殺了」的反諷語氣，展現對戰爭的深惡痛絕；接著以迫害的一方能夠在歷史上輕描淡寫地敘述戰爭過往，對於受害的一方情何以堪，是詩人的同情與不平之鳴。隨著時間推進，第三節以「淡淡的墨水」、「簡單的答案」詩人沉痛地表達對曾經的苦痛深切的不捨。至此，詩人羅青的抒情主體在自我辯證（小我）與國家認同（大我）之間彰顯。

第四節　小結

　　詩人羅青在《錄影詩學》開篇的宣言中說到：「暫時／先不談理論／／且看我／如何運用這支／由電子攝影鏡頭所改裝的／新型畫筆／／拍攝出一首／既古典又現代的／視覺詩／／當然／音效是必須的／／且聽你／如何運用舌頭／奏出各種不同節奏的／音樂來同步／／配合出一組／知感合一情景交融的／主題曲」〔註38〕，「不談理論」是首要條件，不以理論作為限制，而是要求讀者參與到創作過程中，從「且看我」到「且聽你」，預期將有多元的組合效果產生，在「不確定的」狀態裡，任何結果都有可能發生。

　　如果說羅青所期待的是「一首既古典又現代的視覺詩」，同時符合「一組知感合一情景交融的主題曲」，那麼就創作者的企圖而言，對於作品的態度不是隨意戲耍，而是有所要求，既能融會古今、又要情景交織，有視覺、有主題，所以創作者揀選文字並非為了拼湊出片段，而是追求一首完整的詩作。

　　詩人羅青表現於文字上的形象雖以嬉戲居多，但是仍有其對於創作的追求。羅青之於臺灣後現代詩的論述，因其積極的實驗歷程而占有一席之地，在後現代思潮眾多的爭議與標籤中，羅青確實嘗試各種突破方式，進而引起關注。

　　本章以「錄影詩的實驗性」探討羅青創作的企圖，其中透顯出「後現代詩的解構性」，在突破權威與不確定性的展開當中，進而討論「詩人羅青的抒情主體」在自我辯證（小我）與國家認同（大我）之間，主體的彰顯。最後，當我們將羅青詩作中的「實驗性」、「解構性」與「抒情主體」一併觀之，會發現詩人在多變的創作技法中，不僅展現了個人主體性也保留了讀者參與的空間。

〔註38〕羅青：《錄影詩學‧錄影詩學宣言》（臺北：書林出版有限公司，1988 年 6 月），頁 9～11。

　　以〈蒼蠅族〉為例，國家認同的主體意識與詩人個人立場雖然密不可分，但是詩作的敘述對象仍保留代換的空間，迫害的一方與受害的一方，雙方的立場在不同的時空下依然成立，也就是說，後現代性的雙重視野在實際的操作上可以保留詩人主體性與詩作詮釋的空間。

　　從詩人自我意識的突破，延伸到群體的突破，詩作中的時空因突破而產生流動，呼應《錄影詩學》以文字運鏡的特點。因此，羅青是以文字為素材，以意識去運鏡，所組構而成的詩作，可以詮釋為一連串主體的展現。

第三章　後現代詩中的性別主體：
以夏宇、陳克華為例

　　臺灣詩壇經過 1980 年代現代主義詩學的成長，拓展詩語言的觸角、融入城市生活的樣貌等，蓄積豐沛的創作動能，在 1987 年解嚴後，臺灣社會朝向多元發展，各領域的聲音相互交流、價值體系鬆動，加上電腦資訊的發達帶動知識傳播的革新，當臺灣進入後工業社會，「後現代」成為詩壇標榜的口號，因此，「後現代詩」的界定，是奠基於臺灣社會環境的改變下，融入多元的語言系統、表現手法突顯並時性的空間關係，以及要求讀者參與創作的新詩類型。〔註1〕

　　在眾多後現代詩的研究中，本文聚焦於主體的展現，從後現代主義思潮對於主體的解構，〔註2〕探討作者與作品之間的關係。而主體意識是指經由語言論述所表現出的個人主體性，當語言系統的同一性價值遭到解構，能指所指

〔註 1〕參見陳義芝：《聲納——臺灣現代主義詩學流變》（臺北：九歌出版社，2006
　　　　年 3 月），頁 148～164。

〔註 2〕【法】米歇爾‧傅柯（Michel Foucault，1926～1984）提出人文科學的考古學，
　　　　在「人的有限性」分析當中，人的終結所產生的空檔才是思考的開端，這個
　　　　空檔並不是空缺，它不是將被填滿的空隙，而是一個空間的開展，因此，人
　　　　只是被「一切」通過的客體，解構主體而展開出空間，正是從這個意義上來
　　　　說後現代主義中的主體消失了。參見【法】米歇爾‧傅柯著；莫偉民譯：《詞
　　　　與物——人文科學的考古學》（上海：上海三聯書店，2016 年 7 月），頁 316
　　　　～347。

之間落入永恆的追蹤遊戲，那麼由此建立的主體意識也隨之瓦解。〔註3〕然而，理論上作品中主體的權威地位不再，取而代之的是被動回應世界的無意識主體，在實際的閱讀經驗中，筆者發現後現代詩作仍然能夠傳遞價值或引起共鳴，不全然是無意義的遊戲。如果我們從一般新詩創作經營意象、調整節奏的角度看待後現代詩，其中反映的無意識主體，（所謂後現代主義中消失的主體），筆者認為可以從兩個角度看待：一是在讀者誤讀下的作品，作者的主體意識遭到排除；二是作者有意識地讓出主體位置，創造不確定文本來吸引讀者參與創作的遊戲。兩者並非互斥的概念，而是凸顯出作者的主體（有意識或無意識）自始自終都會影響作品的呈現，如同雅克・德希達（Jacques Derroda，1930～2004）將中心視為一種不可缺少的功能：「我沒有說過中心不存在，沒有中心我們也能行這樣的話。我相信中心是一種功能，而不是一種存在——一種事實，而是一種功能。這種功能絕對不可缺少。」〔註4〕本文將從第二個的角度，以意象（能指）的游離性造成的不確定文本來詮釋後現代詩作中的主體。〔註5〕

而「根據後現代主義的信條，為主體定位就是要認可種族、性別、階級、性取向等的差異。為其定位還必須既要承認主體的意識形態，又要提出主體性的其他概念（Huyssen1986，213）。」〔註6〕，依據種族、性別、階級等方向，觀察臺灣後現代詩人的特色。

詩人夏宇（1956～）自1984年出版《備忘錄》至2016年《第一人稱》，已出版9本詩集。其靈巧多變的詩作語言，以及女詩人的身分，使夏宇成為

〔註3〕參見高宣揚：《後現代論》（臺北：五南圖書出版有限公司，1999年10月），頁270～295。

〔註4〕【加】琳達・哈琴（Linda Hutcheon）著；李楊、李鋒譯：《後現代主義詩學：歷史・理論・小說》（南京：南京大學出版社，2009年9月），頁83。

〔註5〕詩是意象所構成，而意象由語言文字表達，當我們將文字視為符號時，則意象等同於能指。斐迪南・德・索緒爾（Ferdinand de Saussure，1857～1913）提出語言符號連結的是概念（所指）和音響形象（能指），而其基本原則有二：符號的任意性（能指和所指的關係是任意的）、能指的線條特徵（視覺的能指可以在幾個向度上同時併發，而聽覺的能指卻只有時間上的一條線）。參見【瑞士】斐迪南・德・索緒爾著；沙・巴利、阿・薛施藹、阿・里德林格合作編印；高名凱譯；岑麒祥、葉蜚聲校注：《普通語言學教程》（北京：商務印書館，1980年11月），頁100～106。

〔註6〕【加】琳達・哈琴（Linda Hutcheon）著；李楊、李鋒譯：《後現代主義詩學：歷史・理論・小說》，頁215。

研究者關注的目標，如學者鍾玲從後現代主義分析夏宇詩中的後設性及解構性、〔註7〕孟樊同樣從後現代解讀夏宇的文字遊戲並觸及女性詩學；〔註8〕李癸雲則從女性主體建構指出夏宇詩的流動意旨、〔註9〕陳義芝是以達達實驗解讀詩人的心理狀態。〔註10〕上述學者大致肯定夏宇在創作上語言的特殊性，認同夏宇為後現代詩人及女詩人的代表作家。

詩人陳克華（1961～）在詩作中大量使用性意象，前衛大膽的表現被孟樊以情色詩劃入後現代詩人之列，〔註11〕孟樊認為：

> 後現代時期詩人對於情慾的鋪陳與呈現，如前所述，均較以往來得直接、大膽，新世代詩人如陳克華、林燿德、顏艾琳、江文瑜等人，堪稱代表。他／她們不避諱情慾，甚至正面肯定其必要性。〔註12〕

而陳克華與「後現代」這個標籤的關係，不僅止於使用性意象，焦桐認為：「（九〇年代的臺灣詩壇）詩人的描寫漸趨大膽、露骨，性器官已不再是禁忌，而是可以作為書寫策略的工具，隨時暴露出來，顛覆道德體系，顛覆主流，」〔註13〕，

〔註7〕 鍾玲：「夏宇的詩的確在多方面呈現了西方理論家所列舉出的後現代主義作品特色；諸如對文字功能之信仰。以遊戲態度處理文字、透過模仿嘲弄成規，以求創新的後設性、多元化而表面呈混亂的敘事方式、對傳統文學準則之採納並同時進行對其解構等等。」參見鍾玲：《現代中國繆司：臺灣女詩人作品析論》（臺北：聯經出版事業公司，1989年6月），頁352～366。

〔註8〕 孟樊：「關於夏宇的後現代詩，男性批評家（簡政珍、林燿德）多半認為『意旨的消失』、『意符的游移』、『意符和意旨的乖離』、『文字的遊戲』等為其詩之特徵……奚密即指出夏宇的後現代風，最深刻的表現並非上述那些男性批評家所認為的特點。（而是根植在激進的女性主義精神上）。」參見孟樊：《當代臺灣新詩裡論》（臺北：揚智文化事業股份有限公司，1995年6月），頁222～325。

〔註9〕 李癸雲：「夏宇將語言破框之後，讓語義四處流竄，意旨流動起來，呈現複雜、創造性與不穩定的一種語言狀態。」參見李癸雲：《朦朧、清明與流動：論臺灣現代女性詩作中的女性主體》（臺北：萬卷樓圖書有限公司，2002年5月），頁157～164。

〔註10〕 陳義芝：「夏宇的達達實驗也應看作是1990年代她的一個心理狀態。」參見陳義芝：《聲納：臺灣現代主義詩學流變》，頁197～208。

〔註11〕 在此需要說明的是，「情色詩」是從創作主題上劃分，而「後現代」強調對同一性價值的顛覆性，位階更高，因此陳克華詩作中於情色表現上的顛覆，是讓他被歸類為後現代詩人的原因之一。

〔註12〕 孟樊：《臺灣後現代詩理論與實際》（臺北：揚智文化事業股份有限公司，2003年1月），頁129～130。

〔註13〕 焦桐：〈身體爭霸戰──試論情色詩的話語策略〉，收入林水福、林燿德主編《當代臺灣情色文學論：蕾絲與鞭子的交歡》（臺北：時報文化出版企業股份有限公司，1997年3月），頁223。

因此，「情色」在後現代詩中所扮演的角色，不在於抒情（目標），而更接近於一種途徑（手段）。蕭蕭曾指出陳克華詩作的別有用心：

> 陳克華的身體詩並不以情色自許，他的詩不在視覺意象上悦人耳目，不在情事、性事上美化細節，與挑逗性字眼保持相當距離，反而與批判性的詞語、憤怒性的語彙長相交雜。汙穢之情、噁心之狀，與裸露的身體同陳，自非以挑起情慾為目的之情色作品所樂意為之。〔註14〕

當情色是一種途徑，陳克華的有意顛覆是讓他躋身後現代詩人之列的鮮明標誌。

上述兩位詩人分別從不同主題上顛覆傳統性別主流價值，在臺灣詩壇研究中受到關注，因此筆者選擇聚焦於性別觀點討論夏宇及陳克華詩作中的主體。

本文分析詩作中主體的取徑是：一、區分真實作者、隱含作者與敘事者，將其中的隱含作者對應於拉岡精神分析理論的分裂主體；〔註15〕二、指出一首詩具代表性的能指符號，從德里達的「延異」（différance）概念，說明能指的游離性；〔註16〕三、最後結合德希達「延異的符號」與拉岡「匱乏的欲望」，詮釋主體的無意識話語。〔註17〕由此推論出的主體意識是真實作者有意佈置

〔註14〕蕭蕭：《後現代新詩美學》（臺北：爾雅出版社有限公司，2012年2月），頁116。
〔註15〕拉岡認為無意識的構成可以分為三個域，分別是想像域、符號域與現實域。想像域是由鏡像階段形成的自我幻象，而符號域則是象徵物，即語言文字；現實域是介於想像域與符號域之間的真實，但同時也是主體永遠得不到的真實，因為主體所得到的自始自終都是幻象。所以當主體從想像域進入符號域，就會因為能指符號的分裂而分裂。參見方漢文：《後現代主義文化心理：拉康研究》（上海：上海三聯書店，2000年11月），頁173～250。
〔註16〕德希達提出「痕跡」來取代一般意義的絕對起源（邏各斯），而且認為「痕跡」是延異，這種延異展開了顯象與意指活動。沒有一種形上學的概念能夠描述「痕跡」，它既非理想，也不是現實的東西，它先於聲音、先於光線，所以無法確定聲音印記和形象印記之間的等級，既然聲音的各種完整統一體之間的差別是聽不見的，那麼整個銘文中的差別是看不見的。總而言之，因為一切意義是在差異中建立起來的，所以解構掉絕對真理的地位，而所有能指落於符號網的千差萬別中，永遠與所指產生斷裂。參見【法】雅克·德里達著；汪堂家譯：《論文字學》（上海：上海譯文出版社，2015年2月），頁37～105。
〔註17〕語言文字象徵著主體的欲望，因此當物件（符號）重複出現而最終死亡（游離），正好銘刻了永遠匱乏的欲望。拉岡：「佛洛依德將那些遮掩遊戲（指幼兒將玩具扔開又拉回的遊戲，伴隨這種遊戲，幼兒發出一定的語音）指給我們看，為的是讓我們意識到，欲望人文化的時刻也就是幼兒達到語言

不確定文本時，無法控制滲入作品與否的無意識，即由想像域分裂進符號域的隱含作者所承載的無意識主體。

　　以下先分別說明夏宇詩及陳克華詩中的顛覆性，再提出後現代視野下的「後性別主體」概念，回應後現代詩作中的主體。

第一節　夏宇詩：解構兩性關係

　　夏宇早期詩作中多有以男女愛情為主的作品，如：《備忘錄》〔註18〕中的〈蛀牙記〉、〈愛情〉、〈冬眠〉、〈疲於抒情後的抒情方式〉等，其中叛逆的態度及靈動的字句，就像一位夢想家，〔註19〕用詩引領讀者的意識解放。以下試從「走出童話」到「找到自己」的過程，點出夏宇詩對兩性關係的解構。

一、走出童話

　　以〈南瓜載我來的〉為例，夏宇改編童話，顛覆童話中男女主角的傳統形象，而詩作中的王子，反映隱含作者（主體）的無意識。陳義芝認為詩中的王子「是夏宇的阿尼姆斯——時而高傲時而冷漠，驟變、調皮、不受規範的性格特徵。」〔註20〕：

　　　「根據童話，」他說

　　　的時刻。……主體在這個時刻不僅通過承受欲望而掌握了欲望的失落，他並且在這時將他的欲望提高到第二種力量。因為，在物件的消失和出現的預見性挑引中，他的行動破壞了它使之出現和消失的對象。他的行動負化了力量的場域而成為了其本身的對象。這個對象立刻實現在簡單發音的一對象徵中，表明音素的兩重性在主體中已有了歷時的存在，而現有的語言則為其吸收提供了共時的結構，由此幼兒加入到了其環境中的具體話語的系統中去，馬馬虎虎地重複出他聽到的語音，那兒！這兒！正是在其孤獨中，幼兒的欲望成了別人的欲望，成了控制他的另一自我的欲望，其欲望的對象從此成了他的痛苦。……這樣，象徵首先是表現為物件的被扼殺，而這物件的死亡構成了主體中的欲望的永久化。」參見【法】拉康（J.M. Lacan）著；褚孝泉譯：《拉康選集》（上海：上海三聯書店，2001年1月），頁333。

〔註18〕夏宇：《備忘錄》，臺北：夏宇出版，1984年9月。
〔註19〕陳義芝：「夏宇的詩展現的不是外向的、反擊的力道，而常常是一種現在狀態，自我的安頓、自我的愉悦。這是夢想者的特質。」參見陳義芝：〈夢想導遊論夏宇〉，《當代詩學》第2期（2006年9月），頁159。
〔註20〕陳義芝：《從半裸到全開——臺灣戰後世代女詩人的性別意識》（臺北：臺灣學生書局，1999年9月），頁24。

「你不應該是一個如此

　敏於辯駁的女子。」

涉水

我們正走過暴雨中的城市

城牆轟然

塌毀

「可是我已經

　前所未有的溫柔了。」

我說

遠處似乎有橡皮艇出沒〔註21〕

開場的後設語言「根據童話」，一開始即暗示讀者童話與現實之間的衝突與差
距；而作者特別以「他說」斷開男性聲音，於是「根據童話」潛伏著的是「根
據傳統父權觀念」：女性應該是服從的樣子。此時的男性執迷於理想中的童話，
與現實中的女性對峙，當兩人走過暴雨中的城市，城牆的坍塌「不僅僅是傳
統童話世界中的崩毀，其實也是朝向顛覆童話世界的二元對立，走向女性主
體者所追尋的定位。」〔註22〕

　　這首詩藉由重寫童話故事展現女性主體意識，那麼詩作中的後現代主體
為何？從敘事手法來說，〔註23〕是詩中的敘述者「我」展現女性主體意識，
〔註24〕而隱含作者則是藉由符號能指「南瓜」進入到語言系統中。〔註25〕

〔註21〕夏宇：《備忘錄・南瓜載我來的》，頁 40～62。

〔註22〕顧蕙倩：〈論夏宇浪漫美學的個人主體性〉，《臺灣詩學學刊》第 15 期（2010
　　　　年 7 月），頁 259。

〔註23〕此處討論的是從「作者的創作」到「讀者的閱讀」之間的關係，其中作品內
　　　　的敘述過程大致上通過：「隱含作者→敘述者→敘述文本→敘述接受者→隱
　　　　含讀者」。參見趙毅衡：《當說者被說的時候：比較敘述學導論》（北京：中國
　　　　人民大學出版社，1998 年 10 月），頁 15。

〔註24〕趙毅衡：「從敘述分析的具體操作來看，敘述的人物，不論是主要人物和次要
　　　　人物，都佔有一部分主體意識，敘述者不一定是主體的最重要代言人，他的
　　　　聲音卻不可忽視。而且敘述者很可能不止一個人……隱指作者應當說一部作
　　　　品只有一個，但在他身上綜合了整部文本的價值。」參見趙毅衡：《當說者被
　　　　說的時候：比較敘述學導論》，頁 23。

〔註25〕後現代詩中的主體是屬於分裂主體，是由於主體進入符號域而產生的幻象，
　　　　而從真實域洩漏出的欲望（小它物）即主體的無意識殘骸，其表現方式符合
　　　　話語系統的運作，因此當我們討論後現代詩中的主體，可以嘗試從意象（符
　　　　號）去辨識。

詩中無意識性別主體回應的是童話故事中傳統的男女關係（性別大他者）。

能指「南瓜」出現在標題〈南瓜載我來的〉，成為貫串全詩的意象。一開始是南瓜是童話故事的象徵，隨後轉向「我」的代表：

> 南瓜載我來的
>
> 他不會相信
>
> 金黃
>
> 澎湃
>
> 一棵南瓜
>
> 在牆角
>
> 暗暗成熟
>
> 如我　辛德瑞拉〔註26〕

「他不會相信」南瓜的成熟，暗示傳統的性別刻板印象，而那個被動地被南瓜載來的「我」，已經悄悄成熟，醞釀一股主動出擊的能量。當「婦人在路邊兜售南瓜終於／引發／我們不可遏止的鄉愁」，能指「南瓜」轉成故鄉的象徵，「故鄉」一詞可以指向個人的起源或者內在的認同，此處則是暗示著傳統童話，於是在這一段戀愛關係裡對立的男女，最終服膺於傳統童話的定律。

當女性（我）懷孕，童話再次幻滅，女方「在後院／我偷偷種了一些南瓜」，於是能指「南瓜」從童話象徵轉到「我」的成長，再從鄉愁轉向「我」的希望。直到詩的結尾，南瓜（希望）振翅而飛：

> 「如果可以重新開始」
>
> 有一萬個南瓜同時
>
> 在全世界
>
> 振翅起飛
>
> 令人
>
> 不忍深究的
>
> 五月〔註27〕

可是「希望」真的起飛了嗎？「不忍深究的」轉折暗示希望可能落空，「如果

〔註26〕夏宇：《備忘錄‧南瓜載我來的》，頁40～62。
〔註27〕夏宇：《備忘錄‧南瓜載我來的》，頁40～62。

可以重新開始」徒增傷感，因為現實人生不可能回頭，「結尾處女主角反思全世界女性的命運及自身的經歷」。〔註 28〕

　　鍾玲認為這首長詩交織了三條線，分別是分別是失樂園神話、男女相愛成婚之旅以及都市文明的神話。〔註 29〕而筆者細究能指「南瓜」連結傳統童話、現實人生以及女性（我）的成長轉變，最終飛離所指，能指符號的游離即是分裂主體的展現，那追尋落空、永遠匱乏的欲望為隱含作者的無意識話語。

二、找到自己？

　　無意識性別主體從不同角度回應性別大他者，「找到自己」亦是自我幻象的另一種形式；然而，我們可以從詩作中反覆書寫尋找自我定位的主題中，觀察到夏宇詩中無意識性別主體的特徵。

　　〈南瓜載我來的〉走出童話定律，從傳統兩性關係中覺醒；而〈無感覺樂隊（附加馬戲）及其暈眩〉〔註 30〕則是以現代生活場景詮釋兩性關係，男女關係不是童話模型，改以「樂隊」的形式出現：

> 我帶著我的口琴和一個三分鐘的煮蛋沙漏以為時間可以重複
> 可以切割以為時間甚至可以靜止而又可以倒置我不停地吹著
> 口琴看見他耍盤子騎單車輪噴火背在背上的鼓則早已經窮於
> 應付。我是他的女人和道具他把我從一個盒子變到另外一個
> 箱子等等 10 次有 8 次是失敗的墮入「知識份子牽強的賣藝
> 主題」。他是逃亡的某某主義以為一個拙劣的賣藝生涯乃是
> 最佳的掩護我們也耍耍牌戲視破的人仍然丟下銅板走了極為
> 寬大令人感慨

一男一女組成樂隊賣藝，這支樂隊是「知識份子牽強的賣藝主題」，所謂的樂隊其實是小家庭維持生計的表象，特別的是「視破的人仍然丟下銅板走了」，可見男女組成家庭的形式是獲得社會認可，琴瑟和鳴是「樂隊」的象徵。

　　然而，即使有樂隊形式掩護，男女關係仍不可抑止地朝向崩壞，因為男性

〔註 28〕鍾玲：《現代中國繆司：臺灣女詩人作品析論》（臺北：聯經出版事業公司，1989 年 6 月），頁 361。

〔註 29〕鍾玲：《現代中國繆司：臺灣女詩人作品析論》，頁 358～359。

〔註 30〕夏宇：《Salsa‧無感覺樂隊（附加馬戲）及其暈眩》（臺北：夏宇出版，1999 年 9 月），頁 8～12。

對女性的控制不斷失敗，「我是他的女人和道具他把我從一個盒子變到另外一個箱子等等 10 次有 8 次是失敗」，男性無能又無賴的形象逐漸顯露，甚至對於懷孕一事也不發揮作用：

> 我決定我是處女懷孕就像他決定他自己是什麼什麼主義。他
> 贊成不見得所有比喻都必須是準確的但他說小孩自己恐怕不
> 會同意的所有的小孩第一件事就是想知道自己是怎麼來的做
> 一個小孩是極艱難的當他們找不到解釋或是解釋不夠充分他
> 們無法繼續下去他們就提早長大了。啊那瞌睡。那瞌睡像是
> 10 除以 3。我的小孩，在我們一起慎重睡著以前我說你知道
> 不知道現在現在我感覺自己像一座沙丘正在正在被風吹散

敘述者「我」可以決定自己懷孕，而且是處女懷孕，無須男性介入，展現個人主體意識。而「他」則是決定自己的主義，既然他能選擇自己的思想，那麼同樣的，「我」也可以。至於「小孩」，當解釋不能繼續下去就提早長大，說明長大是解釋的喪失，意義不明彷彿是長大的常態。此處男人、女人與小孩各有各的難題，敘述者「我」更感受到被風吹散、即將消失的危機，樂隊的存在也面臨考驗：

> 又被一陣更強的風吹到一個更陌生的城市種滿葡萄橄欖樹和
> 無花果的城市找到的唯一解釋是音樂是一切。於是我們的樂
> 隊繼續存在用一種絕大的意志力繼續存在馬戲部分則視表演
> 者當日醒來的精神狀況決定。

「唯一解釋是音樂是一切」，整首詩的文字不加標點堆疊在一起，就像音符連續不斷地流動、也像無意識話語讓人暈眩。而樂隊「用一種絕大的意志力繼續存在」，說明男女組成樂隊（家庭）的形式繼續存在，可是接著又暗示樂隊成為隨時可以瓦解的匿名形式：

> 他也無論如何決定要繼續寫他
> 的傳單沿途發送我看到的一些比較不激烈的句子是這樣的：
> 「形式。深沉的形式。密閉的。隨時可以瓦解的。匿名的形
> 式。」有人簡潔地重視形式以輕視細節為榮。

至此讓樂隊的存在變得虛無飄渺，而在這之中擁有口琴（音樂能力）的敘述者「我」，最終運用「口琴」找到自己的聲音：

> 　　　　　　　　　　　　　　　　　我握著我的口
> 琴終於成功地在一個櫃子裏被變走然後在百哩外一個鎮暴隊
> 伍裏出現我驕傲地壓抑地用我的沙漏起誓我極端暈眩我認得
> 的有些磨菇亦致人如斯暈眩令人艷羨〔註31〕

口琴被變走象徵「我」脫離了樂隊，找到自己。「用我的沙漏起誓」是為我的時間、我的生命找到證明。

　　最終的「磨菇」讓人暈眩、讓人欣羨沉醉，回應詩題「無感覺樂隊及其暈眩」，意思是樂隊（家庭）的形式（表象）讓人無感覺，而暈眩（無意識）是生存、生育及生長的一切過程。因此磨菇是解藥也是毒藥，代表存在之生滅令人目眩。

　　這首詩在形式上雖然像散文，但是沒有標點，是聚集成一塊塊的詩。隱含作者則在整首詩塊狀的形式中，推展一支樂隊的表演，使能指符號「音樂」產生游離。詩作中「音樂」同時指涉樂隊、兩性關係，以及敘述者「我」尋找自己的聲音，在錯雜交織的音符中，產生一種暈眩感，而這樣魔幻的感受來自詩作中的隱含作者，對於存在的渴求是分裂主體永遠匱乏的欲望，也是這首後現代詩透過能指游離所展現出的豐繁、多元的內容。

第二節　陳克華詩：解構性別主體

一、同性做愛

　　1995 年《欠砍頭詩》出版，是陳克華創作情色詩的高峰，「背德者」一首〈「肛交」之必要〉一鳴驚人。〔註32〕而陳克華自言一切是猥褻之必要：「猥褻原只是一種手段，無奈有人對其他視而不見。因為表面上的猥褻，喚醒的是他們自身人格裏更深一層的猥褻，那潛伏但永遠無法享用的快感。於是他們整齊方正的人格被深深激怒了——他們習於安穩的性格不容任何輕挑的撼動。」〔註33〕，這是詩人身處異性戀社會中，為相對弱勢族群所發出的強勢

〔註31〕夏宇：《Salsa‧無感覺樂隊（附加馬戲）及其暈眩》，頁 8〜12。
〔註32〕王浩威：「陳克華寫下驚世駭俗的〈肛交之必要〉時，遭到兩大報副刊等各類『正式』刊物的拒刊，最後只好『淪落』在《島嶼邊緣》，這本日後因情色文學而聲名大噪的半地下刊物露臉。」參見王浩威〈道德者陳克華〉，收入陳克華：《欠砍頭詩》（臺北：九歌出版社，1995 年 1 月），頁 3。
〔註33〕陳克華：《欠砍頭詩‧猥褻之必要》，頁 15。

宣言。當情色是一種途徑，肛交的姿勢則強迫人們逼視所謂良知：

　　讓我們呈上自己全裸的良知和肛門供做檢驗

　　並在一枚聚光的放大鏡下

　　觀察自己如何像鼠類一般抽搐

　　感受狂喜疼痛

　　毛髮被血浸濕像打翻了一瓶顏料——呵，我們

　　我們是否能在有生之年有幸證實肛交之必要性……

　　勢必我們要在肛門上鎖前回家

　　床將直接埋入墓地

　　背德者又結束了他們欺瞞的榮耀一日

　　沒有人知道縫線間的傷口包藏著什麼腐敗的理由

　　我們何不就此失血死去？〔註34〕

讓「全裸的良知」與「肛門」並置，是要脫去偽善後的道德與人性原始的欲望放在同一平面上受檢驗。「鼠類」凸顯人的獸性，欲望如血一般流淌，證據如此鮮明，於是詩人感嘆「我們是否能在有生之年有幸證實肛交之必要性」，表達捍衛同性做愛的合法性；然而，現實生活中卻「勢必」要隱藏自己，於是「背德者又結束了他們欺瞞的榮耀一日」，欺瞞所謂正面性交的異性戀者。在無人瞭解的寂寞裡，興起死亡的念頭，「我們何不就此失血死去？」表達同志內在的掙扎矛盾。

　　能指符號「肛門」是排泄的出口，也是欲望的通道，然而「肛門」本身並不占據什麼，它只是虛掩，只是欲望的小它物，標誌著分裂主體，〔註35〕做愛或不做愛、敲叩或推開……能指「肛門」是永遠不被窮盡的欲望：

　　但是肛門只是虛掩

　　悲哀經常從門縫洩露一如

　　整夜斷斷續續發光的電燈泡

　　我們合抱又合抱不肯相信做愛的形式已被窮盡

　　肉體的歡樂已被摒棄

〔註34〕陳克華：《欠砍頭詩·「肛交」之必要》，頁68～72。

〔註35〕楊小濱：「從拉岡理論的角度來看，語言象徵化在某種程度上的缺失，來自符號秩序無法絕對整合的真實域的殘餘，也就是『小它物』（objet petit a）——拉岡理論中的欲望原因—對象。」參見楊小濱：《欲望與絕爽：拉岡視野下的當代華語文學與文化》（臺北：麥田出版，2013年9月），頁27。

我們何不就此投入健康沉默的大多數？

我們何不就此投入多數？

多數是好的

睡眠是好的

做愛是好的

不做愛也是好的

無論是敲扣或直接推開肛門

肛門其實永遠

只是虛掩……〔註36〕

詩在最後一節重申「肛門只是虛掩」，做愛的形式只是表面，內在的欲望本來就不分異性或同性，因此「我們合抱又合抱不肯相信做愛的形式已被窮盡」想像肢體交纏的窘迫，以及對欲望的單純執著。在掙扎的過程中也想著「我們何不就此投入多數？」在多數的羽翼下過活，也許就不會有這麼多痛苦，此處的「多數」成為壓迫來源，令人反思做愛的形式沒有唯一，而多數也不代表正確的做愛形式。「無論是敲扣或直接推開肛門」，都是欲望呈現的方式之一，它沒有標準，更無對錯。

這首詩以醒目的意象「肛門」做為欲望的代表，顛覆一般對性交的形式、意義的印象。其中敘述者「我們」雖然宣稱是新品種，但是仍掙扎著想進入大多數，以免受到放大鏡的檢驗。加入健康沉默的大多數，以「多數」做為對多數的批判，最終要表白的是「欲望」才是永遠的大多數，而肛門只是虛掩。虛掩就像虛晃一招，「肛交」不過是欲望的代名詞。在這首詩中所宣洩的，是大多數表面健康沉默的人所不願公開討論的欲望，隱含作者所要揭開的是那些沒有人願意公開討論，但是每個人都會各自解決的「問題」，而欲望正是每個人都會面臨的問題之一。

以看A片為例，〈下班後看A片〉〔註37〕這首詩以女同志做愛為題材，詩中的「他」在觀看A片，片中是兩個女人，「一種雌性的真誠」感動他：

看見兩個女人在做愛

頓時有一種雌性的真誠

〔註36〕陳克華：《欠砍頭詩・「肛交」之必要》，頁68～72。
〔註37〕陳克華：《美麗深邃的亞細亞・下班後看A片》（臺北：書林，1997年4月），頁117～119。

> 溢滿了他的雙眼
>
> 兩個女人
> 不必扮演男人，也能做愛
> 如此取悅，如此潮濕
> 如此泛愛

兩個女人做愛不必扮演男人，暗指兩個男人做愛也不必扮演女人，就能如此
盡興。敘述者「他」在觀看「她們」做愛時將自己涉入其中，打開異性、同性
做愛的界限，透過做愛的主題突破性別結構，解構性別主體，能指「性慾」游
離在異性、同性做愛之間，被「深深嘉許」：

> 性慾是值得深深嘉許的
> 如開在深深陰道裡的裝飾花──
> 慾望則屬陰性
> 醜腆的，無氣味的辭彙
> 在兩個豐美的女人的四雙乳房
> 的摩擦之間他願意將那時他極度許願：
> 他願意是待哺的
>
> 永遠待哺的陽具──

將「性慾」比喻為「陰道裡的裝飾」，遮掩做愛的生殖目的，而深深肯定兩個
女人展現出的欲望。接著，敘述者「他」幻想進入其中，形成三人性交，「乳
房」與「陽具」的連結打開欲望溝通的渠道，顛覆「陽具」符號的中心地位，
讓它成為待哺的、永遠匱乏的符號，等待被能指「性慾」占據，因此性別意識
的流動藉由觀看到想像涉入，跨越了性別。而隱含作者則是通過能指「性慾」
的游離指向小它物，代表永遠不被滿足的欲望；在此，無意識主體回應性別
大他者時，性慾是被標舉出來的，超越性別二分。

二、雌雄同體

有關雌雄同體的概念，瑞士心理學家榮格（Carl Gustav Jung，1875～1961）
提出無意識中具有男性性格阿尼姆斯（animus）與女性性格阿尼瑪（anima）：

> 不管是在男性還是在女性身上，都伏居著一個異性形象，從生物學
> 的角度來說，僅僅是因為有更多的男性基因才使局面面向男性的

一方發展。少數的女性基因似乎形成了一種女性性格，只是因為這
種女性性格的從屬地位，所以它通常停留在無意識之中。〔註38〕
歐美現代主義大約自十九世紀末持續到一九六五年，〔註39〕榮格的學說出現
在現代主義時期，陳義芝曾援引其雌雄同體的無意識原型評論臺灣戰後世代
女詩人的作品，所舉詩作以女詩人作品中描寫的男性形象為主。〔註40〕而陳
克華詩作中的雌雄同體則表現在性交的主題上，與解嚴後臺灣詩壇的發展有
關，焦桐認為：「（九○年代的臺灣詩壇）詩人的描寫漸趨大膽、露骨，性器官
已不再是禁忌，而是可以作為書寫策略的工具，隨時暴露出來，顛覆道德體
系，顛覆主流。」〔註41〕因此，陳克華詩作中出現的雌雄同體與前代不同，
而是能呈顯後現代主義的顛覆性。

主體意識在異性與同性間流動，最終在想像中匯聚為一體，跨越性別的
同時彰顯主體意識自我消解的後現代精神。以〈我終於治癒了這世界的異性
戀道德偏執熱〉為例：

> 但我終於也移植了一個屄。
>
> 擁有貯藏乳汁的雙乳
>
> 每月一次
>
> 倒立精神的子宮，傾洩靈魂的月經
>
> 本能的腺體肥大
>
> 愛藏匿陰毛叢的深穴
>
> 亞當夏娃不過是洞口雯時掠過的受驚嚇的小鬼
>
> （相對於慾望的古老，他們多麼天真而且無邪。）〔註42〕

〔註38〕【瑞】卡爾・古斯塔夫・榮格（Carl Gustav Jung）著；馮川、蘇克譯：《心理
學與文學》（臺北：久大文化股份有限公司，1990 年 10 月），頁 49。

〔註39〕蔡源煌：《從浪漫主義到後現代主義》（臺北：雅典出版社，1994 年 8 月），
頁 75。

〔註40〕陳義芝：《從半裸到全開──臺灣戰後世代女詩人的性別意識》（臺北：臺灣
學生書局，1999 年 9 月），頁 11～36。

〔註41〕焦桐：〈身體爭霸戰──試論情色詩的話語策略〉，收入林水福、林燿德主編
《當代臺灣情色文學論：蕾絲與鞭子的交歡》（臺北：時報文化出版企業有限
公司，1997 年 3 月），頁 223。

〔註42〕陳克華：《善男子・我終於治癒了這世界的異性戀道德偏執熱》（臺北：九歌
出版社有限公司，2006 年 8 月），頁 81～82。

敘述者「我」終於有了女性的第二性徵，以男身加疊女身，不用再承受道德偏執熱（認為做愛應該是男女交媾）的指責。然而，每月一次的月經對於「我」而言卻是「倒立精神」、「傾瀉靈魂」，顯現「終於也移植」性徵的委屈。

　　敘述者「我」對世俗價值的屈從，與隱合作者的價值觀拉開了距離，〔註43〕產生反諷，而隱合作者則在括弧內現形，古老的欲望是多麼天真無邪，與現代的異性戀道德偏執症相比，同性欲望卻被扭曲成不道德、有病：

　　　　我是誰我不清楚但我知道

　　　　我有病──而佛說　人生就是一場大病

　　　　五根六識　三千大千　無非病中夢幻

　　　　我於幻中凝視此身，無所依循　但

　　　　在維時僅剎那的領悟中

　　　　起碼我已治癒了這病著的堪忍婆娑世界

　　　　的異性戀熱症。〔註44〕

「我有病」因此「我終於移植了一個屄」，身體是受到眾人觀看的，但是精神卻不必，「在維時僅剎那的領悟中」，敘述者「我」發現生病的是這世界，不是自己，於是雌雄同體安撫了異性戀，同時也治癒了自己。陳政彥認為：「在同性戀與異性戀對峙的敵對心態下，全世界都彷彿仇敵，但是領悟到原來同性戀、異性戀乃至各式各樣奇異畸零的愛的形式，其實並沒有正常不正常的差別，在更高的標準審視下，同樣異常、同樣有病。所謂治癒，原來是調整自己，能夠平等看待異性戀的心態。」〔註45〕

　　能指符號「病」游離在異性戀與同性戀的偏執之間，更甚者「人生就是一場大病」，病被治癒的同時，能指「病」被消除所指，而無意識主體亦跨越性別界限，消解性別亦兼容性別，解構性別主體。

　　而在〈性別〉〔註46〕兩首更徹底地讓男身、女身交融，讓阿尼姆斯（animus）

〔註43〕趙毅衡：「敘述的可靠性主要衡量標誌，是敘述者與隱指作者的距離，也就是敘述者的價值觀與隱指作者所體現的全文價值觀之間的差距。」參見趙毅衡：《當說者被說的時候：比較敘述學導論》，頁 54。

〔註44〕陳克華：《善男子‧我終於治癒了這世界的異性戀道德偏執熱》，頁 81～82。

〔註45〕陳政彥：《身體‧意識‧敘事：現代詩九家論》（臺北：秀威經典出版社，2017 年 12 月），頁 75。

〔註46〕陳克華：《乳頭上的天使‧性別》（臺北：釀出版，2016 年 7 月），頁 129～133。

與阿尼瑪（anima）從無意識原型具現化為身體：

　　（一）女人的隱形陽具

　　……

　　當二頭肌如陰蒂充血

　　她積極轉換為男人

　　或者

　　一個和男人對峙的女人

　　有鋼質的骨髓與帶刃的臼齒

　　顧盼睥睨男人們羞怯的肛門。

肌肉充血代表性慾高漲，女人不再是性交中的被動者，而是足以與男性對峙的個體。「顧盼睥睨男人們羞怯的肛門」對應女性的陰道，當雌雄同體，女人可以自我完成，因此不屑於男人的肛門。在想像的情境中，女人潛在的異性形象具體化為陽具（詩中的啞鈴），「二頭肌」充血是性慾的擴張，女人變得鋼硬而驕傲，可以主動「進攻」男人。甚至在最後「她」直接成為「陽具」：

　　在一切指涉飢渴的隱喻裡

　　她是熠熠發亮的

　　因喘息而震動的

　　隱形的　　不需恥毛和血管和海綿體裝飾的

　　如假包換的

　　陽具。

敘述者「她」是隱形的陽具，占據中心地位，或者更應該說「她」自己形成一個中心，體現後現代主義的多元價值。這首詩中「她」成為游離的能指符號，她有人形的氣味、她有鋼質骨髓、帶刃臼齒，獸一般的身體極具侵略性；甚至「女人不過是一種偽裝」，能指脫離所指，游離「在一切指涉飢渴的隱喻裡」。真實作者為了追逐隱形的陽具符號而產生分裂，因此「她」是無意識主體中永遠匱乏的欲望他者。

　　第二首從男人體內變化出的雌雄同體，如花朵一般綻放內在多重的欲望，擁有女身的男體離開了陽具符號中心，彷彿因為擁有孕育的力量而慶祝：

　　（二）男人的陰道慶典

……

選擇了只接吻而不肛交　　　或

不口交　　只肛交　　　　　或

只肛交又只接吻

的午後的

那個男人體內長出一朵奇異卻又尋常如痔瘡的花

「那個男人」在不斷性交後，體內長出一朵花。一朵長在女人陰道裡的花，開在男人的肛門裡，開啟一連串對女體的想像：「綻開的」、「鬆弛的」、「被敲打的」、「骨盆寬大的」……

骨盆寬大的

那個男人懷抱著陰道交的崇高理想來到名為所多瑪理想國的大門

被扣

些微傷風的

那個永遠不會頭痛的天體男人擁抱著已然分裂的止痛與壯陽意識

在某次午後手淫的虛脫感裡的

那個男人轉頸扭捏地打好粉底說總統，是總統的人馬臨幸了嗎？

身體的跨界想像挑戰社會對身體的潛在規訓，從性交的形式推展到對社會異性戀霸權的控訴，於是詩作中的性交符號成為社會系統運作的隱喻：

然而徹底失望的

那個男人終於將鐵杵磨成繡花針的鐵杵放進肛門發現那一去永不

復返的

粗礪與撞裂，他說

毋自暴自棄故步自封光我民族促進大同

的那個男人

東亞稱雄——的確是稱雄的快感惟艱

那個男人，和頭上那一朵花

稍縱即逝地在宇宙某處的節日慶典

躁動男人們的陰道裡

遊行而過……〔註47〕

敘述者「那個男人」將「鐵杵放進肛門」完成雌雄同體性交，接著拼貼國旗歌歌詞，代表身體革命同時也是社會革命，只是「稱雄的快感惟艱」，一切「稍縱即逝」，遊行結束之後，性交的快感隨之消逝。能指符號「花」是隱含作者追逐的欲望，然而花開花謝後，能指只是游離不定的想像。

從同性做愛到雌雄同體，欲望是貫穿一切的主軸。直面欲望的目標是要成為「全新的品種／豁免於貧窮、運動傷害和愛滋病」〔註48〕，於是在性交描寫中解構性別主體。

第三節　後性別主體的呈顯

在後現代主義及後結構主義思潮興起以前，主體（subject）就是我，就是人的中心，世界在我思活動中而存在。「世界對於我來說絕對不是別的什麼東西，而恰好是在這樣一種意識的我思活動中，為我所接受存在著的世界。只有從這樣的我思活動中，世界才獲得了它的整體的意義。」〔註49〕而自佛洛伊德（Sigmund Freud，1856～1939）以來，提出人類心靈存在我們無法意識到的意識，即潛意識，破除「我」的同一性；〔註50〕雅各·拉岡（Jacques-Marie-Émile Lacan，1901～1981）提出鏡像理論，更指出人們只能獲得「自我」的幻象；〔註51〕再加上後結構主義學者，雅克·德希達（Jacques Derrida，1930～

〔註47〕陳克華：《乳頭上的天使：陳克華情色詩選，1979～2013·性別》，頁129～133。
〔註48〕陳克華：《欠砍頭詩·「肛交」之必要》，頁68～72。
〔註49〕【奧】胡塞爾（Edmund Husserl）著；張憲譯：《笛卡兒的沉思：現象學導論》（臺北：桂冠圖書股份有限公司，1987年12月），頁25。
〔註50〕【奧】西格蒙德·佛洛伊德（Sigmund Freud）著；林塵譯：《自我與本我》（上海：上海譯文出版社，2011），頁197～216。
〔註51〕拉岡：「一個尚處於嬰兒階段的孩子，舉步趑趄，仰倚母懷，卻興奮地將鏡中影像歸屬於己，這在我們看來是在一種典型的情境中表現了象徵性模式。在這個模式中，『我』突進成一種首要的形式。以後，在與他人的認同過程的辨認關係中，『我』才客觀化；以後，語言才給『我』重建起在普遍性中的主體功能。」「鏡子階段是場悲劇，它的內在衝勁從不足匱乏奔向預見先定──對於受空間確認誘惑的主體來說，它策動了從身體的殘缺形象到我們稱之為整體的矯形形式的種種狂想──一直到達建立起異化著的個體的強固框架，這個框架以其僵硬的結構將影響整個精神發展。由此，從內在世界到外在世界的循環的打破，導致了對自我的驗證的無窮化解。」參見拉康（J.M. Lacan）著，褚孝泉譯：《拉康選集》（上海：上海三聯書店，2001年1月），頁90、93。

2004）解構形上學，破除二元對立，以延異的形上學替代在場的形上學……
〔註52〕整體而言，後結構主義及後現代理論家強調語言、文化、實踐、主體性乃至社會本身的任意性和因襲性。〔註53〕

　　上述主體的概念從同一走向多元，本文提出「後性別主體」一詞的目的在於強調後現代主義中主體解構的特性。就性別主體而言，拉岡認為性別的定位是個體在社會中，以性的主體（sexed subject）尋找位置，而且主體性的分裂，造成性別的分野，並賦予了象徵的性屬（gender）。〔註54〕

　　針對臺灣現代詩中性別主體的研究，李癸雲認為：

　　　　在性別身分的認同上，許多女詩人省思女性主體受到「道德命名」、
　　　　「角色扮演」和「依附愛情」的束縛，而成為「男性他者」的處境；
　　　　也有具有強烈女性意識覺醒的作品，試著掙扎出他者身份，從「打
　　　　破鏡像」到樹立「新道德論」，並主動書寫身體情慾，以奪回主體性；
　　　　也有少數女詩人能讓詩中性別流動起來，帶著嘲諷「扮裝模仿」，以
　　　　男裝揶揄男性論述，冀求實現「陰陽同體」的烏托邦境界，在此境
　　　　界中，差異可以消融，兩性可以和諧共處。〔註55〕

有關女詩人詩作中性別主體意識的覺醒，主要在於書寫身體的情慾流動。夏宇早期詩作中的情慾書寫例如：〈姜嫄〉〔註56〕、〈野獸派〉〔註57〕、〈某些雙人舞〉〔註58〕等，經常為研究者引用舉例；那麼，本文進一步討論的是，從後現代視野關注夏宇詩作中的性別意識，在解構兩性關係之後所帶出的「後性別主體」。

　　同樣地，陳克華的情色詩書寫同性間的情慾，有別於傳統情色詩「是情詩滲入色慾或身體器官的描繪。那是一種再製經驗，一種和實際性行為分離的

〔註52〕參見陸揚：《後現代性的文本闡釋：福柯與德里達》（上海：上海三聯書店，
　　　　2000 年 12 月），頁 1～31。
〔註53〕史帝文‧貝斯特（Steven Best）、道格拉斯‧凱爾納（Douglas Kellner）著；
　　　　朱元鴻等譯：《後現代理論：批判的質疑》（臺北：巨流圖書公司，1994 年 8
　　　　月），頁 40。
〔註54〕伊麗莎白‧萊特（Elizabeth Wright）著；楊久穎譯：《拉岡與後女性主義》（臺
　　　　北：貓頭鷹出版，2002 年 7 月），頁 49～51。
〔註55〕李癸雲：《朦朧、清明與流動：論臺灣現代女性詩作中的女性主體》（臺北：
　　　　萬卷樓圖書有限公司，2002 年 5 月），頁 274。
〔註56〕夏宇：《備忘錄‧姜嫄》（臺北：夏宇出版，1984 年 9 月），頁 107～108。
〔註57〕夏宇：《腹語術‧野獸派》（臺北：夏宇出版，1991 年 3 月），頁 29。
〔註58〕夏宇：《腹語術‧某些雙人舞》，頁 16～17。

想像架構。」〔註59〕以余光中的〈雙人床〉為例：

> 最多跌進你低低的盆地
>
> 讓旗和銅號在高原上舉起
>
> 至少有六尺的韻律是我們
>
> 至少日出前你完全是我的
>
> 仍滑膩，仍柔軟，仍可以燙熟
>
> 一種純粹而精細的瘋狂
>
> 讓夜和死亡在黑的邊境
>
> 發動永恆第一千次圍城
>
> 為我們循螺紋急降，天國在下
>
> 捲入你四肢美麗的漩渦〔註60〕

雙人床外正發生戰爭，而床上的戰爭充滿亢奮的情慾，這首詩以男女情愛之微小反差對照社會戰爭之巨大，是反戰詩也是情色詩。詩中滲入色慾的意象如「盆地」、「旗和銅號」、「天國在下」及「漩渦」等，對比陳克華詩中俯拾即是的「乳頭」、「陽具」，陳克華直露的感官描寫在後現代思潮中距離傳統情色詩更遠。「後現代所出現的文化新感性，除了直接挑戰理性主義藝術作品所揭櫫的內容、意義和秩序之外，新感性耽溺於形式與風格的快感裏，賦予藝術『性感』的地位更甚於意義的詮釋。」〔註61〕因此，陳克華的情色詩表現與傳統不同，一方面臺灣解嚴後社會開放，進入後現代工業社會語境、一方面文學表現與審美觀點朝向解構及多元發展。本文從後現代視野觀察陳克華詩作中解構性別主體之後，其「後性別主體」的呈顯。以下分為兩個面向，一是夏宇的第一人稱、一是陳克華的騎鯨少年。

一、第一人稱

夏宇在《第一人稱》（2016）以老電影院的形式，一張照片搭配一句詩，

〔註59〕焦桐：〈身體爭霸戰——試論情色詩的話語策略〉，收入林水福、林燿德主編《當代臺灣情色文學論：蕾絲與鞭子的交歡》（臺北：時報文化出版企業有限公司，1997年3月），頁197。

〔註60〕余光中：《在冷戰的年代・雙人床》（臺北：純文學出版社，1984年2月），頁16。

〔註61〕焦桐：〈身體爭霸戰——試論情色詩的話語策略〉，收入林水福、林燿德主編《當代臺灣情色文學論：蕾絲與鞭子的交歡》，頁222。

附上翻譯，詩人在後記裡寫道：

> 詩是情詩歌是輓歌照片是壞照片／書的設計模擬一間專放老電影
> 的老電影院／這詩與影像的結合希望被當作一部尚未開拍的電影
> 的劇照看待／那隻象不停分裂不停繁殖除不盡的 π 拍不盡的象／
> 為了討論陌生人與詩與漂移以及壞照片／對壞照片來說這是一種
> 遮蔽／對陌生人來說那是一種致意〔註62〕

「那隻象不停分裂不停繁殖除不盡的 π 拍不盡的象」說明能指符號不斷分裂，
處於延異（différance）的狀態。此處思考的是女性主義與解構主義交鋒時，
所產生對「女性」及「在場」的辯證，也就是「超越」女性主義，援用德希達
解構二元對立的策略，消除「在場」的先驗性，提出不在場的延異概念，讓所
謂「真理」也處於無窮盡的延擱和遊戲當中；因此，當「女性」符號不再因為
對照於「男性」符號才存在，而是與所有語言鏈中的成員在相對關係的能指
鏈中獲得自己的定義，那麼「女性」是一個術語，對這個術語的界定取決於
它所被討論的語境，而不是某些性器官或社會經驗。〔註63〕

　　於是在《第一人稱》老電影院全黑的環境下，透過詩人的眼睛（攝影鏡
頭），閱讀詩人看到的世界，正是去思考「我」與世界中千差萬別的符號之間
的關係，而那也就是詩的世界。舉第一句（首）詩為例：

> 以搖晃和煙霧產生的第一人稱〔註64〕

搭配的照片是模糊的，似乎有一個女人提著袋子背著肩包走過一排車子。略
去影像表現不談，一句詩的意象包含「搖晃」、「煙霧」及「第一人稱」，搖晃
是波動的，代表某物的產生來自某些原料之間的撞擊與融合，可以指涉性交
的搖晃，或是人生旅途中與他者互動時所認知的「我」；其次，煙霧可以是搖
晃時產生的化學反應，也可以說生命誕生的原始狀態，迷濛而模糊的「我」。
最後，此詩句以「第一人稱」代替「我」，宣告放棄敘述者的建立，讓能指「第
一人稱」游離為每一位讀者的自我投射。

　　另一方面，這句詩在附錄的小詩集中成為一首詩的開頭：

> 以搖晃和煙霧產生的第一人稱

〔註62〕夏宇：《第一人稱‧後記》（臺北：夏宇出版，2016年7月），無頁碼。
〔註63〕參見張京媛：《當代女性主義文學批評》（北京：北京大學出版社，1992年1
　　　　月），頁332～346。
〔註64〕夏宇：《第一人稱》，無頁碼。

> 我沒有預備準時到達
>
> 遲到十分鐘對大部分情境都不是好概念
>
> 你不是想過要如何辨識我嗎這就是了
>
> 遲到十分鐘我就會為你準時出現
>
> 兩張 X 光片在逆光處重疊
>
> 遇見怎麼會就像不曾遇見〔註65〕

第一人稱「我」在模糊的狀態下產生，存在的不確定性開始蔓延；「我沒有預備準時到達」，「我」可能會、可能不會遲到，但是一開始就沒預備準時。如果準時是規則，遲到就是例外，提示「我」的存在一直是個例外，標示出敘述者「我」的獨特性。

精神分析學認為個體所認知的「我」是在與「他者」的互動中產生，換言之，「我」是外在映射物的綜合。〔註66〕「兩張 X 光片在逆光處重疊／遇見怎麼會就像不曾遇見」，X 光片是個體的象徵，當兩張 X 光片重疊，彷彿身體的內在疊映在一起，而實際上的身體卻像不曾遇見。

這首詩觸及個體「我」的存在與辨認，本文提出「後性別主體」的意義並不在於重構主體，而更接近於一種提升、昇華，破除二元對立之後，不是建立新的差別機制，而是就地認可當下的「我」即是完滿自足的個體，不會受制於性別符號「男」、「女」，兩者得以同時間在「我」身上交流，成為想像中的雌雄同體。

夏宇詩作中的後性別主體，是思考一個「我」，「我」與萬事萬物的關係，這超越兩性關係，不論在男人、女人面前，成為自己。

存在主義認為：「通過與作為『他者』的『你』的對話，『我』才在『他人』的經歷中體驗到『我』作為『我自身的存在的經驗基礎』。」〔註67〕，也就是「我」存在於各種與他人的經驗關係之中，以〈Stranger Than Rose〉為例，個體是他人的交織，也是「我」與所有符號之間的關係：

> 透過靈媒展現匱乏（噢玫瑰那是什麼樣的傷口）
>
> 同時展現多餘（包裹著那層層柔軟的亞麻布）

〔註65〕夏宇：《第一人稱》，小冊子頁 2。

〔註66〕方漢文：《後現代主義文化心理：拉康研究》（上海：上海三聯書店，2000 年 11 月），頁 29。

〔註67〕高宣揚：《存在主義概說》（香港：谷風出版社，1986 年 1 月），頁 28。

展現進入（我在想我們是否能趕上火車）

以及被進入（否則就只能睡在那裏面那朵玫瑰深處）

展現症狀（噢那純粹的矛盾一邊死亡一邊綻放）

展現靈媒自己（噢她的花瓣落盡她已無可復返）

她說她允許自己（她於是一層一層在身上穿裹衣物）

被許多事物穿過（無盡屈服又無盡展露）

圍著她的我們（錯綜複雜之瓣上還有一條羊毛披肩）

我們也正在盼望可以彼此穿過（她包裹得如此之好）

我也覺得我們正在無盡閃爍（彷彿那層層之布是她的花瓣她的肌膚）

在一條輸送線上同時跳躍（就在她準備離去我聽見有人嘆一口氣）

跳向另外一條輸送線（說如果這整個過程相反就好了）

我們也允許自己（我們看著她離去）

暫時與他人重疊（像所有的玫瑰一樣消失）〔註68〕

這首詩在形式上凸顯句與句之間的任意性，同時從符號意義上、閱讀視覺上「進入」與「被進入」。「我們也允許自己／暫時與他人重疊」，能指符號「我」與「玫瑰」重疊，持續意義的延遲與遊戲。

　　另一首〈絞肉機〉則顯現出敘述者「我」聽到生命的本質，「我」與他者沒有不同，男性或女性都只是「夾雜大量的性」的欲望主體，能指符號「肉」，指涉從人體到碎肉、從統一體型到統一表格、從愛到性，最終所指被絞碎，欲望朝向死亡，而死亡正是個人的本能，「從死亡中（人）的存在得到了（人的）全部意義」〔註69〕：

無時無刻我聽到一台

巨大絞肉機的聲音

各種肉塊不停

被丟進去絞成碎肉

〔註68〕夏宇：《詩六十首‧Stranger Than Rose》（臺北：夏宇，2011年10月），頁147～148。

〔註69〕拉岡：「當我們想要看到在言語的串聯遊戲之前，在早於象徵誕生之前主體擁有的是什麼時，我們發現的是死亡，從死亡中他的存在得到了其全部意義。實際上他是以死的欲望而自立於他人之前的。如果他認同於他人，這是將他固定於他根本形象的變換之中，而所有的存在都是被喚起在死亡的陰影之中。」參見拉康（J.M. Lacan）著；褚孝泉譯：《拉康選集》，頁335。

萬物泯除界線的最終暗示

就像海關人員禮貌相詢

您有何物申報

面對公務員我只有一種想法是

要儘量幫助他們儘快填滿所有表格

讓他們趕快下班回家

於是好像瀕臨死亡

愛愛愛愛我說

愛愛愛愛愛愛

一生快速閃過

一部勵志電影

夾雜大量的性〔註70〕

楊小濱認為：「夏宇詩作中的情色化身體跳脫了陽具絕爽中對主導能指的執迷，呈現出某種播撒的、變幻的姿態。」〔註71〕，指出女性不是處在被動等待男性的地位，而是自身擁有性愛的欲望力量，在此對應前述「後性別主體」的概念，在解構兩性關係之後，不是固守於女性身體的特殊性，而是肯認每個當下的「我」與萬物之間的差異與連繫。

　　而這首詩中的肉與性，同時指出我的在場（我聽到）以及我的缺席（泯除界線）。「無時無刻我聽到一台／巨大絞肉機的聲音」點出生命的常態，巨大的絞肉機是命運的手在操弄，那機器運作的聲音彷彿時間的滴答聲，恆久而淡漠。各種肉塊是各式人類，最終成為碎肉，牛驥同皂。第二節將絞肉機比喻為填寫表格，表格內的資料不重要，重要的是填寫完畢才可以下班。表格內的資訊代表一個人存在的證明，然而對於絞肉機而言，不過只是大小形狀不同的肉，最後會變成一樣粗細的碎肉。來到第三節，所有存在無時無刻都「好像瀕臨死亡」，「愛」像碎肉充滿死亡的過程，在絞進機器的瞬間，「一生快速閃過」，「勵志電影」與「大量的性」形成對比，奮力求生可能是勵志陽光的一面，然而夾雜的性是宣洩欲望黑暗的一面，那麼瀕臨死亡的「愛」

〔註70〕夏宇：《詩六十首・絞肉機》，頁 21～22。
〔註71〕楊小濱：《欲望與絕爽：拉岡視野下的當代華語文學與文化》（臺北：麥田出版，2013 年 9 月），頁 120。

只淪為口號。一切如絞肉機、填表格和一部電影，生命持續死亡，愛不斷消逝，最後只有大量的性留下殘影。

　　本節以詩集《第一人稱》題名為概念，說明夏宇詩中的後性別主體是解構兩性關係的同時，「以搖晃和煙霧產生的第一人稱」。「我」或許可以不承載、不暗示性別符號，而只是實現「我的存在」。

二、騎鯨少年

　　相較於夏宇詩對第一人稱（自我幻象）的反覆確認，陳克華詩後性別主體的呈顯傾向於回應不變的「他者」。拉岡認為：「無意識是他人的話語」〔註72〕，而陳克華在《與騎鯨少年相遇》中提到：「詩原是自我的顯現，但途徑卻只能透過『他』者。」〔註73〕這少年形象可說是詩人無意識中的他者。

　　陳克華於 1986 年出版第一本詩集《騎鯨少年》，其中〈騎鯨少年〉的意象貫串於後來的詩作中：

> 白鯨上屹立的少年
> 永遠地朝我微笑揮手
> 呵，永遠童年似地
> 在我冰封的堤外洶湧航過〔註74〕

想像那屹立的少年將永保童年，保留純真的目光，不沾情色。最後「在我冰封的堤外洶湧航過」展現騎鯨少年的熱情活力，他一次次地航過「我」，成為「我」的榜樣，「我」所等待的海上傳說。陳克華：「『騎鯨少年』這意象，也在我記憶裡永遠鮮明：寧做永遠的少數，永遠在文字的疆域裡開疆拓土，詩國的乘桴者，不屑茶杯裡的風浪，寧願放牧整座天空」〔註75〕，詩人所謂永遠的少數，雖然指向同志身分，但是「騎鯨少年」所展現出的形象並不是情欲，而是赤子之心般的純真情懷，在詩人的情色詩中，這個意象會是「永遠童年似地」存在，而詩人將永遠等待：

> 很久了，風浪平靜

〔註72〕參見【法】拉康（J.M. Lacan）著；褚孝泉譯：《拉康選集》，頁 409～411。
〔註73〕陳克華：《與騎鯨少年相遇：陳克華的「詩想」》（新北市：臺灣商務，2018 年 3 月），頁 100。
〔註74〕陳克華：《騎鯨少年・騎鯨少年》（臺北：小知堂文化事業有限公司，2004 年 1 月），頁 114～115。
〔註75〕陳克華：《騎鯨少年・第三次出版自序》，頁 6。

> 我與水平線呈直角，等待
>
> 海風中那騎鯨的少年〔註76〕

寬闊平靜的海面，詩中的「我」佇立著等待騎鯨的少年。「等待」是「我」面對愛情的姿態，像直角那樣絕對。詩所勾勒的等待，如同傳說，將會是長久地、重複出現的畫面。這首詩表達赤子之心，心中永遠童年的少年，擁有潔淨的情感，在洶湧的海面上向「我」微笑揮手。

童年之愛是不必刻意區分性別的，因為它不牽涉情慾流動，而是發自內心純真的戀慕情懷。陳克華：「可是心裡還有一個孩子，沒有性別／在心之暗角佇立／他眼角淌著淚，安靜而沉默／渴求愛」〔註77〕類似的詩可見〈海豚搖籃曲──回憶花蓮海岸〉：「海豚躍起於你瞳之海面／瞬間閃逝／短暫如同在你身上殘留著的／年輕男來善泅的背影──／／為了守住與海洋重逢的誓言／我日夜守住大海」〔註78〕。

陳克華詩中後性別主體的呈顯是在無性戀愛中，永遠佇候的騎鯨少年形象。從「騎鯨少年」推想人類的存在，由此產生「人類／後人類」的想像。劉正忠從科幻視域詮釋後人類：

> 陳克華在〈星球紀事〉裡所展現的「後人類思維」，主要源自他的「同志」關懷，以及對既有性／別框架的質疑。不過，同志之愛不必然衍生後人類主體，而後人類思維所含帶的跨界與解構的傾向，則不僅有性別重組的作用，同時也寓有社會批判與詩學反思的潛能。……陳克華年輕時即經歷一場激烈而困難的自我辯證。藉由科幻敘事詩，他找到一種介乎「人類／後人類」之間的徬徨主體，不準備符合傳統「人類」或「詩人」的標準。〔註79〕

從人類到後人類，其中解構的傾向展現後現代精神，結合簡政珍所謂一面批判一面自我反思的雙重視野觀之，則陳克華對生殖的想像是一種自我消解再重新組構的過程。以下分為「人類物質化」與「後人類無性化」進行討論。

〔註76〕陳克華：《騎鯨少年·騎鯨少年》，頁114～115。
〔註77〕陳克華：《善男子·想我這男身》（臺北：九歌出版社有限公司，2006年8月），頁79～80。
〔註78〕陳克華：《當我們的愛還沒有名字·海豚搖籃曲》（臺北：釀出版，2012年12月），頁206～209。
〔註79〕劉正忠：〈朝向「後人類詩」──陳克華詩的科幻視域〉，《臺大文史哲學報》第78期（2013年5月），頁100。

（一）人類物質化

人類的物質化展現於將人視為可以投擲的貨幣，以〈致陌生人〉為例：

> 隊伍中我看不見
>
> 排隊的人潮的前端──我們正一個個堆疊
>
> 被投進那巨大的人形投幣口〔註80〕

人在隊伍中，看不見前方的狀態，因此人是盲目的。人們總是排在生命中一條又一條長長的隊伍裡，排在性別刻板印象的隊伍、排在課業成績的隊伍、排在成家立業的隊伍……而人們大都看不見人潮的前端是什麼，因為隊伍太長了，因為這是一條健康沉默的大多數。詩人說前方是一個巨大的人形投幣口，也就是當人們乖乖地依照隊伍的引導，成為特定的「人形」，符合某個標準，他就能投進去，描繪人類物質化的現象。又如〈程序〉一詩仔細規劃人的一生：

> 首先，你必須先交出右手
>
> 在右轉櫃檯4號標誌處
>
> 驗證你獸的裸體，舌頭，皺紋
>
> 還有你的信用卡、指甲刀、脫毛劑
>
> 驗血報告書和語言成績單
>
> 通過測謊的性幻想測驗
>
> 你才可以繼續往前走
>
> 9號窗口的人形投幣口
>
> 你可以先擲一次
>
> 你的政見，保險號碼，口交次數
>
> 再宣誓效忠陽具般的大哥大
>
> 和今生你所有的邂逅〔註81〕

先肢解人體，依序通過標準驗證，才可以往前走向人形投幣口。詩作諷刺健康沉默大多數的製作流程。反之，如果不跟隨大多數，人體將如零件般潰散：

> 我確然已走在與時代逆行的方向
>
> 且不知從何時起，花樹凋零，路已崎嶇

〔註80〕陳克華：《騎鯨少年‧致陌生人》，頁135。

〔註81〕陳克華：《美麗深邃的亞細亞‧程序》（臺北：書林出版有限公司，1997年4月），頁101～105。

……

我頭顱如陀螺旋轉，震盪
肩胛被卸下，雙足如石膏粉碎

「在潮流中倒退的，必被淹死……」我聽見
鬼魂遙遠而細緻的嗓音，以一種人類感官無法企及的頻率

針一般穿透靈魂的耳膜：
你看這四處遍布的歷史刻意埋下的頭顱化石們……〔註82〕

在堅持成為少數的道路上，風景荒涼，充滿死亡陰影。「頭顱如陀螺旋轉」，四周迴旋成圈接近幻覺一般，從而聽見鬼魂的聲音。而這些頭顱化石將成為前往後人類的重要物件。在〈我撿到一顆頭顱〉〔註83〕中，一開始以為是肢解人體器官，看到最後會發現，是藉由撿到的器官組成一個人，從運用人類零件（器官）創造出後人類的過程：

我撿到一隻手指。肯定的
遠方曾有一次肉體不堪禁錮的脹裂
胸壓陡昇至與太陽內部
氫爆相抗衡的程度。我說
一隻手指能在大地劃寫下些什麼？
我遂吸吮他，感覺那
存在唇與指尖恆久的快意。

第一節撿到手指，手指是探索，呼應體內禁不住的脹裂，那是一種原始欲望，如同太陽內部永恆生發的原始能量。一隻手指能寫下什麼？符號？文字？或者拿來吸吮，手指與口腔的接觸產生快感，〔註84〕存在於唇與指尖恆久的快意，表現人類初始的欲望。

之後我撿到一只乳房。

〔註82〕陳克華：《善男子·我確然走著與時代逆行的方向》（臺北：九歌出版社有限公司，2006年8月），頁90～91。

〔註83〕陳克華：《我撿到一顆頭顱·我撿到一顆頭顱》（臺北：漢光文化事業股份有限公司，1988年9月），頁9～13。

〔註84〕拇指吸吮在幼兒時期表現最明顯，幼兒的性本能與攝取食物的欲望聯繫在一起，而且吸吮的情況沒有限定身體部位，身體的任何部分都可以獲得與生殖器官相同的快感。有關幼兒期性欲的表現參見【奧】西格蒙特·弗洛伊德著；趙蕾、宋景堂譯：《性欲三論》（北京：國際文化，2000年10月），頁43～48。

　　失去彈性的圓錐

　　是一具小小型的金字塔，那樣寂寞地矗立

　　……

　　之後我撿到一副陽具。那般突兀

　　龐然堅挺於地平線

　　荒荒的中央──在人類所曾努力豎立過的一切柱狀物

　　第二節是乳房，從「失去彈性」、「寂寞」及「踩扁」、「凌虐」可知，相較於陽具，陳克華對女性性徵的描述是貶抑的。流淌的乳汁是嬰兒營養的來源，但是在這首詩中只是「一整個虛無」，於是將小小的圓錐踩扁後，在胸膛留下凌虐過的一點證據，可以視為將女性的乳房踩扁成了男性的乳頭。進入第三節，陽具，詩人認為是「人類所曾努力豎立過的一切柱狀物」，陽具是欲望的延伸及權威的象徵，至此到達一個新的階段。在柱狀物倒下後，性交迎面而來，瞬間的高潮讓時間凝聚彷彿過了一整個世紀，此刻出現「鯨」的意象，處在陳克華詩中永遠的騎鯨少年再度出現，展現赤子的、原始的欲望。最後以「地球小腹」擴大性交空間，讓第一節太陽的原始能量傳遞到地球內部，那昊然的蠱惑，深邃而巨大。

　　之後我撿到一顆頭顱。我與他

　　久久相覷

　　終究只是瞳裏空洞的不安，我納罕：

　　這是我遇見過最精緻的感傷了

　　……

　　最後我撿到一顆漲血的心臟。

　　脫離了軀殼仍舊猛烈地跳彈

　　邦浦著整個混沌運行的大氣，地球的吐納

　　我將他攔進空敞的胸膛

　　終而仰頸

　　「至此，生命應該完整了……」當我回顧

　　第四節撿到的頭顱是人類思想的發動處，而詩人將其安排在身體欲望之後，顯見欲望本能不待思考即成。那麼頭顱的意義是什麼呢？久久相覷之後只得到不安的結果，「精緻的感傷」意指一切虛無的源頭來自思想的空洞，細膩繁複又脆弱不堪的感傷是精緻的。驕傲的唇、漠然的眼與鬆弛的眼袋、

瘦削的頰匯聚成那樣的一張臉：精緻，卻感傷。接著，「我吻他」企圖用欲望喚醒他，於是頭蓋骨如地殼般震盪，呼應「地球小腹」，將頭顱比擬為地球。最後三行的問句，遠方是追尋的目標，頭顱與軀幹的分離是生命的消逝，遠方消失，可能指涉人類的毀滅，於是手指等器官皆是殘留的物件。

第五節到達遠方，代表新的目標產生或是新的人類產生。「我」逼近生命源頭，進入到太陽內部，因此質變為光，最終發散至於消失；可是，仍然有「不可穿越的最初的蠻強與頑癡」，接續最後一節，一顆漲血的心臟還猛烈地跳動著，那是生命原始的能量，維繫地球的運作。最終「我」將心臟放進胸臆，認為這就是生命的完整。整首詩中，手指、乳房、陽具、頭顱及心臟，都指向原始欲望，因為欲望是「最初的蠻強與頑癡」，所以生命仍然會周而復始地循環下去，呼應詩末兩句，圓潤也是、傷損也是完滿。

這首詩將人類零件化，探究根植於生命內部的原始欲望，並將欲望的運作放置在「太陽──地球」這般源頭與生成的場域間，營造遼闊的想像情境，從中透顯對生命的省思：生命的各種狀態皆是完滿。

（二）後人類無性化

詩人對後人類的想像來源於同志之愛，超越生殖枷鎖，希望回到最初相戀的感動：

> 是的，一個和我一般溫暖
> 心如處子　身如脫兔　的男孩
> ──我們相互愛著
>
> 超越生殖　沒有婚禮
> 也不會有花朵的盟約和節慶的祝福〔註85〕

沒有婚禮亦不需要祝福，這是放下要擁有與異性戀者同等待遇的執著，肯認自我的性別主體。而對於後人類生活的想像則通過科幻達成，以〈星星原子人〉為例：

> 嘆息著你說：如果我們能是最基本的電子多好
> 在能量最初的流動中，我們從容選擇
> 真正我們所要的宇宙──那時在北方

〔註85〕陳克華：《當我們的愛還沒有名字・男男愛諦》（臺北：釀出版，2012 年 12
　　　月），頁 42～43。

　　幻麗的極光是你眩人的眸光；

　　太陽風中將浮滿我們作樂的電訊，由地軸兩端

　　擁吹向慵懶的赤道——那時候只有

　　我們，我們對望的姿勢

　　是那時代惟一的圖騰〔註86〕

「如果我們能是最基本的電子多好」，化去形體，只以原初的能量相互交會，那將會是理想的宇宙。這首詩從同性戀在異性戀社會中的獨特性，再延伸思考完全新型態的生命，「星星原子人」是全新的生存模式，跳出性別，展開另一個自己。如〈星球紀事〉中的混血嬰兒：

　　自那次母親有意跌落精子池中

　　和一具懂得作愛的電腦受孕

　　我即在切斷輸送程式的臍帶後

　　成為戰後最後一名

　　通過智力測驗出生的混血嬰兒

　　（WS，你有血統證明書嗎？可以獲獎的）〔註87〕

劉正忠視之為人機結合的「機體人」，「幾乎是『無父』的，有則為『一台懂得作愛的電腦』或現成的『精子池』。就連居於主導地位的所謂『母親』，也是構造曖昧的（未必是純粹的血肉之軀）。」〔註88〕，機械與人體結合，成為後人類無性化的表徵，依靠程式產生複製人，如〈寫給複製人的十二首情歌之十〉：

　　如何召喚下個世紀的高潮？你是無性生殖技術

　　的祭司　還是羔羊？

　　但你只是以身試法般地

　　愛我　像幽浮

　　鉅大如雲層的幽浮降落在

　　我被愛撫太久太頻繁的衰老體表

　　掠奪我的全部觸覺在我渴望被殖民的身體〔註89〕

〔註86〕陳克華：《騎鯨少年・星星原子人》，頁 226～228。

〔註87〕陳克華：《星球紀事・星球紀事》（臺北：時報文化出版企業有限公司，1987年 9 月），頁 61～62。

〔註88〕劉正忠：〈朝向「後人類詩」——陳克華詩的科幻視域〉，頁 94。

〔註89〕陳克華：《乳頭上的天使・寫給複製人的十二首情歌之十》（臺北：釀出版，2016 年 7 月），頁 171。

跨越性別後，即使走到後人類的境地，詩人仍舊探問「高潮」，由此可知，回歸欲望的「後人類」屬於無性生殖，沒有性別區分，而是原初能量的互動交流。

從人類到後人類的變革是生殖的自動化發展，不需要依賴性別條件，就能產出個體，在科幻的想像中，詩人自我消解的性別主體重組為後人類主體，而無性的騎鯨少年可視為陳克華詩作中後性別主體的呈顯。

第四節　小結

由於後現代詩的定義紛雜，筆者提出分析後現代詩中無意識主體的途徑，以確立論述基礎：先區分詩作中的隱含作者與敘事者，掌握詩作所要表達的主題（分裂主體的欲望目標）；接著，指出詩作中代表性的能指符號，觀察能指的游離性所產生的不確定文本；最後，結合能指符號的延異以及分裂主體的欲望，詮釋主體的無意識話語（詩）。以上層層界定固然限縮分析詩作的視野，讓詮釋變得生硬造作；然而，本文企圖開展的即是一條追索作者與作品之間聯繫的道路。在研究之後，筆者認為從索緒爾提出「符號的任意性」觀點，影響德希達提出解構二元對立的延異理論，由此即可發展出更多研究主體的途徑。

本文以後現代詩人夏宇、陳克華詩作為例，說明後現代詩作中的性別主體。夏宇對文字符號的鍛鍊，讓她成為後現代詩人的指標人物，其詩作中女性主體意識的展現，是研究者多有著墨的地方。因此，夏宇的詩作具備後現代詩中性別主體的代表性。夏宇詩顛覆童話中傳統的兩性關係，描繪出現實生活中男女雙方美化彼此卻又疲倦於維持形象的模樣，有力地鬆動傳統兩性關係；另一方面，提出一擁有謀生能力的女子典型，而且能自主生育，完全脫離附屬地位，徹底解構兩性關係。從「走出童話」到「找到自己」，簡略地勾勒出夏宇詩在性別主體的顛覆性。

至於陳克華詩作對同志主題的經營，與俯拾即是的性器描寫有別於前代詩人較為含蓄象徵的表現手法，讓他成為後現代詩人的指標人物；而「同志」議題處於臺灣主流文化相對的邊緣地帶，因此陳克華的大量書寫成為後現代詩顛覆性別同一性的指標。因此陳克華的詩作具備後現代詩中主體的代表性。本文從「同性做愛」的主題中，肛門只是虛掩，指出欲望才是所有人共同的

問題，而不在性別的差異，由此鬆動性別主體意識；進一步想像「雌雄同體」，女身化為陽具、男性擁有陰道，在跨越性別的同時彰顯主體自我消解的後現代精神，解構性別主體，呈現陳克華詩作在性別主體的顛覆性。

　　在解構的觀點下，後現代詩作中的性別主體並非完全消失，當讀者閱讀詩行，仍然會受到無意識主體的滲入，因此，本文嘗試提出「後性別主體的呈顯」，以夏宇詩的「第一人稱」及陳克華詩的「騎鯨少年」為例。

　　筆者從女性主義批評理論的發展討論夏宇詩作中對個體存在的描寫，當「女性」符號不再對位於「男性」符號，從兩性關係解構出來的「女性」，或許可以不再承載「女性」此一性別符號，而是以第一人稱「我」來建立起我與宇宙萬物千絲萬縷的關係。如此，後性別主體的呈顯，是當「自我幻象」回應性別大他者時，突破了二元對立的性別限制。

　　相較於夏宇詩對「我」（自我幻象）的反覆質疑與定義，陳克華詩的呈顯較傾向於回應永恆的「他」（他者的欲望）。騎鯨少年的意象長久地潛伏在陳克華詩作中，那永遠童年的少年是無性的，由此推想如騎鯨少年一般的「後人類」，從人類物質化到後人類無性化，在科幻的想像中，詩人自我消解的性別主體重組為後人類主體，而無性的騎鯨少年可視為陳克華詩作中後性別主體的呈顯。

　　本文探討後現代詩，究其本源，後現代主義質疑統一的價值，它只負責提問與解構，並不打算建立起新的旗幟。在此條件下研究後現代詩遑論價值與意義？筆者認為，提問不僅只為了答案，同時是為了提出下一個問題。後現代詩須依賴於現代詩，同樣地，後性別主體須依賴於性別主體，夏宇詩中的第一人稱及陳克華詩中的騎鯨少年不是結束，而應該視為回應當下自我存在的動能，因此，惟有不斷提問才能呈顯多元的後性別主體，也才符合後現代詩的精神。

第四章　後現代詩中的空間主體：
以林燿德、陳黎為例

　　　上一章性別主體主要探討個體對自我幻象的認同，當無意識主體在性別方面回應大他者，那麼接下來我們進一步要討論的是，個體如何面對空間？也就是說，後現代詩中的無意識主體將如何看待、如何顯現空間？

　　　「空間」的概念在後現代主義中為什麼重要？當後現代主義是傾向解構的、斷裂的，它主張破除二元對立，質疑同一性的敘述，不信任線性時間的連貫性，所以朝向了並時空間分裂性。這樣的分裂性則導致後現代主義顯現出的不確定性。學者哈山提出十一個互相關聯的現象來說明後現代主義的特徵，其中一項是分裂性：

> 分裂性（fragmentation）。不確定性往往是從分裂性來的。後現代主
> 義者往往只是切斷事物間的聯繫；他所信賴的只有分裂成的碎片。
> 他最終要攻擊的是「總體化」，不論是何種形式的綜合——社會的、
> 認識論的、還是詩的——都一概反對，因此，他喜歡剪輯、拼貼、
> 隨處發現的或支離破碎的文學客體，喜歡並列形式勝過關聯形式，
> 喜歡轉喻勝過隱喻，喜歡精神分裂症勝過偏執狂。〔註1〕

從外在表象的分裂（拼貼手法），到內在精神的分裂（轉喻修辭），可以琢磨出一條指認後現代詩作的線索。同時，也從分裂的基礎上，我們可以說後現代的

〔註1〕參見【美】伊哈布·哈山（Ihab Hassan）著；劉象愚譯：《後現代的轉向：後
　　　現代理論與文化論文集》（臺北：時報文化出版企業有限公司，1993 年 1 月），
　　　頁 256～266。

轉向，其中有一方面是從線性時間轉向並時空間。陳義芝歸納後現代主義詩文本的特色，其中一條：「表現方法不依賴時間邏輯，而靠並時性空間關係的突出，景物與景物間、事件與事件間，因互不相屬而留下更多聯想的空間。」〔註2〕，由此可知，探究「空間」議題對於研究後現代詩作而言，可以觀察後現代主義的特性如何展現於主體意識。

　　首先，從現象學角度觀察「空間」，巴舍拉提出「迴盪」（retentissement）來說明讀者在接觸意象時所產生的感受，說明集體潛意識的存在：

> 它（迴盪）涉及藉由單一詩意象的迴盪，觸發詩意創造的真實覺醒，直達讀者的靈魂。……詩意象將我們安置在說話存有者的源頭上。……在迴盪之後，我們才能夠體驗到共鳴、情感的反響，喚醒了我們的過去。意象在激起表面的多方共鳴前，先有深切的感動。對於讀者的純粹經驗而言，此言亦真。我們透過讀詩所得到的意象，現在真的化入我們自身，在我們內部生根發芽。我們由別人那兒接收到它，可是現在，我們開始產生一種印象，我們可能創造過它，我們應該創造過它。它成為我們語言當中的新存在，讓我們成為它所表達的意涵，以此來表現我們，換句話說，它在變現成表達方式的同時，也變現為我們的存在。在此，表達創造了存在。〔註3〕

讀者透過閱讀產生共鳴，共鳴的基礎來自過往的經驗，甚至是遠古的集體潛意識。閱讀「空間」進而感受到存在，是由於主體意識的流動。

　　另一方面，傅柯提出既實存又虛幻的「異質空間」來對照主流的現實空間，說明人們生活在多元的「關係」之中：

> 我們所居住的空間，把我們從自身中抽出，我們生命、時代與歷史的融蝕均在其中發生，這個緊抓著我們的空間，本身也是異質的。換句話說，我們並非生活在一個我們得以安置個體與事物的虛空（void）中，我們並非生活在一個被光線變幻之陰影渲染的虛空中，而是生活在一組關係中，這些關係描繪了不同的基地，而它們不能彼此化約，更絕對不能相互疊合。〔註4〕

〔註2〕陳義芝：《聲納──臺灣現代主義詩學流變》（臺北：九歌出版社，2006年3月），頁164。

〔註3〕【法】加斯東・巴舍拉（Gaston Bachelard）著；龔卓軍、王靜慧譯：《空間詩學》（臺北：張老師文化事業股份有限公司，2003年8月），頁42。

〔註4〕【法】米歇爾・傅柯（Michel Foucault）著；陳志梧譯：〈不同空間的正文與

如果把「空間」化約成兩個概念，一是由科學測量、界定的自然環境；一是人們用心靈感知、區分的關係場域。若我們嘗試結合巴舍拉與傅科的觀點，則內在心靈空間可以看作是意識的流動，而外在身體空間則是關係的變化。

　　綜合上述，界定本文觀察後現代詩作中的空間概念，以臺灣進入後工業社會的時代背景而言，終端機所帶來的巨大變革，以及資訊傳遞方式的變遷，使得人們所處的「空間」得以同時連結眾多時空，匯聚成複雜的交流網絡。此處，本文以林燿德詩作為例，詮釋後工業社會下的都市空間；另一方面，藉由陳黎詩作要探究的是在詩文本內部所形成的空間，從能指／所指游離產生的符號空間，詮釋詩作中的空間主體。

第一節　林燿德詩：都市空間

　　林燿德是活躍於八〇年代文壇的作家，〔註5〕在現代與後現代風潮之間傳遞薪火。關於林燿德作品的研究以後現代的表現及都市詩的主題內涵居多。〔註6〕林燿德在詩論方面亦有著墨，在評論集《不安海域》中，多方討論時代的傾向，〈八〇年代前葉臺灣現代詩風潮試論〉一文中提到：

> 八〇年代前葉詩壇備受各種思想模式和意識型態之交互激盪，猶似
> 一不安海域，暗潮洶湧、明浪飛騰。……試歸納出八〇年代前葉現
> 代詩風潮的幾項重要徵候：在意識型態方面，為政治取向的勃興；
> 在主題意旨方面，為多元思考的實踐；在資訊管道方面，為傳播手
> 法的更張；在內涵本質方面，為都市精神的覺醒；在文化生態方面，
> 為第四世代的崛起。〔註7〕

其中「政治取向」及「都市精神」可以同時在林燿德的作品中看見，他不僅

　　　　上下文〉，收入包亞明主編：《後現代性與地理學的政治》（上海：上海教育出版社，2001 年 1 月），頁 21。

〔註5〕參見林水福主編：《林燿德與新世代作家文學論》，（臺北：行政院文化建設委員會，1997 年 6 月），頁 25～27。

〔註6〕例如蔡詩萍：〈八〇年代後都市散文的新世代性格——林燿德的一種嘗試〉、林綠：〈都市與後現代——林燿德詩論〉、孟樊：〈重組的星空！重組的星空？——林燿德的後現代論述〉等，皆以林燿德為後現代都市空間的主要參照對象。參見林水福主編：《林燿德與新世代作家文學論》，臺北：行政院文化建設委員會，1997 年 6 月。

〔註7〕林燿德：《不安海域——台灣新世代詩人新探》，（臺北：師大書苑，1988 年 5 月），頁 61。

創作，同時具備強烈的史觀意識，因此，林燿德的後現代詩作，可多見於「都市」的主題之下。

　　本節自後現代的觀點切入，是以米歇爾‧福柯（Michel Foucault）在〈不同空間的正文與上下文〉所提出的：差異地學（heterotopology），闡述人與空間之間的關係，影響我們對世界的認知。〔註8〕林燿德曾經對此觀點表達自己的看法：

> 多稜鏡的每一片鏡面都是朝向某一個別的主體（在敘述中成為客體）開放的場域，使得個別的「我」或「他」在自己缺席之處（自我並非真正進入鏡片內部）看見自己的存在和結構。這種場域十分接近傅柯（Mliche Foucault）所提出的「差異地帶」（heterotpias）。
>
> 如前述，都市本身可以視為一種正文，只是它並非以文字的符徵書寫下來，而是以各種具體的物象做為書寫的單元，這些具象的符徵指向各個時代變異、遷徙中的權力結構和生產方式，同時也透過空間模式延展、規模出當代人類的知覺形態和心靈結構。
>
> 都市本身呈現出並時的、多重編碼的空間結構，猶如筆者所使用的「多稜鏡」意象，一切歷史的、曾經被時間界定的事物在這奇異的、遠遠脫離牧歌田園模式的多重空間中再現、變形、隱匿、互相結合或撞擊，而作家處身其中，不僅自身以及自己的作品成為都市自動書寫的一部分，他在正文中也面對了物理空間和心理空間交錯的建築、路牌、銅像、廣場、公園以及梭織其隙的各種意識形態，更重要的是這些生動造成背後所隱藏的世界。〔註9〕

以「鏡子」映照出既真實又虛幻的主體印象，說明個體在缺席處的存在，是

〔註8〕差異地學有六項特徵，以下舉例與本文所要論述的異質空間關聯較緊密的一項：「差異地點的最後特徵，是它們對於其他所有空間所具有的一個功能，這個功能有兩種極端：一方面，它們的角色，或許是創造一個幻想空間，以揭露所有的真實空間（即人類生活被區隔的所有基地）是更具幻覺性的（或許，這就是那些著名妓院所扮演的角色）；另一方面，相反地，它們的角色是創造一個不同的空間，另一個完美的、拘謹的、仔細安排的真實空間，以顯現我們的空間是污穢的、病態的和混亂的。例如：殖民區」參見【法】米歇爾‧福柯（Michel Foucault）著；陳志梧譯：〈不同空間的正文與上下文〉，收入包亞明編，《後現代性與地理學的政治》，頁18～28。

〔註9〕林燿德：〈八○年代台灣都市文學〉，收入林燿德、孟樊編：《世紀末偏航──八○年代臺灣文學論》（臺北：時報文化出版企業股份有限公司，1990年12月），頁384～385。

林燿德所理解的差異地點，據此所描繪出的都市空間是並時的、物理與心理交織呈現的空間。林亨泰認為：「無論是『路牌』或者『銅像』，都是『都市記號』的追尋。所謂的『記號』，一般人也許認為是一些什麼的代稱，但，『現代思想』中所謂的『記號』，卻不是如此，反而是要打破一般人認為千真萬確的什麼就是什麼的固定認知模式，詩人所要揭發的，也就是隱藏在固定認知模式（亦即惰性化的符號）後面的不確定性。」〔註10〕林燿德自述以差異地帶的觀點完成〈路牌〉、〈銅像〉、〈廣場〉、〈公園〉等詩作，因此，除了觀察詩作中的主體意識，亦可延伸對照林燿德的說法，探究創作者在理論與實踐之間的差異，從詩作中詮釋無意識主體的滲透。

其中重要的是，隱藏於都市背後的意識形態，才是詩人主要批判的對象，為了達到顛覆的效果，運用後現代技法進行解構，因此在詩作中展開現代與後現代之間的游移，王文仁認為：「現代與後現代在他身上，事實上也是存著巨大而難以打開的糾結。如此的糾結說明了林燿德心中的後現代主義，事實上更接近是一種建立在『現代性』上的反思，或者是高度『現代』後，無以名狀的階段。」〔註11〕，筆者認為，所謂林燿德詩作游移於現代與後現代的意思是，用後現代解構現代，解構的詩觀（意）滲入結構的符號（象），因此形成既現代又後現代的詩作。

以下分為「都市與廢墟」及「政治與性愛」兩部分，說明林燿德詩中的都市空間特徵。期許能提出有別於拼貼都市意象的解讀角度，探究作品背後蘊藏的後現代精神。

一、都市與廢墟

林燿德對「都市」一詞的定義是：「流動不居的變遷社會」〔註12〕，並不是「鄉村」的對照詞。在臺灣新詩史上，林燿德企圖以「都市文學」標誌新世代的誕生，以及帶動後現代詩學的發展。〔註13〕他將「八○年代臺灣都市文學」

〔註10〕林亨泰：〈與世界同步——林燿德詩作讀後感〉，收入林燿德：《都市之甍》（臺北：漢光文化事業股份有限公司，1989 年 6 月），頁 6～7。

〔註11〕王文仁：《現代與後現代的游移者：林燿德詩論》（臺北：秀威資訊科技股份有限公司，2010 年 11 月），頁 133。

〔註12〕林燿德：〈八○年代臺灣都市文學〉，收入林燿德、孟樊編：《世紀末偏航——八○年代臺灣文學論》，頁 368。

〔註13〕劉紀蕙以「林燿德現象與他的『後現代計畫』」為標目，細數林燿德從寫作到評論，大規模地書寫「後現代」的現象。進一步指出：「林燿德配合羅青而

視為是在舊價值體系崩潰下所形成的解構潮流，〔註14〕因此，林燿德詩中的都市往往透顯出悲涼的意味，都市文明並非崇高的或進步的象徵，反而是低俗的或殘破的景象。如〈焱炎〉：

（人。一種悲涼的生物。

因為懂得悲涼的滋味，

所以異於其他生物。

所以頹廢，所以建立

文明，所以毀滅。）〔註15〕

此節可以視為林燿德詩中「都市」意象的基調，表現出對文明的悲觀，是頹廢，也是建立，人類文明就是建造出一座精神廢墟。

回顧第一本詩集《銀碗盛雪》中，〈上邪注〉依循詩行為之作注，解構樂府詩的質樸真情，以「都市」為基底，寫出現代版的上邪：

乃敢與君絕

化為相混的灰爐

終會停息熱度沾濡黑色的潮濕

我們的都市

我們的殘稿

性器與體毛

　愛和永恆

都共同滅絕

　　。〔註16〕

使用『後現代』，其實正是為了完成他自己的斷裂野心。他在一九八五年之前備受冷落忽視，也導致他對於詩社壟斷詩壇的現象深惡痛絕。他日後所使用的『後現代』或是『新世代』、『當代』，對他來說，都是要與前行代詩壇傳統宣稱斷裂的手段。」、「而他自己於二十世紀末所提出的『都市文學』，則將『兼容個人意識川流與集體潛意識』呈現『貫時的文化暗示、民族之夢和並時的社會潛意識』。」參見劉紀蕙：《孤兒・女神・負面書寫——文化符號的徵狀式閱讀》（臺北：立緒文化事業有限公司，2000年5月），頁368～388。

〔註14〕林燿德：〈八〇年代臺灣都市文學〉，收入林燿德、孟樊編：《世紀末偏航——八〇年代臺灣文學論》，頁376。

〔註15〕林燿德：《都市之甍・焱炎》（臺北：漢光文化事業股份有限公司，1989年6月），頁199。

〔註16〕林燿德：《銀碗盛雪・上邪注》（臺北：洪範書店有限公司，1987年1月），頁35。

「我們的都市」是指我們生活的場域，或是指身體、指向人類文明。試想詩中敘述者「我」在「你」身上看到自己（人類形體），因此說「我們的都市」，那麼詩中的空間主體意識是建立在「他者的身體」之上。《空間詩學》中提到「身體」可以成為感知空間的意象：

> 意象不願讓自己被測量，意象很適切地說明空間時，連尺寸大小都能加以改變。最微小的意涵讓意象得以延展、增高、姿態萬千。夢者變成自己意象的存有者。因為他消融在自身意象的整體空間中，或者將自己幽禁於意象所造出的微型世界裡。就如同形上學家所說的，透過每個必須釐清的意象，我們的「此在」得冒個險，有時候，我們在自己身上除了存有的微型世界外，一無所獲。〔註17〕

所以林燿德詩中的都市空間，兼具物理的與心靈的空間，同時，詩人對於都市文明的悲觀基調，使得「都市」如同「廢墟」一般，由內到外呈顯出空間主體的一致性。又如〈塔之奧義〉：

> 都市之塔
>
> 許多
>
> 許多塔座無力地插入盆地
>
> 充滿疲憊　卻缺乏思考
>
> 　　　　日日順著岩層緩緩陷落
>
> 彷彿內部的張力已經鬆弛
>
> 除塔尖積灰的標幟外
>
> 什麼都不支持了
>
> 包括信仰
>
> 　以及被供奉的：各種「愛」的標題
>
> 所有的迷思都已迷失
>
> 　在和文明重疊的禁獵底森林〔註18〕

「都市之塔」是象徵文明的建築物，卻是缺乏思考的塔，讓都市文明走向衰落，什麼都支持不了，一切已經迷失。於是都市之塔徒具表象，與權力無關、與歷史無關，抹去都市之塔的意義，在夜裡現出原形，「那些塔　到了夜裏就

〔註17〕【法】加斯東・巴舍拉（Gaston Bachelard）著；龔卓軍、王靜慧譯：《空間詩學》（臺北：張老師文化事業股份有限公司，2003年8月），頁265。
〔註18〕林燿德：《銀碗盛雪・塔之奧義》，頁94～95。

變成了杵／一杵／一杵／蹂躪著我們的都市」，塔在蹂躪都市、文明在蹂躪都市，於是都市空間中承載著它承載不起的文明。整體而言，末日感，是林燿德詩中顯露出對都市的悲觀，都市空間同時是廢墟空間。

二、政治與性愛

在基礎的定義中，異質空間呈現出的是，現實環境中的權力運作關係，「社會關係」就是一種空間。「空間裡瀰漫著社會關係；它不僅被社會關係支持，也生產社會關係和被社會關係所生產。」〔註 19〕，因此，藉由列舉後現代詩，具有去中心、顛覆權威的特質，詩作中凸顯以「政治」與「性愛」的並置，看到背後所隱含的權力運作關係，據此解讀所謂的「異質空間」。

以〈公園〉〔註20〕為例，這首詩一開始的設定是：「步行在深夜的公園，我問妳」，兩個人在深夜的公園，回憶過往，曾經寫過一個案子是《C 女中垃圾分類資源回收實施辦法》，接著一本正經地列出：壹〈目的〉、貳〈垃圾分類〉、參〈實施項目〉、肆〈垃圾分類資源回收組織及職掌〉、伍〈監督考核〉、陸〈經費處理〉、柒〈本辦法呈校長核准後施行修正時亦同〉。

在看似官方的、政治正確的行文中，夾雜了諷刺之語，例如「將垃圾分類之觀念推廣至家庭、社會以及神聖的議會」、在巨大垃圾的分類中出現「警用直升機」、資源垃圾的分類出現「林家花園」等，這些含有政治權威意味的詞語，在刻意的凸顯之下，反而是一種嘲諷。如「神聖的議會」應該要具備垃圾分類的觀念，而且垃圾還包含「警用直升機」，直升機是巨大的，加上「警用」的專屬標識，表示高高在上的權威是要被分類回收的對象，藉此呈現對權威的嘲諷，特別整體架構是在一紙公文的論述形式當中，以權威的形式構成內在的叛變。

如果將「公文」視為一種政治權力運作的空間，那麼詩人即是在解構由上而下的權威，以置換政治意象的方式重新詮釋校園中的權力運作關係。

另一方面，在公文之後，一大段跳接的畫面，並置政治與性愛的語言如下：

〔註19〕【法】昂希・列斐伏爾著；王志弘譯：〈空間：社會產物與使用價值〉，收入夏鑄九、王志弘編譯：《空間的文化形式與社會理論讀本》（臺北：明文書局，1994 年 6 月），頁 21。

〔註20〕林燿德：《都市之甍・公園》（臺北：漢光文化事業公司，1989 年 6 月），頁 43～50。

少年某蹲在公園角落鏗鏗穿洞狂塗畫烏龜
銅像隱匿在密密林間相五官模糊孤獨啜泣
沉澱歷史裏的太陽們收斂芒刺妳毫不在乎
纍纍結實垂掛在墨綠樹梢妳毫不在乎
公園鐵灰色的地面波光湧現闇中流動
植物吶喊狂奔四竄護欄呼嘯穿梭八方
我被鈣化的思維感覺到妳的心臟透過
柔韌的乳房劇烈顫抖愈來愈急促的節拍
陣陣電擊喚醒我手臂上開綻百合的毛孔妳毫不在乎
唱盤般迴轉不止的深夜所有音符所有建築都崩裂
根本無關緊要這一切公園道具件件將被括弧融解
千百對瞳孔在大天穹中互相追逐星塵雲屑爆炸蓬散
靚藍色的鉛電阻線條優美凌空涮涮飄舞妳毫不在乎
靠在樹幹上直立做愛妳毫不在乎不在乎妳毫不在乎
億萬把黑色雨傘瞬間張開〔註21〕

「少年」、「妳」是深夜步行的兩人，少年畫烏龜，是性愛的暗示，而「銅像」則是政治意象，這個權威的象徵「五官模糊孤獨啜泣」；加上「妳」無論如何「吶喊」、「顫抖」、「電擊」都毫不在乎。也就是說，政治權威是孤獨的，沒有受到響應，同樣地少年的性愛動作也沒有受到對方的在乎，政治關係與性愛關係於此並置，皆呈現出單方面的一廂情願，沒有等值的回應互動。最後以「（嗯，被存而不論的都市意識）」結束做愛，作者跳出來直指被忽視的都市意識，就像在官方的政治運行之中，不被看見或重視。

詩的結尾兩行：「噢，愛、暴力、銅像與垃圾桶／正在血紅的穹空交織淫亂……」性愛的暴力與政治的暴力交錯運行，然而政治權威似乎管控不了性愛在公園的施行，而性愛也無意理會政治的聲明。

整首詩以「公園」為政治與性愛權力關係運作的異質空間，公園在現實環境中是公權力運作的地方，而詩作讓此空間在深夜展開，屬於「意識中曇時存在的流體」，即生即滅，時空凝聚在做愛的亢奮中，瓦解政策施行的延長性與權威存在的恆久性。

〔註21〕林燿德：《都市之甍・公園》，頁 48～49。

（一）政治──性

在第一個層面，是以政治為主，並置政治與性的關係。以〈路牌〉[註22]為例，這首詩的主角是「輕快的遊蕩者兼業餘方誌研究者」，學會辨識路牌的意義，掌握了自己的位置，然而「那些逐日膨脹趨近偉大踰越永恆的主題」，是經由政治操弄而成，所以，「他意識到自己正踐踏／活生生一張龐大的地圖」，路牌表示對空間的命名，而命名則隱含了政治權力對空間的運作。「命名尤其可以引發對地方的注意，將地方定位於更廣大的文化敘事中。」[註23]，因此，命名使空間變得顯而易見，容易被指認，也就容易受到政治力量的操控。

接著，以遠方的風箏升起，表達政治力量的發揮實際上比想像中還要薄弱，「遠方的廣場，有／風箏朵朵／升起／／盲目地指向盲目地帶／沉默，是金／沉默，是銀是銅是鐵／沉默，是它們貫徹始終一心一德的政策綱領／沉默，是一切金屬物質撞擊後的無聲迴響」，從金、銀、銅、鐵，表現權威力量的薄弱，而沉默更是一種嘲諷，這些政治力量在撞擊之後一點聲響也沒有，凸顯在上位者一廂情願的執著，因此，沉默的狀態，顯示將原本無聲籠罩在路牌背後的權威力量，從無聲的崇高陰影貶低成無聲的便宜標籤，以原本沉默的姿態到最後真正的落入無聲，沒有影響力的窘態，形成反諷。

至此，作者再將鏡頭轉到與路牌互動的人（少年某）身上，路牌須經由人的解讀而產生意義；然而，詩作接下來卻出現 21 條罪狀，羅列出少年某的國中生涯：

〈罪狀 1〉公然在路牌根部排尿

〈罪狀 2〉和放牛班一個發育中的女生玩騎馬打仗

〈罪狀 3〉在書包上穿洞、狂塗、畫烏龜

〈罪狀 4〉在課本上穿洞、狂塗、畫烏龜

〈罪狀 5〉在考卷上穿洞、狂塗、畫烏龜

〈罪狀 6〉在教室牆壁上穿洞、狂塗、畫烏龜

〈罪狀 7〉在廁所牆壁上穿洞、狂塗、畫烏龜

〈罪狀 8〉在車站牆壁上穿洞、狂塗、畫烏龜

〔註22〕林燿德：《都市之甍‧路牌》，頁 21～26。

〔註23〕【英】蒂姆克雷斯韋爾（Tim Cresswell）著；徐苔玲、王志弘譯：《地方：記憶、想像與認同》，（臺北：群學出版社，2006 年 2 月），頁 155。

〈罪狀 9〉在任何一切場所上穿洞、狂塗、畫烏龜

〈罪狀 10〉行經他班之刻對授課的發育中的女教師吹口哨

〈罪狀 11〉鼓勵鄰班女生上課時間向老師要求：「我要尿尿！」或者「快憋不住了！」

〈罪狀 12〉利用煙頭在同學額頭上燙戒疤

〈罪狀 13〉每小時平均說三字經七十九次

〈罪狀 14〉把臭襪子丟進訓導處的飲水機

〈罪狀 15〉將鼻涕投擲在歷代偉人肖像上

〈罪狀 16〉爬上氣窗窺視女教師盥洗實況

〈罪狀 17〉在樓梯口放置鏡子窺視女教師的三角褲並公布顏色

〈罪狀 18〉不愛說國語，積欠罰款新台幣肆佰伍拾陸圓整

〈罪狀 19〉攀折校園、鄰舍以及中正紀念堂花木

〈罪狀 20〉模仿校長攙抓屁股的習慣性動作

〈罪狀 21〉幻想自己是衛斯里並化粧成路牌〔註24〕

將年齡設定在國中，未成熟的年紀，幼稚的行為似乎成為合理，例如罪狀一，在路牌的「根部」排尿，象徵公權力的基礎到這裡完全崩毀，接下來是一連串放肆的「性」行為，在書本、考卷，在牆壁、車站，在一切場所穿洞，突破權威的限制，突破一切空間的界定，少年某穿透一切場所，隨著性慾突破政治力量傾洩而出，歷代肖像成為攻擊的目標，而女教師成為窺視的對象，少年某對教師（權威）的窺視，再加上對女教師（性）的不敬，最後甚至讓自己化粧成為路牌，徹底解構政治的組織，層層疊疊，路牌所建構出的空間路徑被穿洞所破壞，重新塗抹上去的是性慾的流淌，由此反映出人類心靈意識的途徑，在此異質空間中，不斷再現，「在許多面向上，『再現』的觀念重新讓我們深入瞭解到歷史和民族誌，乃至於傳統上客觀的自然學科的方式，其實和『再現』以及『再現者』的位勢、權力、性別、階級等有關。在這個面向上，『再現』往往也在自我與他者之間，形成一種自我深入省察的必要手段。」〔註25〕，作者以荒唐的少年面對嚴肅的政治，而讀者在兩者之間可以省思的是，

〔註24〕林燿德：《都市之薨·路牌》（臺北：漢光文化事業公司，1989 年 6 月），頁 24～25。

〔註25〕廖炳惠編著：《關鍵詞 200：文學與批評研究的通用詞彙編》（臺北：麥田出版社，2003 年 9 月），頁 230。

路牌在現實環境中帶給群眾的深刻影響。

　　這首詩最後從直升機俯瞰的視角，呈現政治力量的盲目混亂：「駕駛員驚詫地鳥瞰／全市的路牌正指針般／瘋狂旋轉」，路牌的根部受到破壞，最後失去方向，瘋狂旋轉顯示政治的狂亂與不可信賴。這個「政治──性」的異質空間，是以政治為主的空間，經過性的貫穿而潰散。

（二）性──政治

　　第二個層面，以性為主的政治空間，以〈廢墟〉〔註26〕為例，描寫一個男子窺視一名畫家和他的女人在工地做愛。一開始畫家邀請女人成為他的附屬，「……妳，願意當那枚小黑點嗎？／放棄當一顆星星，／成為一個附屬的符號，一個／在畫面上比○還不起眼的小黑點．」接著對話暫停，出現空間：「一座高架橋期待完成。／據報載是捷運系統，連結兩個副都市中心。」；然而，未完成的工地對這對男女而言只是背景，完工的期限不被在乎，時間在做愛的過程中變得渺小，被放大的是空間：

> 各種聲音彷彿被兩層透明的磁場排斥在工地之外。
>
> 大大小小的報時鐘分散在都市的每一個角落
> ，有的提前五十秒
> 有的延誤了一刻鐘
> 散散漫漫地撞響
> ，沒有一座鐘
> 真正準時。
>
> 午夜。
> 壁虎的眼睛。
> 蠕動的尾巴。
> 一張遺落的行車執照。
> 男人
> 與女人。
> 他們頭頂遮蓋著未完成的高架橋。〔註27〕

「沒有一座鐘真正準時」，標準時間象徵官方的權威，卻有的提前、有的延誤，

〔註26〕林燿德：《都市之甍．廢墟》，頁139～153。
〔註27〕林燿德：《都市之甍．廢墟》，頁141。

切實存在感覺真實的，反而是男女彼此的心跳聲。

　　接著以指尖的移動細膩刻畫兩人的情慾流動，及身體的交纏，在過程中，性愛與政治的空間又開始產生交融：

　　壁虎沙沙向上攀爬。

　　（妳願意當那個，不起眼的小黑點嗎？）

　　壁虎沙沙向上攀爬。

　　整整齊齊鋼筋堆疊周圍。

　　壁虎沙沙向上攀爬。

　　所有沉重的鋼筋軟化，變形，扭攪。

　　她沒有告訴她的男人她眼中的鋼筋幻化一堆飛舞的橡皮筋盤繞
　　在她半開闔的眼瞼外緣。

　　畫家眼中的鋼筋卻不是這麼一回事。它們保持著菱角以及被截
　　斷時殘餘下來的銳利它們永不屈撓蟄蟄蟀蟀隨著軀體中的地震
　　上下上下撼撞高架橋下的死角。

　　壁虎鑽進
　　水泥與水泥的裂縫。〔註28〕

壁虎在詩作中代表生機，在男女歡愛的過程中不斷向上攀爬，生機似乎蓬勃生長，而周圍的鋼筋開始軟化，將性愛高潮的感受投射在堅硬的鋼筋扭曲上，女人眼中的鋼筋變成飛舞的橡皮筋，而畫家眼中的鋼筋卻保持冷靜，繼續在體內地震，撼撞死角。至此，未完成的高架橋受到性愛的動作衝擊，產生搖晃，而壁虎鑽進了裂縫，暗示倒塌的危機，在此段之後，開始描寫「一輛飛羚車涮涮穿過。／薔薇朵朵飄浮，／在黑闇的夜空中爆炸，爆炸，／血漿沙沙噴灑在畫家的背部，／濕透了那件半褪半掩的紫衫。／高架橋延伸到半空中突然停止前進。／很整齊地截斷，像是被一柄／巨大無比的手術刀／劃開。／消失的橋面／遺落在明天。」，不明的意外讓畫家染血，卻沒有停止他與女人交歡，而消失的橋面卻永遠在還沒來的明天。

　　詩的最後，在橋墩上的男人偷窺他的女人與畫家交歡，那種偷窺的刺激讓他逐漸忘記自己的存在，最後轉過身，面對天空：「天空上是畫家繪下的一千個／裸女，交纏著，／互相以媚態爭豔。／他，畫家以及女人，／心中都

〔註28〕林燿德：《都市之甍·廢墟》，頁 145～146。

突然出現／一座廢墟。」，心中出現的廢墟是意識流動的異質空間，性流動於政治空間，未完成的高架橋以及男女做愛代表的無限生機，一千個裸女交纏，極端描寫性意識的噴發，藉由畫家勾勒，交織出畫布上的空間、心靈上的廢墟空間以及現實環境中高架橋鋼筋堆疊的空間。於是，性在政治的空間中能夠不受影響地進行，這個「性——政治」的異質空間，成為以性為主，覆蓋整個意識流動的範圍。

第二節　陳黎詩：邊緣空間

「邊緣」，對於臺灣社會環境而言，是政治弱勢；當臺灣的被殖民經驗呈現在文學中，反映出臺灣文學特殊的風貌。學者陳芳明認為戰後臺灣文學應該強調的是「後殖民主義」，而非「後現代主義」：

> 後殖民主義與後現代主義的性格相當接近，這可能是臺灣部分學者容易產生混淆的主要原因。後現代主義在於解構中央集權式的、歐洲文化理體中心（logocentrism）的敘述，而後殖民主義則在瓦解中心／邊緣雙元帝國殖民論述（Appiah，119～24）。兩種思潮都在反中心，並主張文化多元論，以及首肯「他者」（the other）的存在地位。因此，常常引起論者的混淆。不過，後現代主義發源於資本主義高度發達的歐美，後殖民主義則崛起於第三世界。更值得注意的是，後現代主義的最終目標是在於主體的解構（deconstruction），而後殖民主義則在追求主體的重構（reconstruction）。這兩種思潮在很多場合是可以互相結盟的，但是其精神內容必須分辨清楚。〔註29〕

由於社會環境的發展不同，兩種思潮雖然相似，卻沒有辦法劃上等號。筆者認為，如果後殖民主義的意思是抵抗殖民主義，那麼所謂「殖民主義」文學，應該是服膺於殖民統治者的觀點；由此推論，陳芳明所定義的「後殖民主義文學」，表達的是抵抗解構，抵抗被統治，所以應該在作品中維護個人主體性，那麼這樣的態度所呈現出的文學作品，是極具個人意識的。如此，

〔註29〕陳芳明：〈後現代或後殖民——戰後臺灣文學史的一個解釋〉，收入周英雄、劉紀蕙編：《書寫臺灣——文學史、後殖民與後現代》（臺北：麥田出版股份有限公司，2000 年 4 月），頁 55～56。

後殖民的概念是抵抗解構，不要受殖民統治灌輸，要保有自己，而後現代則是朝向解構，它只提問、只解構，不為建立另一個中心。而本章以陳黎詩作為例，詩作觸及後殖民的主題，但是寫作技巧具有後現代的思維表現，兩者可以並存。

　　陳黎是著名的後現代詩人，〔註30〕其 1995 年出版的《島嶼邊緣》為後現代詩風的代表作品。〔註31〕陳黎熱衷於創作，自言：「如果作詩如作曲的話，我的作曲法似乎常藉著形、音、義的歧義性，分裂、發展動機或主題。以此方式，我試著探索有別於其他語文的方塊中文詩的書寫新可能。」〔註32〕借重方塊字的特性，陳黎的後現代詩有鮮明的嬉戲性，展現詩人獨特的幽默感與創造力，讓〈一首因愛睏在輸入時按錯鍵的情詩〉〔註33〕傳頌不絕。身處臺灣東部花蓮的詩人陳黎曾自述邊緣特質：「不論我自己的創作是怎麼樣地擺盪變動，我發現在骨子裡，有一種立足島嶼邊緣，可是又可以放眼整個天下的兼容並蓄的特質。」〔註34〕肯定邊緣、立足當下，即具體而微地呈現出後現代精神。

一、邊緣意識

　　陳黎：「一九八八年自己重新創作以來，有一道明顯的轍痕是伴隨對腳下這塊土地歷史的追尋而來的：從詩集《小丑畢費的戀歌》裡的〈蔥〉、〈牛〉、〈旋轉木馬〉、〈太魯閣‧一九八九〉等，到《家庭之旅》裡的「紀念照三首」──〈昭和紀念館〉、〈布農雕像〉、〈蕃人納稅〉……。」〔註35〕，事實上，詩人創作的主題一直圍繞著生活周遭，從中透顯出的邊緣意識從 1975 年第一本詩集《廟前》，一首〈中山北路〉可見端倪：

〔註30〕蕭蕭認為夏宇與陳黎是後現代詩最引人注目的兩大氣旋。參見蕭蕭：《後現代新詩美學》（臺北：爾雅出版社有限公司，2012 年 2 月），頁 55～91。

〔註31〕陳義芝認為陳黎的《島嶼邊緣》標誌著創作從現代主義手法轉向後現代詩風。參見陳義芝：《現代詩人結構》（臺北：聯合文學出版社股份有限公司，2010 年 9 月），頁 165～196。

〔註32〕陳黎：《朝／聖‧後記：香客朝拜四方五覽》（臺北：二魚文化事業有限公司，2013 年 6 月），頁 230～231。

〔註33〕陳黎：《島嶼邊緣‧一首因愛睏在輸入時按錯鍵的情詩》（臺北：皇冠文學出版有限公司，1995 年 12 月），頁 121～122。

〔註34〕陳黎：〈尋求歷史的聲音〉，收入王威智編：《在想像與現實間走索：陳黎作品評論集》（臺北：書林出版有限公司，1999 年 12 月），頁 121。

〔註35〕陳黎：《島嶼邊緣‧跋：在島嶼邊緣》，頁 204～205。

> 花花公子雜誌壓著精裝的中國菜
>
> 過了兒童樂園，居然就動物園
>
> 啊，中山北路晴時多雨
>
> 你的天空夾在古玩店酒吧之間〔註36〕

路名「中山北路」即具政治歷史背景，而詩行並置《花花公子》及中國菜，跟著「晴時多雨」暗示中山北路處於被動的、受制的邊緣地位；同時，並置兒童樂園及動物園則諷刺「人性之初和獸性之始居然是如此的相近！」〔註37〕，將種種不協調的事物夾雜在一起，讓中山北路所象徵的都市文明價值被貶低了，顯露出拼貼的、反諷的後現代傾向。

如果說書寫邊緣是陳黎創作主題的重心，再加上對詩作表現技巧的用功，那麼則使得陳黎詩中的「邊緣」逐步鍛鍊出後現代詩表層的拼貼性及深層的解構性。以〈太魯閣‧一九八九〉為例：

> 我尋找鑿壁的光
>
> 我尋找碰撞船首的頭顱
>
> 我尋找埋魂異鄉的心
>
> 我尋找一座吊橋，一條沒有鞋帶的歌也許是
>
> 我尋找回聲的洞穴，一群意義豐富的母音子音：
>
> 桐卡荖，旁給揚，塔比多
>
> 礑翁乾，洛韶，托魯灣〔註38〕

「陳黎一口氣列了二十個尋找的意象，企圖帶領讀者深入太魯閣的心，去尋找她的根，去窺探這『卑微地上居留的祕密』。他同時列舉了四十八個太魯閣國家公園區內的古地名。對外人而言，這些地名或許只是一些空洞的聲音，但在泰雅族語裡卻各有所指。」〔註39〕不斷尋找是直接的探求，因此「光」、「頭顱」與「心」……等，是意象也是符號，等同於大量羅列的古地名，凸顯文字符號的物質性，也就是說，拼貼的能指符號不為朝向所指，

〔註36〕陳黎：《廟前‧中山北路》（臺北：東林文學社，1975 年 11 月），頁 59～61。

〔註37〕張芬齡：〈《廟前》的世界〉收入王威智編：《在想像與現實間走索：陳黎作品評論集》，頁 14。

〔註38〕陳黎：《小丑畢費的戀歌‧太魯閣‧一九八九》（臺北：圓神出版社，1990 年 4 月），頁 137～153。

〔註39〕張芬齡：〈《暴雨》註釋〉，收入王威智編：《在想像與現實間走索：陳黎作品評論集》（臺北：書林，1999 年 12 月），頁 83。（頁 71～85）

而是著重於能指符號之間的差異。張仁春認為這首詩「是陳黎對臺灣歷史脫離雄偉敘述和大中國主義包袱的自主性呈現，當中更關注原住民主體性的重建。」〔註 40〕，書寫相對弱勢的邊緣主體，展現出去中心化、解構同一性敘述的後現代性。

二、邊緣的我

其後，1993 年〈島嶼邊緣〉〔註41〕嘗試標註「邊緣的我」的存在：

　　在縮尺一比四千萬的世界地圖上
　　我們的島是一粒不完整的黃鈕釦
　　鬆落在藍色的制服上
　　我的存在如今是一縷比蛛絲還細的
　　透明的線，穿過面海的我的窗口
　　用力把島嶼和大海縫在一起

詩中敘述者「我」是一縷透明的線，將島嶼縫在大海上，而能指符號「鈕扣」代表邊緣的島嶼。將「存在」設定為縫紉的關係，暗示鬆脫（解構）的可能性，而透明的線則如同無意識般不可捉摸。

接著，相對於空間的邊緣，在下一節詩人布置的是時間的邊緣：

　　在孤寂的年月的邊緣，新的一歲
　　和舊的一歲交替的縫隙
　　心思如一冊鏡書，冷冷地凝結住
　　時間的波紋
　　翻閱它，你看到一頁頁模糊的
　　過去，在鏡面明亮地閃現

在時間的邊緣閃現的是鏡象間的記憶，鏡子所映照出的幻象是敘述者「你」的過去，其中閃現出「另一粒祕密的釦子——」，於是能指「鈕扣」有了雙重指涉，是可見的島嶼在藍色大海上、是不可見的記憶在胸前大海上：

　　另一粒祕密的釦子——
　　像隱形的錄音機，貼在你的胸前

〔註40〕張仁春：《邊陲的狂舞與繆思：陳黎後現代詩研究》（臺北：稻鄉出版社，2006年 8 月），頁 36。
〔註41〕陳黎：《家庭之旅‧島嶼邊緣》（臺北：麥田出版，1993 年 4 月），頁 151～153。

> 把你的和人類的記憶
>
> 重疊地收錄、播放
>
> 混合著愛與恨，夢與真
>
> 苦難與喜悅的錄音帶
>
> 現在，你聽到的是
>
> 世界的聲音
>
> 你自己的和所有死者、生者的
>
> 心跳。如果你用心呼叫
>
> 所有的死者和生者將清楚地
>
> 和你說話

其中「把你的和人類的記憶／重疊地收錄、播放」表示個體的存在潛藏著人類總體性的回聲，近似於集體無意識，那麼這樣的存在就不僅是個人的，而是群體的象徵。當「所有的死者和生者將清楚地／和你說話」，可以呼應拉岡所說：「無意識就是具體言談中跨越個人的那個部分。主體自己並不擁有這個能力來重建其有意識言談的連續性。」〔註42〕，無意識是他人的話語。〔註43〕最後，在空間的邊緣與時間的邊緣交融處，「鈕扣」變得完整，被奮力地縫上：

> 在島嶼邊緣，在睡眠與
>
> 甦醒的交界
>
> 我的手握住如針的我的存在
>
> 穿過被島上人民的手磨圓磨亮的
>
> 黃鈕釦，用力刺入
>
> 藍色制服後面地球的心臟

而詩中敘述者「我」握住「我的存在」，針暗示著筆，透過書寫邊緣，讓存在深深地刻進地球的核心。詩人陳黎：「我們的存在只是賡續，並且重複，前已有之的存在。」〔註44〕由此推測，這首詩的隱含作者，是以無意識重現他人的話語，全詩看似努力地朝向存在，然而終究停在這前進的姿態，能指

〔註42〕【法】拉康（J.M. Lacan）著；褚孝泉譯：《拉康選集》（上海：上海三聯書店，2001年1月），頁268。

〔註43〕【法】拉康（J.M. Lacan）著；褚孝泉譯：《拉康選集》，頁482。

〔註44〕陳黎：《家庭之旅・跋》（臺北：麥田出版，1993年4月），頁159。

「鈕扣」的存在並沒有得到保證。觀察詩作中書寫邊緣的後現代意義，並不在於落實存在，而是透過持續書寫保持動能，恰恰是在不確定性中展現後現代精神。

第三節　後空間主體的呈顯

　　林燿德詩鬆動都市文明的崇高地位，顛覆權威；陳黎詩解構同一性敘述，關注邊緣文化，兩者分別在都市空間與邊緣空間達成有力的空間突破。進一步我們要探討的是，朝向後空間主體的思索，經歷對現代主義的反動與繼承，後現代主義思潮下的新詩文本，其後空間主體是如何表現？以下分為「後圖象空間」及「文字之『島』／主體之『國』」分析。

一、後圖象空間

　　丁旭輝在定義圖象詩時，認同林燿德的說法：「『圖象詩』又稱『具象詩』、『具體詩』，指的是利用漢字的圖象特性與建築特性，將文字加以排列，以達到圖形寫貌的具象作用，或藉此進行暗示，象徵的詩學活動的詩；簡單的說，也就是林燿德所定義的：『利用文字記號系統的具象化表現形式』。」〔註45〕依據圖象詩的定義，從文字符號的運用，可以納入後現代詩的創作技法中，然而，圖象詩畢竟不能與後現代詩劃上等號。筆者認為，後現代詩的特性，應同時符合：游離的符號、分裂的主體，以及解構的主題。後現代詩重在質問與顛覆，而圖象，固然是最容易突破新詩形式的方法，卻不能是決定後現代詩的單一條件。

　　以〈交通問題〉為例，它是一首圖象詩，藉隱喻及雙關來描繪政治社會局勢：

　　　　紅燈／愛國東路
　　　　／限速四十公里
　　　　／黃燈／民族西
　　　　路／晨六時以後
　　　　夜九時以前禁止

〔註45〕丁旭輝：《臺灣現代詩圖象技巧研究》（高雄：春暉出版社，2000年12月），頁1。

　　左轉／綠燈／中

　　山北路／禁按喇

　　叭／紅燈／建國

　　南路／施工中請

　　繞道行駛／黃燈

　　／羅斯福路五段

　　／讓／綠燈／民

　　權東路／內環車

　　先行／紅燈／北

　　平路／單行道／〔註46〕

陳義芝認為：「既具有記號遊戲的後現代形式，又具有國家、主權等後殖民主義追求的政治關切，因此可以視為「後現代」與「後殖民」論述結盟的典型創作。」〔註47〕，如果這首詩的後現代特性僅止於形式上的記號遊戲，並不符合筆者對於後現代詩的界定；然而，細究其後現代精神，王文仁認為：「在整齊畫一的文字方塊中，其實是藏匿著各種意識型態的糾纏以及彼此的交相傾軋，透過形式上不同的斷句以及首尾不同的讀法，讀者能夠在閱讀的過程中創造出多種不同的排列組合，如此，它便也成了可供讀者參與的可寫式（scriptible）文本。」〔註48〕，由此可知，詩的形式與內涵互相補充，這首詩以符號「／」隔出的交通空間意象，布置不確定文本，誘使讀者參與創作，在詮釋的同時折射出讀者個人的無意識主體，是一首後現代詩。觀察詩人林燿德對於都市的悲觀態度，可以說詩作中的確顯露出後現代工業社會的廢墟心靈，人類如同都市中移動的符號。本節所謂「後圖象空間」，以林燿德詩為例，說明的是以文字記號呈現都市心靈空間，以無意識主體回應空間大他者，在無意識主體上恰恰彰顯了抽象的都市心靈面貌。

　　此外，將〈交通問題〉與陳黎的〈中山北路〉比較：「失貞的信號，綠燈一亮／切切嘈嘈，計程車爭著輪姦軟柏油的固執／向上，且伸長長的天線

〔註46〕林燿德：《都市終端機·交通問題》（臺北：書林出版有限公司，1988 年 1 月），頁 114～115。

〔註47〕陳義芝：《聲納——臺灣現代主義詩學流變》（臺北：九歌出版社，2006 年 3 月），頁 175。

〔註48〕王文仁：《現代與後現代的游移者：林燿德詩論》（臺北：秀威資訊科技股份有限公司，2010 年 11 月），頁 200。

收聽流行歌曲助興／中山北路，你的亢奮被輾成六聲道的呻吟／肉身臃腫，儘吃牛排也健康不起來／左方一個大乳房因為生癌，停業五天／肚臍以東，奶頭們依舊等人按鈴」〔註49〕，陳黎從性愛觀點描寫都市空間，表現出都市慾望橫流的心靈圖象，猛力地嘲弄了都市文明。

再看〈線性思考計畫書〉，分為「現象學的實證」、「間奏Ⅰ」、「讀者反應理論的反芻」……「解構主義者的回答」等九小節，詩節的設計可以看出詩人游移在現代與後現代之間的歷程，其中「語言學的看法」顯現後現代詩觀：

> 抽象的語言思考與可聽聞的語言發音它們
> 脫離了人類而形成一個超越生命的真主宰
> 回過頭來　成為證明人類存在的唯一根源
> 人類把持著語言假面的說法　　　　其實
> 乃是語言統治文明的真相　　　　　一再
> 模擬現實世界的語言已經躍為文明的上帝
> 詩是上帝　　　　　　　　除了哭泣
> 詩是上帝　　　　　　　　吟了做愛〔註50〕

人類運用語言表達思考歷程，卻在某些時刻淪為語言的附庸，人類的表達受制於語言系統，於是「詩」（文字符號）成為文明的上帝。德希達：「詩人即便在其享有的自由經驗中，也會發現自身被交給了語言，同時被言語所釋放，而言語的主人正是詩人自己。」〔註51〕寫與被寫之間，是主體意識的辯證，而詩行中間所留下的空白是圖象空間，亦是吸引讀者參與創作的空間。白靈認為：「當對一切形而上的討論都無法揭開不安的究因和真貌時，只有仍回頭去掌握那勉強還可掌握、也是唯一可掌握、比詩還上帝的『做愛』（不安的暫時解除）和『哭泣』（不安的重現）了。林燿德這樣的論調是解構的，也是後現代的。」〔註52〕

林燿德詩中後空間主體的呈顯，在於運用圖象形式表達解構觀點，有別於

〔註49〕陳黎：《廟前‧中山北路》（臺北：東林文學社，1975年11月），頁59～61。
〔註50〕林燿德：《都市終端機‧線性思考計畫書》，頁123。
〔註51〕【法】德希達（Jacques Derrida）；張寧譯：《書寫與差異》（臺北：麥田出版，2004年5月），頁146。
〔註52〕白靈：〈停駐地上的星星——林燿德詩路新探〉收入林燿德：《都市終端機》（臺北：書林出版有限公司，1988年1月），頁30。

傳統圖象詩以圖象寫貌，而是以圖象展示都市的廢墟心靈，無意識主體所回應的空間大他者，映照出都市文明（大他者）對「自我」的規訓，「成為文明的都市人」即是一種自我幻象。

二、文字之「島」／主體之「國」〔註53〕

　　陳黎書寫邊緣的後現代精神在 1995 年的《島嶼邊緣》有階段性的成果，被視為是詩風的轉向。〔註54〕此處要提出的是詩人走出邊緣空間之後，後空間主體意識的展現，也就是說，當書寫邊緣展現的是抵制中心，那麼突破中心與邊緣的二元對立之後，如何從後現代視野詮釋空間？本文以陳黎及林燿德詩作為例，提出解構空間符號所朝向的後空間主體意識。

　　就陳黎詩作中的表現而言，運用形音義的分歧展開符號遊戲是陳黎詩創作的重要手法，在 2009 到 2014 年間，陳黎連續以符號「／」命名詩集，〔註55〕詩作中多有運用形音義的拆解或組合，因此受到關注。例如孟樊〈陳黎詩作的語音遊戲〉：

> 從《島嶼邊緣》開始，在他逐漸向後現代「超前衛」（trans-
> avantgardism）語言風格傾斜的同時，文字的物質性（materiality）
> （字音、字形、字義——尤其是前二者）越發受到重視，以致文字的
> 嬉遊於其晚近的創作中（如《輕／慢》）日益佔有重要的地位，蓋因
> 文字的嬉遊所形成的風趣，至少有一半是出自文字的物質性。〔註56〕

　　孟樊提出「複詞連用」、「諧音遊戲」與「近音詞連用」來分析詩作，然而僅止於修辭格分析，並於文末總結：「陳黎較為晚期的詩作，擅長以後現代風趣的語音遊戲展現其修辭伎倆，但其骨子裡滲發的則往往具有反諷或批判的現代精神。」〔註57〕姑且不否認陳黎詩作具備批判的現代精神，但是筆者以為陳黎詩作已呈顯出後現代精神。在上述文字的物質性方面，孟樊較關注於字音、字形的變化，然而字義的變化其實指向了後現代有關符號與重寫的概念。

〔註53〕陳黎 2014 年詩集名為《島／國》，本節取空間概念的「島」與「國」，說明文字符號所構成的後空間主體。

〔註54〕參見陳義芝：《現代詩人結構》，頁 165～196。

〔註55〕分別為：2009 年《輕／慢》、2011 年《我／城》、2012 年《妖／冶》、2013 年《朝／聖》及 2014 年《島／國》。

〔註56〕陳俊榮：〈陳黎詩作的語音遊戲〉，《臺灣詩學學刊》第 18 號（2011 年 12 月），頁 8。

〔註57〕陳俊榮：〈陳黎詩作的語音遊戲〉，頁 27。

楊小濱認為：

> 在許多作品中，陳黎所實踐的是某種文字的拼貼、增刪、擬仿……
> 的寫作策略。也可以說，對陳黎而言，純粹的原創已經不復存在：
> 寫作意味著重寫，亦即寫作是一種德希達（Jacques Derrida）所謂的
> 產生於「延異」（différance）的「蹤跡」〔註58〕

「延異」強調的是符號間的差異性，來自能指與所指的脫落。德希達提出「痕跡」來取代一般意義的絕對起源（邏各斯），而且認為「痕跡」是延異，這種延異展開了顯象與意指活動。依據德希達的定義，沒有一種形上學的概念能夠描述「痕跡」，它既非理想，也不是現實的東西，它先於聲音、先於光線，所以無法確定聲音印記和形象印記之間的等級，既然聲音的各種完整統一體之間的差別是聽不見的，那麼整個銘文中的差別是看不見的。由此破除文字與語言的二元對立和等級差異，文字不再附屬於語言，也不會反過來搶奪語言的地位。總而言之，因為一切意義是在差異中建立起來的，所以解構掉絕對真理的地位，而所有能指落於符號網的千差萬別中，永遠與所指產生斷裂。〔註59〕

德希達認為能指永遠找不到所指：「『符號』這個詞的意義一直是作為某物的符號被理解與被限定的，它又被理解和限定為指向某個所指的能指；因此，作為能指的符號總是不同於其所指的。」〔註60〕而拉岡則提出能指連環來說明兩者之間永恆的追逐：「意義堅持在能指連環中，但連環中的任何成分都不存在於它在某個時刻本身所能表示的意義中。因此就有了這樣一個觀念：在能指之下所指不斷地遷移。」〔註61〕

由此可知，不論從「符號書寫」或「主體建構」討論能指與所指的關係，在後現代視野下，皆是游離不定的關係。筆者觀察陳黎詩作中，藉由形音義的分歧，操作出能指符號運動的軌跡，以下分出二個能指運動的方向討論，「集中」與「擴散」，說明陳黎詩作中後空間主體的展現。

〔註58〕楊小濱：〈文學作為「搗學」：陳黎詩中的文字灘塗〉，《國文學報》第 60 期（2016 年 12 月），頁 80。

〔註59〕參見【法】雅克・德里達著；汪堂家譯：《論文字學》（上海：上海譯文出版社，2015 年 2 月），頁 37～105。

〔註60〕【法】德希達（Jacques Derrida）；張寧譯：《書寫與差異》，頁 550。

〔註61〕【法】拉康（J.M. Lacan）著；褚孝泉譯：《拉康選集》（上海：上海三聯書店，2001 年 1 月），頁 433。

（一）集中

以〈三重〉〔註62〕為例，題目「三重」是指地理區域，具備空間意涵，而詩人以「三／重」解構能指符號，〔註63〕「三或重」皆有重複疊加的意思。在詩的前六行：

> 14路公車過台北橋，終點站：菜寮……
>
> 多年多年以後，回娘家，步出太魯閣號
>
> 或者計程車過忠孝橋，轉中正南路，或者
>
> 捷運六分鐘到民權西路站，再六分鐘到
>
> 菜寮站。菜寮，我們的家園，雖然不再有菜
>
> 時間以三重的速度，多種交通工具行進著

假設以題目「三重」為所指，這裡分出公車、火車、計程車、捷運四種方式前往目標三重，這時所指符號沒有出現，「三重」被轉為時間符號，以速度疊加的方式出現。接著「三重」轉為父權符號：

> 幫助親友建設新家，在他們同樣誕生的廣東
>
> 家父以為他是國父。在三重我們家，他的確
>
> 是。是國法，家法，戒嚴法。是國父，家父
>
> 嚴夫嚴父。三重的尊嚴：為國，為家，為自己

以層遞的方式說明「三重」是國法、家法與戒嚴，再與三重的尊嚴並置；而時間符號持續作用，點出父親逐漸衰老的模樣，家庭與親情的情境逐漸明朗：

> 而時間仁慈地送他拐杖，送他腰痛，調整他執法
>
> 的速度與力度，送他一個又一個愛他氣他又不敢
>
> 礙他逆他的兒女孫媳……。

最後，「三重」轉為音樂符號，疊加時間符號，詮釋子女由童年至成人的記憶，而那聽起來有點菜、非常台的地方，才是這首詩真正要追索的所指「家」：

> 石枕，在他頑石的腦袋，暗暗滴出一個又一個

〔註62〕陳黎：《島／國·三重》（臺北：印刻文學生活雜誌出版有限公司，2014年11月），頁15～17。

〔註63〕關於「／」的用法，陳黎曾表示：「『輕／慢』一方面是『輕或慢』，『輕和慢』，一方面則是『輕慢』。」以此概念解讀「三／重」，可以觀察到能指符號的多義性。參見陳黎：《輕／慢·後記》（臺北：二魚文化事業有限公司，2009年4月），頁169。

音孔，水與石與時光的三重奏：一個讓他與她

合成的我們安身／離開的家，一個聽起來有點菜

非常台的地方，一個讓旋轉木馬永遠迴旋的

記憶的圓心……。我們又回來了，三重

14 路公車過 24 忠 24 孝橋，終點站：菜寮……

於是，最後「我們又回來了」終於讓「三重」（能指符號）與「家」（所指符號）重疊。但是又不僅是簡單的重合，最後一行加上「24 忠 24 孝」，將第一行的台北置換為忠孝，詩人藉由一個家庭縮影社會上的忠孝。

觀察「三重」能指符號在時間、父權、音樂、家以及本身的地理意義間流轉、疊加的情況，可以知道能指分散為多個方向，而最終交疊於所指「家」之上。這是能指集中塗抹所指的運動軌跡。

能指「三重」是空間符號，而後空間主體意識的意思是以空間符號的歧義構築文字空間，其中主體意識穿梭的並非真實世界的地埋空間，而是藉由符號所開拓出的文字空間，因此，破除邊緣與中心的二元對立後，空間的概念是隨著文字符號的差異而拓展伸縮，構築在能指連環上的空間，處於永恆的變態中。

（二）擴散

相對於集中的運動軌跡，所謂擴散，意思是能指符號發散出去，使得所指概念擴大，隨著文字延展空間。以〈台北車站〉〔註64〕為例：

台北車站挺著東西南北四個大門站在那裡，向

四方張開一張以時刻表記憶卡鋪成的時間地圖：

「我是搭莒光號轉普悠瑪號北上的卑南族青年

請問尊貴的北部可有鷹架讓我振翅高飛？」

「我是越南來的新娘，在阿公店偷偷打工

他們說越往北，越好賺錢——敢係真欸？」

地域符號「台北車站」為空間能指，而每一位經過台北車站的旅客都成為發散的能指符號，拓展出層層疊疊、錯綜交織的空間。

細看詩行，能指為卑南族青年、越南來的新娘、找頭路的人、搭區間車的 OL、修 EMBA 學分的 CEO、從大阪來的奈緒子、後山離家的同志、菲傭

〔註64〕陳黎：《島／國・台北車站》，頁 12～14。

桑德拉、要反攻大陸的他、鐵人三項的我、地下道流浪的我的音樂及慶祝開齋節的穆斯林等。這些能指之間的聯繫性不強，主要是在能指內塗抹自身，例如第四行「振翅高飛」雙關人生順利發展；第六行「越南」對比「越北」，從國家名轉為方位名。從這些塗抹中看到「台北車站」擴散為各個族群的自我認同，也就是說，發散的能指符號構築出不同的空間，突破邊緣與中心的二元對立。

又如〈普通的鄉愁〉：

台北／松山／七堵／八堵／暖暖／四腳亭／瑞芳／猴硐／三貂嶺／牡丹／雙溪／貢寮／福隆／石城／大里／大溪／龜山／外澳／頭城／頂埔／礁溪／四城／宜蘭／二結／中里／羅東／冬山／新馬／蘇澳新站／永樂／東澳／南澳／武塔／漢本／和平／和仁／崇德／新城／景美／北埔／花蓮〔註65〕

整首詩僅「大量表列」〔註66〕火車站站名，每一站都是能指符號，具備空間意涵，羅列的符號擴散出去，讓所指概念「鄉愁」延展到不同的空間。而每一站有每一站旅客的鄉愁，因為沒有誰比較特別，所以這是普遍而普通的鄉愁。各站的能指符號擴散出去，尋找各自的所指，因此擴大了「鄉愁」的含括性。

在〈普通的鄉愁〉中，後空間主體表現在解構空間符號，無意識主體隨著能指符號擴散出去，每一個能指（空間）都在尋找所指（鄉愁），隱含作者讓出詩作中的主體位置，邀請讀者參與創作，形成不確定文本，因此，陳黎詩在後空間主體的表現是由一個個文字之「島」構築空間，以文字為島嶼，在島嶼間攀爬，隨著形音義的變化左右上下，文字本身即是一個個獨立空間，具備完整的意義，因此又可視為主體之「國」，讓文字帶領作者、讀者前進，文字脫離作者的控制，自成一國，這類詩作呈現出無意識主體回應空間大他者，文字方塊本身承載並時空間，具備文化縱深，映照出閱讀當下自我的幻象，因此，每一個字塊都將成為主體分裂的證明。

〔註65〕陳黎：《島／國‧普通的鄉愁》（臺北：印刻文學生活雜誌出版有限公司，2014年11月），頁64～67。

〔註66〕廖咸浩據此評論陳黎《島嶼邊緣‧島嶼飛行》一詩的後現代表現，認為大量表列是用以凸顯物件背後的豐饒存在以及物件本身的物質性。參見廖咸浩：〈玫瑰騎士的空中花園──讀陳黎新詩集《島嶼邊緣》〉收入王威智編：《在想像與現實間走索：陳黎作品評論集》（臺北：書林出版有限公司，1999年12月），頁156。

第四節　小結

後現代主義中的空間概念以多元並時呈現為特色，反映於詩作表現則可以從外在拼貼的形式到內在精神的分裂中驗證。本章討論後現代詩中的空間主體，以林燿德及陳黎詩作為例。

第一節都市空間，筆者主要提出的觀點是：一、詩作中將政治與性愛並置的意涵，在政治方面，代表的是對權威的解構與嘲弄；在性愛方面，代表的是對慾望的解放與鄙夷。而兩者的並置，所呈顯的意涵是：將個人的不安、焦慮放置到群體的混亂現象，對於政治，真理的信仰崩解，在尋找新的信仰之前，所表現的狂亂狀態。二、詩作中擇取放置政治與性愛的空間，是呈現各種物質型態與意識型態交錯的異質空間，例如：公園、路牌、廢墟。以公園為例，在公共空間中進行私密的性行為暴露深層的意識形態，差異地點（異質空間）在這裡出現，意思是「公園」實際存在於現實環境中，然而公園（物質）所映照出的多樣意識形態（心靈），表現主體的心靈結構。

其次，「政治——性」的異質空間，以路牌為例，所凸顯的是以政治為主，經由性的流淌破壞了政治的組織結構，意識流動於現實環境中的路牌，使路牌瘋狂旋轉，解構政治；另一個角度，「性——政治」的異質空間，以廢墟為例，男女交歡於未完成的高架橋下，男人希望女子成為他作品的附屬品，而女人只專注於性愛的過程，最後以橋墩上另一名男子偷窺的目光，結束這場性愛。而政治空間僅成為背景，是做愛之餘所嘲弄的對象。以上所解讀的異質空間是在「實踐」當中不斷重寫、「再現」人類心靈空間，而林燿德所呈現的異質空間，具有對政治與性愛的交錯顛覆。可以發現，政治與性愛的背後，有一相似的權力運作關係和運作模式，因此，將政治性愛並置，表現的是人類面對自身所處的世界，有種操弄與被操弄的不安感受，想要爭取操弄的主導權，但是又發現自己是龐大結構中的一員，自己的操弄原來仍然是在更大的操弄系統當中，因此，意識在自主的空間以及現實中想要逃出的空間中，不斷掙扎，於是不斷重寫。

第二節邊緣空間，邊緣意識從陳黎第一本詩集《廟前》可見端倪，書寫邊緣是空間主體的展現。而如同〈太魯閣‧一九八九〉等一系列記錄地方歷史意象的詩作，不斷書寫即是回應邊緣意識的實際行動。再者，「邊緣的我」是讓我的存在不受限於邊緣空間，個體的邊緣也隱含著集體的邊緣，所以，

當邊緣的我得以移動、得以存在，那麼這樣的邊緣就有強大的動能，正是處於前進的姿態，使得詩作中的邊緣空間得以存在。

當林燿德與陳黎各自鬆動或解構都市空間與邊緣空間，筆者嘗試提出「後空間主體的呈顯」，以林燿德圖象詩及陳黎的《島國》為例。

就林燿德詩而言，後空間主體的概念是經由圖象詩所展現的不確定性以及解構的詩觀所達成的。而陳黎所構築的則是文字空間，通過符號的延異策略使得詩作由於形音義的轉折而集中或擴散空間主體。

第五章　後現代詩中的社會主體：
　　　　　以鴻鴻為例

　　鴻鴻（1964～）是身兼多職的詩人，[註1]創作於他而言一直與生活緊密連結，瘂弦在鴻鴻第一本詩集的序文中提到：「（與鴻鴻同一代的詩人群）只要去『過』一首詩，把詩當作一種生活方式，擁有它，享受它，而不為它所役。」[註2]，這對於鴻鴻是一次有力的預言，因為直到第七本詩集，鴻鴻持續在調整詩作與社會的間距：

　　　　我越來越清楚，身處一個遭到全球資本及國家權力聯手霸凌的世
　　　　界，寫詩之於我，不是在創造什麼精緻的文化，而是在實踐「文化
　　　　干擾」：改寫這時代既定的腳本，用最精簡的行動，從事最個人的反
　　　　叛，希望達到最大的效應。詩是保衛生活與生存價值的文字，自古
　　　　已然，如今，更當如是。[註3]

鴻鴻認為寫詩是一種「文化干擾」，面對主流文化，以改寫或模仿的方式加以顛覆，「從事最個人的反叛」。

〔註1〕鴻鴻曾參與電影《牯嶺街少年殺人事件》（1991年）編劇、導演《3橘之戀》
　　　　（1999年），並創立黑眼睛文化（2006年）、黑眼睛跨劇團（2009年）、創辦
　　　　《衛生紙詩刊＋》（2008～2016年），擔任臺北詩歌節策展人（2004年～）等，
　　　　跨足電影、劇場及詩歌領域。參見鴻鴻：《鴻鴻詩精選集·寫作年表》（臺北：
　　　　新地文化藝術有限公司，2010年4月），頁301～306。
〔註2〕瘂弦：〈詩是一種生活方式〉，收入鴻鴻：《黑暗中的音樂》（臺北：現代詩季
　　　　刊社，1993年8月），頁iii。
〔註3〕鴻鴻：《暴民之歌·後記：詩作為文化干擾》（臺北：黑眼睛文化事業有限公
　　　　司，2015年5月），頁228。

　　回顧詩人的反叛精神，則可見於其後現代詩作，如模仿考卷形式的〈超然幻覺的總說明〉〔註4〕一詩，即是挑戰作者權威的不確定文本。〔註5〕除了形式上的反叛，鴻鴻的寫作主題亦有所轉變，2006 年《土製炸彈》集中描寫社會事件，通過寫詩作為一種對抗生活的方式。林餘佐從鴻鴻的嬉戲性切入，說明他的變化：

> 在近期的詩作中意象、句式或許有延續早期詩作那般的諧擬、機智風格，但在核心意旨上卻多了明確、沉重的社會指涉。……鴻鴻將讀者的閱讀引領至各式各樣的社會現場，引爆炸彈，帶領讀者去看見這世界的真實樣貌，此刻的詩作除了遊戲之外，更存在著抵抗。〔註6〕

如果反叛精神是詩人鴻鴻創作的底蘊，那麼選擇直面社會議題則可以視為表現抵抗意識的途徑。筆者關注的是鴻鴻的社會詩如何透過後現代技巧表達社會關懷？

　　本文考察鴻鴻後現代詩的範圍，以拼貼遊戲的技巧形式、或具備破除二元對立的解構精神，這兩項標準來辨別後現代詩，〔註7〕列表如下：

〔註4〕鴻鴻：《黑暗中的音樂‧超然幻覺的總說明》，頁 72～73。

〔註5〕陳義芝：「鴻鴻〈超然幻覺的總說明〉模仿考卷形式，顯現敘述者『我』的戀史與寂寞。不論改錯題、填充題、單複選題、計算題或標點符號，都屬開放形式，沒有固定的讀法、沒有相同的答案，也是一首不確定文本的後現代詩。」參見陳義芝：《聲納——臺灣現代主義詩學流變》（臺北：九歌出版社，2006 年 3 月），頁 193。

〔註6〕林餘佐：〈（填充題）詩是一種＿＿＿＿＿＿方式：鴻鴻小論〉，《創世紀詩雜誌》第 172 期，2012 年 9 月，頁 18。

〔註7〕後現代的概念多元繁雜，筆者選擇精簡篩選的標準，分別就拼貼形式及解構精神各一來劃分後現代詩。劃分標準參考陳義芝歸納後現代主義詩文本的特色，有五點：「1. 不再追求個人主義風格的創新，反而將仿造（pastich）作為一種寫作策略。2. 以不連續的文字符號建構出有別於傳統、不具意指（signification）的語言系統。3. 創作的精神不在於抒發情感，而在於表現媒介本身；不在於呈現真實事物，而在完成一種廣告式的幻象。4. 表現手法不依賴時間邏輯，而靠並時性空間關係的突出，景物與景物間、事件與事件間，因互不相屬而留下更多聯想的空間。5. 要求讀者參與創作遊戲，讀者可以在作者有意缺漏的地方填入不同的意符而產生不同的意指。」，筆者認為，其中第二、第四、第五點可以拼貼手法概括，為不確定文本的特徵；第一、第三點則屬於創作的精神內涵，破除傳統的審美標準，以逆崇高的姿態解構一切。參見陳義芝：〈臺灣後現代詩學的建構〉，收入國立臺灣師範大學國文系編《解嚴以來台灣文學國際學術研討會論文集》，（臺北：萬卷樓出版社，2000 年 9 月），頁 385。

詩　集	出　版	數　量	篇　目
《黑暗中的音樂》	1993	6首	〈超然幻覺的總說明〉、〈城市動物園〉、〈市景〉、〈徹底摧毀〉、〈詩法〉、〈超級馬利〉
《在旅行中回憶上一次旅行》	1996	7首	〈錯誤的飲食程序〉、〈一滴果汁滴落〉、〈破壞性的夜曲〉、〈爸爸釣回來的魚〉、〈香港三重奏〉、〈我要用一生的時間才能睡著〉、〈自然主義〉
《與我無關的東西》	2001	6首	〈我也會說我的語言〉、〈夏天在隔壁〉、〈遠離耶路撒冷〉、〈恐怖份子〉、〈此身〉、〈並非所有相遇都是幸福的〉
《土製炸彈》	2006	12首	〈土製炸彈〉、〈流亡〉、〈青年旅館〉、〈和平飯店〉、〈世界的一分鐘〉、〈郵包炸彈客〉、〈美的教育（六年級）〉、〈國語課考前複習【出師表】〉、〈文化論壇討論流程建議〉、〈所愛〉、〈消失的人〉、〈穿牆人〉
《女孩馬力與壁拔少年》	2009	7首	〈聽詩的時候我睡著了〉、〈本期嚴重稿擠〉、〈開門七件事〉、〈我現在沒有地址了〉、〈機場棄物箱〉、〈野草莓〉、〈有時候〉
《仁愛路犁田》	2012	14首	〈李白夜遊〉、〈贊助者〉、〈葡萄牙與塑膠花〉、〈仁愛路犁田〉、〈百家妣〉、〈伊朗生活場景〉、〈達賴的一天〉、〈美麗的小孩〉、〈倫敦，週日清晨6:00〉、〈莫斯科是一本詩集〉、〈我的妹妹是一座城市〉、〈你手中的咖啡倒在我身上〉、〈有一個我〉、〈把藝術家切成兩半〉
《暴民之歌》	2015	7首	〈今天菊花開遍原野〉、〈冠軍的午餐〉、〈遊民〉、〈記憶布袋的五種方式〉、〈城市幽靈〉、〈雲的意志〉、〈柵欄或梯子〉

　　觀察鴻鴻後現代詩的寫作技巧，除了明顯的填空及拼貼方式之外，另有一種方式是運用同一意象在多個不同情境轉換的過程，讓意義呈現歷時性的滑動，達到主體表達從詩中撤離的效果。〔註8〕楊小濱將這種方式詮釋為拉岡精神分析中的換喻概念：

　　　　移置（displacement）本來就是佛洛依德理論中的重要概念，佛洛依
　　　　德所描述的「夢境運作」（dream-work）的四種主要型態就包括了

―――――――――

〔註8〕例如〈一滴果汁滴落〉一詩中，果汁的意義依序轉換為詩句、巷弄、果園、淚水等。詩作見鴻鴻：《在旅行中回憶上一次旅行‧一滴果汁滴落》（臺北：唐山出版社，1996年1月），頁50～53。

> 凝縮（condensation）和移置——也就是，夢的過程通過通過凝縮和
> 移置等方式重組了無意識的元素，使之顯示為夢的情境。由於拉岡
> 認為無意識的構成是語言性的，他把佛洛依德的理論與雅各布森
> （Roman Jakobson）的結構主義語言學結合到一起，凝縮的心理運
> 作可以等同於隱喻的修辭運作，而移置的心理運作則同換喻的修辭
> 運作可以等量齊觀。〔註9〕

也就是說，當我們從無意識的語言架構觀察詩作中意象的轉變，就是將意象視為符號，透過隱喻或換喻的修辭運作分析意符意指之間的關係。而在隱喻換喻運作的過程中，主體表達的撤離則與拉岡分裂主體的概念相關，拉岡認為當主體進入一套規則系統中（語言規則），就必須付出代價，由於語言的限制，主體的欲望沒有辦法獲得完全的滿足，因此產生分裂主體。〔註10〕

　　拉岡認為無意識（包含精神的、整體社會的）的構成可以分為三個域，分別是想像域、符號域與現實域。想像域是由鏡像階段形成的自我幻象，而符號域則是象徵物，即語言文字；現實域是介於想像域與符號域之間的真實，但同時也是主體永遠無法理解的真實，因為主體所得到的自始自終都是幻象。所以當主體從想像域進入符號域，就會因為能指符號的分裂而分裂。〔註11〕

　　依據上述，本文擬先分析鴻鴻後現代詩中主體撤離的表現，說明詩作中拉岡視野下的分裂主體，從符號的角度切入，換喻的方式是讓意符偏離意指鏈的軌道，平行地置換到下一個意指鏈。〔註12〕筆者擬從「時空」的概念說明意符轉換前後的差異。分為「時空置換」及「時空變形」兩類，前者近似於情境的類比，以單一或多重置換的方式將同一情境（意符）置換到不同時空底下；後者則是時空的擴張與壓縮，以劇烈的時空變化呈現社會議題。

〔註9〕楊小濱：《欲望與絕爽：拉岡視野下的當代華語文學與文化》（臺北：麥田出版，2013年9月），頁38。

〔註10〕參見伊麗莎白・萊特（Elizabeth Wright）著；楊久穎譯：《拉岡與後女性主義》（臺北：貓頭鷹出版，2002年7月），頁49～51。

〔註11〕參見方漢文：《後現代主義文化心理：拉康研究》（上海：上海三聯書店，2000年11月），頁173～250。

〔註12〕楊小濱：「換喻的一般形態，也就是意符在意指鏈中橫向連結的方式（對應於隱喻的縱向連結）：拉岡沿襲了雅各布森的理論，將換喻歸結為語言的組合軸，以相對於隱喻的語言替代軸。正是在這個意義上，換喻是意指鏈中某一意符連結其他意符的歷時性運作，而這種連結的過程也是意義被不斷延遲的過程。」參見楊小濱：《欲望與絕爽：拉岡視野下的當代華語文學與文化》，頁39。

以下，筆者援用拉岡分裂主體的概念，以符號系統換喻的技巧分析鴻鴻後現代詩的表現，企圖詮釋詩作中表達社會關懷的特色。

第一節　詩作中主體的表達

從後現代主義的解構視野看待後現代詩中主體的表達，去中心化的傾向動搖作品中主體的地位。觀察鴻鴻社會詩中主體的表達，其中分裂主體彰顯出後現代特性，而詩作中主體表達的撤離，是構成不確定文本的關鍵因素。

拉岡：「人的欲望是在他人的欲望裡得到其意義。這不是因為他人控制著他想要的東西，而是因為他的首要目的是讓他人承認他。」〔註 13〕，因為主體從想像域得到的只是幻象，所以進入符號域才進一步認識自己，而符號域的語言系統屬於社會制度、道德規則的系統，是所謂他人的話語，因此拉岡認為「無意識是他人的話語」，那麼主體的欲望也是在他人的欲望裡尋找。

在此要說明的概念是，依據拉岡分裂主體的形成，是在於主體進入語言系統之後，那麼「分裂主體」應屬於一種後現代視野，而不是說主體到了後現代才分裂，主體一直是分裂的，當語言存在的時候。因此，從分裂主體的角度來看應該強調的是言說主體與真實主體之間的縫隙，據此來看文學作品，那就是企圖以後現代視野的分裂主體詮釋文學作品的表現。

本節討論詩作中主體表達的撤離，意思是現實中的主體存在，而作品中的主體讓出表達位置。在詩作中空出表達位置，是指製造「不確定文本」，留下意符游離的空間，誘使讀者參與詩意的建構。

在此架構下，詩人鴻鴻的分裂主體如何在詩作中空出表達位置，而這樣的分裂主體，其欲望為何？試以〈一滴果汁滴落〉〔註 14〕為例說明：

> 一滴果汁滴落在
> 我正在讀的詩上
> 我沒有立即擦拭；

〔註 13〕【法】拉康（J.M. Lacan）著；褚孝泉譯：《拉康選集》（上海：上海三聯書店，2001 年 1 月），頁 278。

〔註 14〕鴻鴻：《在旅行中回憶上一次旅行‧一滴果汁滴落》，頁 50～53。

慢慢暈開了

這一行的氣味，韻律，情緒綿長。

楊小濱認為：「無論如何，『果汁』都在詩的行進過程中不斷游離於它被指望的隱喻性，直到結尾處的堅決撤離。」〔註15〕，論者並沒有說明「不斷游離」的過程是什麼，以下試分析之：首先，一滴果汁在詩上暈開，那一行詩的氣味開始蔓延，這時果汁的氣味換喻為詩行的氣味。意符「果汁」並不順著「液體」的意指方向走，而是平行地置換到了「詩行」的意指方向，於是意符開始產生游離。接著：

一滴果汁滴落，落在

一位遠方詩人新成的詩作，

他曾在無知的年少下放

到更遠的遠方做鍋爐工、煤爐工、車間操作

在那兒認識了漂鳥草葉和只存在夢裡的姑娘

入獄，平反，突然又被派去管理倉庫，投閒置散

這一切都沒有人在意；

四十七歲的某一天，窗外的櫻花開了

他想起幼年的小巷，通往那

內心幽深盡頭的海洋，記憶陽光一樣射入

牆面的塗鴉，多麼像一首精心安排的詩，乘風

飛過

海洋，降落在我的書桌上

轉而敘述詩作的作者，他的人生經歷如何塑造出這一首「我」正在閱讀的詩。這一段所表現的是果汁在詩行上暈開的範圍，映照出詩作產生的過程。至此「詩中詩」的情境產生了，當讀者看鴻鴻的詩，而鴻鴻又展現有一個「我」正在讀詩。鴻鴻勾勒出一個戲劇的框架，那麼吸引讀者繼續閱讀下去的是什麼呢？這時「果汁」從詩行的氣味換喻為遠方詩人的幼年記憶。

往下，再通過「降落」回到詩中的「我」：

我喝著果汁，心不在焉地

等著夏天過去。童年的夏季

我偷過母親的錢筒打過哥哥欺騙過老師

〔註15〕楊小濱：《欲望與絕爽：拉岡視野下的當代華語文學與文化》，頁44～45。

　　　　長大後的某一天，忽然發現自己還愛著一個以上的女子，於是開始

　　　　寫詩

有趣的安排是，意指「果汁」在朝向遠方詩人之後，鴻鴻又讓「果汁」回到正
在閱讀的「我」，於是「果汁」彷彿從中搭建起「看與被看」的橋梁。從遠方
詩人的幼年記憶換喻為「我」的罪惡救贖。

　　詩中「我」敘述自己的成長經歷，最後：

　　　　我順手一擠，一滴殘餘的果汁

　　　　濺落在詩人的小巷裡。　　　一滴

　　　　果汁，誰知道它來自

在這三行當中進行兩次換喻，先是揭露「果汁」之所以滴落的原因，是由於
「我」的不經意；再者，「果汁」進入詩人的記憶，是一次換喻，而下一行「誰
知道它來自」則將述說生命經歷的位置讓給「果汁」。處在果園內的果子沒辦
法感受到外界的痛苦，而外界的風雨亦不在意果園內的生滅。在果子與外界
彼此疏離的情況下，「果汁」究竟是如何滴落其實無從證明，至此，鴻鴻讓所
謂「詩人」陡然出現：

　　　　沒錯，這些不過是詩人任意的猜測

　　　　我們無以憑藉

　　　　只有它最後的芬芳

　　　　和顏色，鮮明

　　　　鵝黃，凝固在一首詩上

　　　　當手輕撫，光滑的紙面

　　　　完全無法顯示它和那些字跡的存在

　　　　然而又如此觸目，彷彿

　　　　為了證明回憶的堅定，飽滿

　　　　香馥，甚至帶有甜意

　　　　沒有人會誤會

　　　　它是一滴淚水。

「詩人」所指的可能是真實世界的作者，但是在此仍視為詩作中的敘事者。
當敘事者在詩作中現身，是一種阻斷閱讀的手法，讓讀者意識到作品被創作
的過程，不過是任意的猜測，同時「果汁」的換喻運作也被迫中斷。

　　最後幾行，鴻鴻自行解消聯想，揭露整首詩創作的過程，又是一次戲劇

性的轉折，詩中詩的翻轉。當一滴果汁滴下，用手撫觸紙面，感受其中氣味
的交涉融合，透過視覺凝視，「果汁」換喻為帶有甜意的回憶；然而，結尾兩行
竟推翻整首詩的經營，「沒有人會誤會／它是一滴淚水。」原來滴落於詩行的
是詩人的淚水。真正的創作過程可能是詩人感知閱讀的詩行因而落淚，淚水
中同時觸及詩人與詩行作者的人生經歷。結果意符「果汁」的身分被取消，
「淚水」才是這首詩要追蹤的意指，或者應該說作者被觸發的情感，才是作
者無意識中所追逐而且追逐不到的欲望。楊小濱認為：

> 拉岡的欲望概念當然始終是無意識範疇的欲望，並且是永遠不可能
> 滿足的欲望；於是欲望的實現不在於滿足，而在於產生另外的欲望——
> ——也可以說，欲望是不斷被延遲的，被下一個欲望所替代的。〔註16〕

這首詩以「一滴果汁」展開一連串的換喻，但是卻在不斷換喻的過程中，
最後失去自己，自己其實是淚水的換喻。又或者，是淚水還是果汁已經沒有
辦法分辨，留下不確定的答案。

透過以上分析可知，主體表達從詩作中撤離，是不斷換喻的結果。需要
說明的是，現實中的創作主體依然存在，但是詩作中的主體位置已經被作者
讓出，邀請讀者參與意符追尋意指的過程。

詩作中主體表達的撤離，顯現出詩人鴻鴻充分認識到社會對個體的影響，
詩作中的主體位置一旦讓出，正是積極邀請讀者參與的契機，於是藉由創作
引起普遍共鳴，進而達到社會關懷的目的。以〈流亡〉為例：

> 我住在別人家裡
> 呼吸別人的空氣
> 穿別人的衣服
> 讀別人寫的書
> 寫別人出的試卷
> 走別人開的路
> ……
> 我就是別人
> 不然
> 每個人都是我

〔註16〕楊小濱：《欲望與絕爽：拉岡視野下的當代華語文學與文化》，頁33。

　　在別人的喧嘩聲中

　　在別人的垃圾堆裡

　　用分明是別人的腦袋

　　思索著自己的問題〔註17〕

流亡，從身體的流亡到精神的流亡。敘述者「我」的行走坐臥皆是「別人的」，一方面是「我」讓出了自己，一方面是別人不斷地侵入「我」的生活。其中更涉及政治權力，使得「我」與「別人」進入群體的運作關係，不只是單純一對一的影響控制而已。如第三節「是誰在我的夢裡／用別人的語言清洗我」，「是誰」點出在「別人」背後更龐大的勢力，那才是造成別人可以清洗「我」的原因，亦是激發關懷社會的誘因。

　　「別人」是這首詩換喻的主題，將「別人」換喻為生活各個層面，最終「我」的腦袋甚至被「別人」取代，「我就是別人」，意符被撤消，讓意指追尋再度落空。

　　因此，細究詩作透過換喻能夠凸顯什麼樣的社會關懷？社會上充斥著不對等的現象，身體的流亡表面上看來只是貧富差距，然而，精神的流亡則企圖揭露造成貧富差距的醜惡人性，如同：「政客的口水，明星的排行／讓你看不見別人每天的飢饉與流亡」〔註18〕。詩人鴻鴻要關懷的是這不公平的社會，要關懷的是每一個身邊的人，要關懷的是社會上處於蒙昧的流亡者，期望自己能成為流亡者的庇護：「雅紅，我沒有一頂／你們那樣擋雨的帳篷／可以隨時打開／遮蔽流亡的人；」〔註19〕。

　　〈流亡〉是一首後現代詩，因為詩人將生活片段化，拼貼成「我」的生活，透過「我」凸顯人類的物質化，詩作最後「用分明是別人的腦袋／思索著自己的問題」，標示詩作中主體的撤離。

　　鴻鴻社會詩中後現代的特性顯現於分裂主體的欲望，關懷社會的欲望驅使詩人不斷嘗試藉由創作進行「文化干擾」；而詩作中主體表達的撤離，則是創造不確定文本的後現代技法。

〔註17〕鴻鴻：《土製炸彈‧流亡》（臺北：黑眼睛文化事業有限公司，2006年9月），頁8。

〔註18〕鴻鴻：《土製炸彈‧郵包炸彈客》（臺北：黑眼睛文化事業有限公司，2006年9月），頁109～113。

〔註19〕鴻鴻：《女孩馬力與壁拔少年‧我沒有一頂那樣的帳篷》（臺北：黑眼睛文化事業有限公司，2009），頁64～67。

第二節　後社會主體：時空置換

社會主體以文化族群為劃分，在時代變遷下，族群的概念不停轉變，有所謂「想像的共同體」〔註 20〕。本文第四章討論空間主體，第五章的社會概念亦脫離不了空間；然而，本章關注的焦點在於後現代詩如何起到社會關懷的作用，「時空置換」主要談寫作手法，筆者欲從中挖掘的是後現代精神，也就是無意識主體如何回應社會大他者？社會群體所形成的集體自我幻想如何更積極地觸發讀者在閱讀詩作時參與創作或引起迴響？

本節由觀察詩作中時空的改變分出單一置換及多重置換兩種類型說明。單一置換的情境以動物園較多，是指出人類如動物般受文明馴化的過程，諷刺文明制度的僵化；而多重置換則是不斷更換情境，在層層遞進的情境中，彰顯社會各種需要被關注的議題。

一、單一置換

在《土製炸彈》輯三「孩子與詩行」中，摘錄一次國小考試的國語試題成為一首詩，〔註 21〕鴻鴻照搬的舉動正說明了教育制度僵化的現象，而這種僵化的現象多半透過「動物園」情境來表達。例如：「他們工作，旅行，殺戮，帶孩子參觀動物園／並聽口令一起向右轉，把孩子送進柵門。」〔註 22〕、「而那些愛你的孩子們／則把你收集在相簿中／然後爬回自己的囚籠／繼續練習田園／以及月光」〔註 23〕。「動物園」意象在鴻鴻詩作中連結著他對小孩子成長環境的擔憂。小孩是容易被灌輸的對象，而灌輸他們的，正是已經完成灌輸的大人，於是代代循環之下，革命或覺醒顯得更加困難。

上述小孩在僵化的教育制度下長大，然而長大後所面對的生活環境：城

〔註 20〕 「依循著人類學的精神，我主張對民族作如下的界定：它是一種想像的政治共同體——並且，它是被想像為本質上有限的（limited），同時也享有主權的共同體。」參見【美】班納迪克·安德森（Benedict Richard O'Gorman Anderson）著；吳叡人譯：《想像的共同體：民族主義的起源與散布》（臺北：時報文化，1999 年 4 月），頁 10。

〔註 21〕 「全文摘自台北縣某國小第一學期第一次定期考試之國語試題。」參見鴻鴻：《土製炸彈·美的教育（六年級）》（臺北：黑眼睛文化事業有限公司，2006 年 9 月），頁 125～127。

〔註 22〕 鴻鴻：《土製炸彈·先知的懺悔》，頁 118。

〔註 23〕 鴻鴻：《仁愛路犁田·斑馬》（臺北：黑眼睛文化事業有限公司，2012），頁 33。

市——城市文明的僵化彷彿是動物園的翻版。以〈城市動物園〉為例，這首詩有五個段落，分別由：獨象、饞豬、夜犬、綿羊戰線及恐龍世家組成。其中，將人類的生活情境置換到動物的生活情境中，令人分不清楚究竟是城市，還是動物園。詩中的敘述者「我們」觀看這五種不同的動物，然而往往會在動物身上看見自己：

> 4 綿羊戰線
>
> 最後所有人都閉門不出了
>
> 握著自己僅有的武器
>
> 躲在家裏
>
> 看重播的電視
>
> 街上只見得到死屍
>
> 和各家陽臺晾衣竿上
>
> 飄揚的衣衫如旗幟
>
> 數十萬隻綿羊被運送進口
>
> 放在每一家的螢光幕後
>
> 宣導和平
>
> 但綿羊恐懼失聲
>
> 電視機顫抖動搖
>
> 我們舉起槍桿
>
> 瞄準了綿羊的眼睛〔註24〕

在最後綿羊的眼睛裡面，映射出的「自我形象」，說明真正讓人恐懼顫抖的，不是綿羊而是人（我們）。當「綿羊」與「我們」疊合，意符撤銷，意指追尋落空。

透過對動物的描摹，傳達對城市文明的批判。電視為城市文明的符號，而人只看著重播的電視，意識淪落為被灌輸的對象。街上沒有活人，只有死屍，代表城市文明的僵化。綿羊被當成宣導和平的工具，而這隻操控的手，正代表著城市的意識形態。最後四行，綿羊在電視裡的搖動透過電視螢幕感染現實裡的人們顫抖，舉起槍，攻擊綿羊（和平）。在此由虛轉實，舉起槍桿的動作深刻諷刺了城市文明的虛假。人們幾乎成為被操控的動物。

〔註24〕鴻鴻：《黑暗中的音樂·城市動物園》（臺北：現代詩季刊社，1993 年 8 月），頁 80～81。

二、多重置換

多重置換是同一意象在不同情境中出現，例如：〈錯誤的飲食程序〉，以消化的過程類比人生的經歷。以〈土製炸彈〉為例，「驅除」的行動重複出現，在不同的情境中代表不同的時空：

> 驅除紅番
> 建立美利堅
>
> 驅除猶太人
> 建立德意志
>
> 驅除巴勒斯坦人
> 建立以色列
>
> 驅除韃虜
> 建立中華
>
> 驅除所有雜質
> 才能提煉一首純淨的詩〔註25〕

每個行動都有一個目標，而不同的時空有不同的背景。創作的目標是驅除文字的雜質，而「驅除」正是這首詩中不斷換喻的主題。鴻鴻點出歷史上幾個人驅除人的現象，然而驅除了對方，「人」真的比較純淨了嗎？並沒有，於是詩的結尾：「一個孤兒敲碎奶瓶／做土製炸彈」，就連一個孤兒也要敲碎奶瓶，拿著他唯一的武器，開始反抗、開始驅除這世界即將對他蜂擁而至的「意識驅除」。因此，在多重置換的技法下能夠引領讀者思索社會上各式各樣的驅除，進而達到社會關懷的目的。

另一種多重置換則是以層層遞進的方式，讓不同的情境產生連繫，以〈破壞性的夜曲〉為例，所述時空從室內不斷翻轉到室外，由床上到月夜，再由捷運到學校：

> 在不安的淺睡中
> 城市翻了個身
> ……
> 他又翻了一個身

〔註25〕鴻鴻：《土製炸彈·土製炸彈》，頁 2〜3。

　　壓碎了眼鏡

　　溢出月光

　　壓破了垃圾袋

　　溢出咖啡香

　　壓垮了捷運高架橋

　　溢出了十二隻流浪的貓

　　壓斷了旗杆

　　讓學生明早失去敬禮的目標〔註26〕

這首詩企圖呈顯城市文明的壓抑。在睡夢當中，翻身的動作隱喻反抗，而反抗的意象經由多次換喻來加強效果。

　　首先是在床上翻身壓碎眼鏡，眼鏡連繫到上學或上班，眼鏡破碎表現對日常生活的反抗，而溢出的月光可以是淚光，也可以是延長睡眠的情境。其次，月光壓破室內或室外的垃圾袋，咖啡是提神的象徵，垃圾袋中充滿咖啡仍指向都市繁忙的生活。

　　而咖啡香竟能壓垮捷運高架橋，交通建設是都市繁榮的重要指標，所以壓垮高架橋表現出對繁榮的抵抗。至於溢出的流浪貓，流浪的意象傳達對公共建設的控訴，為了開發而徵收土地，這是對制度權力的反抗。最後，貓壓斷旗杆，扣緊對體制的反抗，失去敬禮的目標，不再敬禮亦是一種翻身的動作。

　　詩作最後點出創作企圖，「不要因一些世界的崩壞／而捨棄沉睡酣暢」其實是相當淺白地說明，要用沉睡來反抗崩壞。

　　將「翻身」的情境換喻成「壓碎」、「壓破」、「壓垮」、「壓斷」等，最後回到睡夢中的「我愛」，選擇繼續沉睡，撤銷反抗意識，反而更能激起讀者的參與。

　　又如〈贊助者〉，看似犧牲奉獻的贊助者，其實是想藉由幫忙來控制一切，不同情境之間隱然聯繫著對國家權力的反抗意識：

　　你有一千個失業的原住民

　　我贊助一座國際觀光劇場

　　把他們關在舞台上跳舞唱歌

〔註26〕鴻鴻：《在旅行中回憶上一次旅行・破壞性的夜曲》（臺北：唐山出版社，1996年1月），頁121～123。

就不會到昔日的獵場出草、或出來選總統

你有一個總統
我贊助一排拒馬
把人民關在就職典禮外面
隨他們去鬧去哭去幹譙

你有一個國家
我贊助一年到頭的煙火
把所有失去屋頂的人關在地上
看我們用七彩和濃煙裝飾天堂〔註27〕

這是對贊助者的諷刺，傳達一種覺醒的意識，透過諷刺抵抗那雙「看不見的手」，要揭露現實，讓人民覺醒。

失業的原住民，是一個現實，而國際觀光劇場是一個冠冕堂皇的牢籠；總統，「你有一個總統」，「人民」有一個總統，「我」要隔開總統和人民，「我」就是那雙「看不見的手」；你有一個國家，我用煙火裝飾出天堂，愚弄人民。愈亮麗的表面所掩藏的是愈黑暗的現實。

詩作中的「贊助者」，實際上是可怕的控制者。政治的影響力全面性地籠罩了人民的生活。「贊助」在不同情境中多重置換，揭露社會現實，表達詩人鴻鴻的社會關懷，引導讀者在贊助的假象中覺醒。

第三節　後社會主體：時空變形

時空置換是不同情境的類比，而時空變形的概念則是以想像的情境為主。以下分為時空擴張及時空壓縮兩方面討論。時空擴張是將遠方的情境與當下情境並置，以強烈的臨場感帶領讀者貼近社會議題；時空壓縮則是讓多種情境並置在同一時空，產生衝突與矛盾，從中啟發讀者關注社會脈動。

一、時空擴張

夢境是想像的情境，也是無意識作用的場所。不過詩作中刻意設置的夢境，應該理解為創作者製作的游離空間。以〈恐怖份子〉為例，夢境是電影

〔註27〕鴻鴻：《仁愛路犁田·贊助者》（臺北：黑眼睛文化事業有限公司，2012年10月），頁46～47。

播映前的進場階段，詩中敘述者「我」突然尿急，到了廁所開始小便後，彷彿掉入夢中夢：小學老師、成功嶺排長一一出現。直到兒子的出現形成轉折，指出「我」其實在某一個人的夢裡，而且為了醒來，居然需要付出生命：

> 觀眾已經快要全部進場完畢我突然感到尿急真的是我一面道歉一面穿過那些剛坐好的觀眾匆匆跑到大廳外的廁所開始小便演出一定開始了吧過了一會我的小學老師從門外走過問我你還在這裡幹什麼呢可是我還沒有尿完又過了一會我的成功嶺排長從門外走過你還在這裡幹什麼呢我支支吾吾又過了一會這次是我的兒子他說爸爸你一定是在某一個人的夢裡而他想尿尿在他的尿意沒有解決之前你是沒有辦法離開這間廁所的我說好極了可是怎麼提醒他呢兒子歪了歪頭說不然你殺了我或者我把你殺掉這樣他應該會醒過來吧真的要這麼激烈嗎我覺得很氣餒不然還有個辦法他說完就轉身離開中場休息時聽觀眾說有個小孩劫了飛機衝進白宮我哭了然後他們又急著進去坐好或感到興味索然準備回家只有我還站在廁所裡繼續尿著真的嗎那個人快要快要醒過來了嗎〔註28〕

置死地而後生，「覺醒」是這首詩所要鋪排的目標，覺醒帶出反抗意識，藉由夢境展現壓抑的潛意識。

詩的結尾，聽說有個小孩劫機衝進白宮，可能是兒子為了讓爸爸醒過來而選擇自殺。如果只是為了從夢中醒來而付出生命，顯得荒謬不合理，然而，這種荒謬性正是這首詩所要批判的社會現實。面對荒謬的社會現實，「我」無能為力只是哭泣，因為「我」仍困在夢裡，最終詩作以強烈期盼「那個人快要快要醒過來了嗎」作結，帶出對社會覺醒的深切盼望，情緒濃烈如同尿意漲滿膀胱臨界點的一瞬間。

這首詩經由夢境的設定，「醒來」是「我」的目標，對應標題，如果「某一個人」就是恐怖份子，那麼「我」多麼迫切地希望他能夠「醒來」，結束惡夢。細看「我」的時間軸，從小學到當兵，再到為人父，夢境中快速經歷了幾個生命階段，如果這是罹難者生前最後的跑馬燈，可以說罹難者多麼希望恐怖份子能清醒過來，停止自殺行動。這首詩傳達出反戰的意圖，作夢與醒來不斷拉扯，彰顯內心難以面對現實的掙扎與痛苦。

〔註28〕鴻鴻：《與我無關的東西・恐怖份子》（臺北：鴻鴻出版，2001年12月），頁46。

　　意符「醒」的時空變形，是將現實時空中的社會覺醒，變形為夢境中拚命醒來的虛擬時空。通過夢境顯現的是全球化下人們共同焦慮的情狀，時空的擴張吸引的是讀者跳躍性地參與關懷社會的議題。

　　又如〈郵包炸彈客〉，到最後會發現「郵包炸彈客」是自己，是每個人在生活中製造的炸彈。「炸彈」意象帶有瞬間破壞性，周遭的人事物屬於非自願地參與其中：

　　　　每個郵包是一枚小小的炸彈
　　　　當你拆開
　　　　你的手會炸飛
　　　　心會炸穿
　　　　美好的人生會炸爛
　　　　這場災難你百思不解——
　　　　你賣力上工，認真對發票
　　　　穿流行的球鞋牛仔褲
　　　　吃熱騰騰的漢堡
　　　　你和家人一同觀賞歡樂的節目
　　　　還濟助新聞提起的海嘯或地震
　　　　你愛好和平
　　　　然而這世界卻以暴力回報
　　　　……
　　　　革命在遠方開花
　　　　炸彈在遠方開花
　　　　你繼續享受和平
　　　　直到寫著寄件人是你的郵包
　　　　被退回
　　　　　　並且
　　　爆炸〔註29〕

　　這首詩是以倒敘的方式先說收到郵包之後，「你百思不解」，再一一闡釋炸彈的意義。而「你愛好和平／然而這世界卻以暴力回報」是整首詩的基調。

〔註29〕鴻鴻：《土製炸彈・郵包炸彈客》（臺北：黑眼睛文化事業有限公司，2006 年 9 月），頁 109～113。

「你」正是受制於文明進步下的個體，對於伴隨著科技開發而來的炸彈「百思不解」。在詩人輕鬆的語調中，無知的「你」，也就是讀者，能否意識到自己手上的炸彈呢？這是詩人發出的諷刺，企圖對抗世界的暴力。

第三節，「當你咬下／地球另一端的雨林便為之爆炸」，以爆炸來說明瞬間毀滅及無可挽回的特性。說明個人與世界千絲萬縷的關係。這是為自然環境發聲，控訴人類文明為世界帶來災難，具社會性、現實性。

第四節，「你也成了西部遊俠／無遠弗屆地征服／不屬於你的領土」，商品在全球流通，生產線所及之處皆發生爆炸，而花錢的人還自鳴得意，無知地在土地上穿梭，同時間，又有多少人被困在同一個地點動彈不得。控訴商業化下，人與人之間看似疏離卻又緊密的關係。

第五節，電視螢幕是資訊傳播的媒介，「唯一的出路是廣告／可以意淫那些手機、新車、信用卡」，廣告是製作節目的命脈，有廣告才有節目，有節目才有收視率，於是，為了將人們的目光不分時段地吸引在電視前，無所不用其極，馴化了一批批忠實觀眾，養刁了群眾的胃口，不刺激就沒反應。深刻諷刺了現代社會的浮誇盲從。

最後，「革命在遠方開花」，觸動詩人要拿詩走上街頭的決心。寫詩不是溫室養花，而是實踐社會參與的方式。當炸彈（詩作）寄到讀者手上，並且，爆炸！（產生影響），正是詩人創作的用心所在。時空因為郵包的寄送而擴張，又因為爆炸而將各地的發展緊密地聯繫在一起。

二、時空壓縮

與時空的擴張相反的是時空的壓縮，在時空劇烈變形下，跨區域性地呈現社會議題。旅館、機場等交通場景，是全球資本流動的集散地，如〈機場棄物箱〉：「來自委內瑞拉的紅酒／來自馬來西亞的健怡可樂／來自伊朗的礦泉水／來自中國的運動飲料／來自韓國的保濕噴霧劑／全部堆在一起」〔註30〕。這類交通紐帶往往具體而微地成為地球村的縮影。

以〈青年旅館〉為例，詩中讓蘇格蘭人、烏克蘭青年、尼泊爾姑娘、台灣同胞、韓國人、美國人及印度女郎在旅館的模樣並時呈現：

清晨六點，這裡活脫成了

〔註30〕鴻鴻：《女孩馬力與壁拔少年・機場棄物箱》（臺北：黑眼睛文化事業有限公司，2009 年 8 月），頁 84～87。

　　「地球村」的範本——而不是

　　資本主義的「全球化」——喜歡推銷

　　自由正義的美國人只留下

　　幾個捏扁的可口可樂空罐在桌面

　　……

　　全球天氣急遽變化

　　今日趨暖，可見陽光

　　之後又將轉回酷寒

　　同時，誰的鬧鐘開始鳴叫

　　久久，沒有人把它按掉

　　天，快要亮了

　　天，快要亮了〔註31〕

「可口可樂」作為全球資本意符，卻只是個空罐，說明在旅館這個壓縮各國生活習慣的時空中喪失了效用。結尾重覆「天，快要亮了」，「天亮」連結「覺醒」，同樣誘發讀者的省思。當過境旅店的各國人士即將啟程，全球資本亦展開腳步；然而，在此刻僅有鬧鈴喧嚷的「地球村」中，鐘聲統一了異鄉人的時空，讓所有人都是地球村的一員。

　　而同樣以旅館為場景的〈和平飯店〉〔註32〕，將種族之間的龐大議題壓縮在飯店早晨的場景中，充滿戲劇張力的鋪排，亦屬於時空變形：

　　兩個巴勒斯坦人和四個以色列人組成樂團巡迴演出

　　為了證明和平共存的可能

　　在旅館的早餐桌上

　　他們一同吃著水煮蛋

這是兩種族群、六個人的故事。巴勒斯坦與以色列之間糾結的歷史背景，是這首詩龐大沉重的陰影，這樣的樂團本身已是難得的存在。一開始在早餐桌上，「他們和平地吃著水煮蛋」，因為蛋很燙，所以聊起天來，帶入其中四個人的經歷。詩中的戲劇性是顯著的：

　　他們和平地吃著水煮蛋

　　蛋很燙

〔註31〕鴻鴻：《土製炸彈・青年旅館》，頁31～33。

〔註32〕鴻鴻：《土製炸彈・和平飯店》，頁34～36。

有人說起小時候買蛋跌倒被母親痛打然後笑了起來

有人說起上學途中　提琴被子彈射穿

有人說起一個美女已經連聽他們兩場演出

有人說起暗戀的音樂老師死於自殺炸彈

從蛋連結到回憶，其中兩個人都提到火藥，「提琴被子彈射穿」、「自殺炸彈」。「水煮蛋」與「炸彈」一是和平、一是戰爭，共桌吃蛋的場景當下，人們同時背負著種族間難解的恩怨。接著，六人當中，一個人去買水，四個人吃蛋，還有一個人沒出現，至此故事出現轉折：

大家都同意

這一切應該停止

上次戶外演出下雨中輟

並不是因為種族的緣故

巴爾托克有一段特別難拉

並不是因為種族的緣故

他欠所有人錢越欠越多

並不是因為種族的緣故

水煮蛋煮得太熟

並不是因為種族的緣故

昨晚你們倆喝醉在街上扭打

並不是因為種族的緣故

然而今天的早報上

「一個巴勒斯坦人和一個以色列人在巴黎街頭打架」

——這標題不能摧毀我們

「這一切應該停止」隱含詩人的盼望。所以接下來重複六次的「並不是因為種族的緣故」，正是對應該停止的「種族的緣故」，表達沉痛的反諷；然而，早報上的標題依舊證明現實的殘酷。結尾：

大家繼續吃著水煮蛋

有人突然哭了

既然打架不能解決問題

和平也不能

大家決定乾脆痛快地打一場

> 然後再去音樂廳演出

「和平也不能」解決問題，企圖揭露種族意識形態對大眾的壓迫；然而，「再去音樂廳演出」卻留下了一絲希望，不論和平與否，通過藝術將人心串連在一起，期盼藝術跨越種族，它才是真正的「並不是因為種族的緣故」。

這首詩名為「和平飯店」，雖然是和平，卻是人來人往的飯店。表面的和平如何落實為生活中真正的和平？心靈上的和平？不會流淚的和平？這一個故事是現實的一隅，但是反映了千千萬萬人民的生活現實，是一首社會關懷詩。

「水煮蛋」作為故事情節推展的中介，一個平凡常見的食物，換喻為回憶中的炸彈時，聯繫起六個人之間龐大的衝突性。而「大家繼續吃著水煮蛋／有人突然哭了」表示水煮蛋最終不能維持和平，因為大家決定痛快打一場，牽涉種族意識的戰爭無法停止，背後運作的全球資本勢力從未消退。

本節討論時空變形中擴張與壓縮兩個面向，夢境是一種親臨現場的幻想，帶領讀者跨出區域體驗全球性的議題；而旅館的情境則是並置各國特色，壓縮出地球村的片刻，同時凸顯各國種族間的衝突與矛盾。

第四節　小結

鴻鴻後現代詩的特色，從形式上的錯字、填空及拼貼手法可以看到詩人多方嘗試的反叛精神；而筆者進一步分析當鴻鴻要運用後現代詩表達社會關懷的主題時，他在詩作中主體表達的撤離，是能夠吸引讀者參與詩作的構成，進而達到詩人社會關懷的目的。

本文依據拉岡分裂主體的概念，以換喻的技巧分析詩作中主體表達撤離的過程。發現當意符不斷置換到不同的意指鏈時，就會產生游離的空間，而讀者在追索意符的過程中，就此進入到游離的空間，參與意符的流動。由此看來，後現代詩的特色屬於一種不確定文本，而詩人鴻鴻的創作在於布置一個讓意符游離的空間，如同〈一滴果汁滴落〉中，果汁串連起詩行、詩人及果園三方面的經歷，最後意符撤銷，留下開放性的結局。在這一節所討論的結果是詩作中的主體撤離，是鴻鴻後現代詩能表達社會關懷的基礎條件。

其次，在第二、三節中，筆者依據換喻運作的方式，分出「時空置換」及「時空變形」兩種類型，分析意符在轉換意指鏈的過程中，所誘使讀者參與

的契機。在時空置換底下，分為單一置換及多重置換，發現通過意符連接不同的情境，正是詩人用心處，情境之間的類比關係是引導讀者思索社會議題的關鍵，所以當意符達成換喻能加強批判的力道；至於時空變形則是以想像的情境為主，分為時空擴張與時空壓縮，擴張的概念在於使遠方的情境與當下情境融合，可以說意符同時在兩個意指鏈上前進，如〈恐怖分子〉中的意符「醒」，同時在現實時空中的社會覺醒，以及夢境中拚命醒來的虛擬時空中前進。因此，時空的擴張吸引的是讀者跳躍性地參與關懷社會的議題。而時空壓縮則聚焦在旅館的情境中，如同地球村一般，各國風俗代表不同意符，並置在同一情境中，可以想像成兩個以上的意符擠在一個意指鏈上前進，由此產生衝突與矛盾，也就在這並置的現象中，啟發讀者關注社會各個層面的議題。

　　以上，回顧本文在前述提及：「鴻鴻認為寫詩是一種文化干擾」，確實鴻鴻詩作中所談論的主題多半與社會議題相關，其用字遣句口語化、散文化的程度到《仁愛路犁田》更趨於顯著，由此造成的詩質下降可以想見，但是關懷社會的出發點，仍然能讓鴻鴻持續佔有一席之地。而筆者觀察鴻鴻詩作中與社會關懷有關的主題，大抵可以分為兩個方向：一是反抗城市文明、二是干擾全球資本。反抗城市文明在於對僵化制度的批判與嘲諷，正因為人們受文明馴化，才更需要被喚醒；干擾全球資本則是居於全球化視野下，面對資本主義的壓迫以及國家權力的獨斷，不分地域應該被人們關注的社會議題，是鴻鴻選擇走上街頭的契機：

> 行走土耳其、庫德斯坦、亞美尼亞、及卡拉巴殘留烽火的土地時，
>
> 我卻感到被附身的人是我。那些美麗與殘酷、痛苦與榮光、融合與
>
> 對立的一體兩面，莫不鮮明地反映出我自己的生存經驗。〔註33〕

由此可證，寫詩之於鴻鴻而言，從《土製炸彈》開始，就是一種對抗生活的方式，也是詩人表達社會關懷的途徑。

〔註33〕鴻鴻：《土製炸彈·後序：詩是一種對抗生活的方式》，頁 221。

第六章　結　論

　　本文研究的核心問題是「後現代詩中的主體為何？」聚焦於臺灣後現代詩人羅青、陳黎、夏宇、陳克華、林燿德及鴻鴻等六位詩人作品，略窺 1970 年代以降後現代詩於臺灣詩壇的發展，並依詩作主題區分出性別、空間、社會三個面向，說明後現代詩中無意識主體的呈現。

第一節　研究成果

一、後現代詩的再定義

　　由於後現代主義紛雜的定義，因此對於後現代詩的界定在研究領域仍有許多模糊地帶。筆者探究後認為「後現代詩」不適合作為分類的標籤，因為「後現代」一詞兼具形式與內涵的劃分，它屬於總體特性的概括，因此不宜作為主題探究（例如：情色詩、都市詩或社會詩）時的分類項目。進一步說，更值得深入分析的是一首詩中所含藏的「後現代質素」如何發揮效果？那麼將會推展研究後現代詩的美學意義與價值。

　　本文嘗試狹義地劃出指認「後現代詩」的途徑：首先，區分出詩作中隱含作者、敘述者的位置；接著，觀察詩作的寫作主題並尋找能指符號，分析能指／所指的游離性；最後，從能指的游離軌跡說明分裂主體的欲望，即無意識留下的痕跡。基本上，後現代詩的特徵為不確定文本，由真實作者有意或無意地將自己的意識形態、價值觀、審美趣味等注入其中，布置出能指遊戲空間，誘使讀者參與創作，而當真實讀者回應隱含作者時所產生的隱含讀者，即後現代詩去中心、多元性的表現。

二、後現代詩中主體的表現與內涵

主體意識的表現有很多面向，筆者限於學力，先就所選六位詩人的詩作主題為範疇，其中，「性別」面向可以視為個體對自我的肯認、「空間」面向則可以是個體處於時空中的感知，至於「社會」面向強調個體與群體間的互動。整體而言，筆者認為文學作品的終極抱負在於回應社會，而後現代詩人如何自處、如何與人相處，如何以詩回應世界，這是文學永恆的議題，研究後現代詩的意義也在於此。

（一）後性別主體

本文第三章以夏宇、陳克華詩作為例，發現夏宇詩運用語言的後設、情境的營造解構兩性關係，鬆動傳統兩性觀念，從創作中找到自己。陳克華詩則在同性做愛到雌雄同體的過程中，解構性別主體，陳克華詩中凸顯出「欲望」是貫穿一切的主軸，因此性交的描寫為一種手段，促使人們直視內在渴望。

其次，在解構性別主體之後，筆者提出「後性別主體」，強調詩作中性別主體解構的特性。借用夏宇詩集《第一人稱》之名，筆者認為夏宇詩作中的後性別主體，是思考一個「我」，「我」與萬事萬物的關係，超越了兩性關係。破除二元對立之後，不是再建立新的差別機制，而是就地認可當下的「我」即是完滿自足的個體，所以不論在男人或女人面前，成為自己。相較於夏宇對第一人稱「我」的反覆確認，陳克華後性別主體的呈顯較傾向於回應永恆的「他者」。筆者以「騎鯨少年」的意象說明詩人無意識中的他者，從人類物質化到後人類無性化，想像自動化生殖的科幻場景，其實結果仍在於回應性別大他者，進而得到自我幻象。

後現代詩作中的性別主體，解構性別二元對立，以無意識主體映照多元自我作為「後」性別主體的動能。

（二）後空間主體

第四章以林燿德、陳黎詩作為例，發現空間的概念可以區分出物理空間與心靈空間，而後現代主義對空間的轉向，源自於分裂性，表現在詩作上，是從外在表象的分裂（拼貼手法），到內在精神的分裂（轉喻修辭）。

林燿德努力以「都市文學」作為新世代的標竿，其詩作中對都市空間的描摹，彰顯人類生存於後工業社會中，逐漸異化的精神。詩人所勾勒的都市並非崇高文明的代表，而是荒涼墮落的廢墟形象，交織政治與性愛。在對於

權力體制的嘲弄中，展現詩作解構同一性的張力。而陳黎則是從邊緣意識出發，書寫地方，也鍛造出「邊緣的我」，從地理空間連結到心靈空間，邊緣意識不再對立於中心，而是能夠落實邊緣存在的動能。

　　綜觀兩者，林燿德詩鬆動都市文明的崇高地位、陳黎詩解構同一性敘述，關注邊緣文化，突破傳統的、二元對立的空間概念，走向後空間主體。筆者從「後圖象空間」說明詩人布置圖象空間時流露出的解構意識，留白是空間的隱喻，也是誘使讀者參與創作的契機；陳黎的後空間無意識主體則在於文字符號方面，運用形音義的差異，構築並時空間，造成詩句多重意義的張力，依照能指符號運動軌跡，筆者分為「集中」與「擴散」兩種塗抹所指的方式，形成不確定文本，因此，陳黎詩在後空間主體的表現是由一個個文字之「島」構築空間，以文字為島嶼，而文字本身即是一個個獨立空間，具備完整的意義，因此又可視為主體之「國」；文字方塊本身承載並時空間，具備義化縱深，映照出閱讀當下自我的幻象，因此，每一個字塊都將成為主體分裂的證明。

　　後現代詩作中空間主體，解構都市與廢墟的對立、邊緣與中心的對立，從詩作的留白處展開多元空間、在文字符號的運動軌跡裡，開拓「後」空間主體。

（三）後社會主體

　　第五章以鴻鴻詩作為例，嘗試檢閱後現代詩作，整理成表格。參考學者楊小濱對拉岡無意識話語理論的詮釋，發現詩作中主體表達撤離的歷程，即是能指符號不斷換喻的結果。筆者認為換喻手法在能指符號游離的過程可以視為時空的轉換，能指符號從原本的意指鏈上轉換到另一條意指鏈，如同從原本的時空轉換到另一個時空，因此，以時空變異的概念為主，區分出「時空置換」與「時空變形」兩方面討論，前者是同一意符在不同情境中轉換或撤離的過程；後者主要是在想像的情境裡，意符在劇烈壓縮或擴張的情境中並置的現象。

　　此章探討的是鴻鴻的社會詩如何透過後現代技巧表達社會關懷？筆者認為通過換喻技巧，社會關懷的視角得以伸縮自如地串連起各種情境來到讀者面前，引起強烈的共鳴。鴻鴻經由後現代詩的技法表達社會關懷可以獲得顯著的效果，不斷換喻的過程即是吸引讀者積極參與其中的關鍵。

第二節　研究限制與未來展望

　　筆者在研究過程中，未能完整解決，而有待後續研究的部分有二：一是理論涉獵的範疇、一是主體無意識的面向。

　　本文研究理論觸及傅柯、胡塞爾、索緒爾、德希達、克里斯蒂娃、佛洛伊德、榮格、拉岡等概念。在運用理論分析詩作時，支脈龐雜，容易陷於片面，而不周全，對於西洋哲學史不夠熟悉，也是本文研究受限之處。

　　此外，莊子說「得意忘言」，人們藉由語音傳達經驗，而當語音落於文字則產生分裂。分裂有兩種狀態：好，傳達得好就是一種紀錄；反之，壞，傳達本身就造成誤解。可以從中國哲學中尋找出詮釋能指／所指的脈絡，延伸探討傳統詩歌語音和文字的關係，由此比較出更適合分析後現代詩作的方法。

　　至於主體無意識的面向，後現代主義的基調為多元解構，也就是說，欲說明後現代詩作中的無意識主體，僅探究性別、空間與社會面向其實遠遠不足，甚至每一位後現代詩人都可以成立一個無意識主體面向，建立獨特的後現代特性。例如詩人唐捐擅於諧擬生活情境，日常的哭與笑，在詩作中化為鑿開詩境的刀與劍，例如：「有人問我唸完博士能擯馬的問題／寫在一封五四三的 e-mail，從／號稱木瓜汁城的研究室寄出」〔註1〕，諧擬楊牧〈有人問我公理與正義的問題〉一詩，唐捐詩所能探究的面向，可以與陳黎詩中形音義的變化進行比較。而詩人楊小濱有一系列「女」詩，「一陣女風吹來，卻沒有帶來女雨。／我有點緊張，起了雞皮女疙瘩。」〔註2〕「女」字是能指符號，讀者對於符號「女」有多少想像，這首詩就能有多少意義發散出去，楊小濱詩語言富含哲理，構築出恆溫的詩境，發人省思，可以與夏宇詩對詩境節奏的掌握相比較。臺灣詩壇的後現代主義仍在繼續，因此，筆者不敢奢談未盡之處，一切研究才剛剛開始。

〔註1〕唐捐：《蚱哭蜢笑王子面·有人問我唸完博士能擯馬的問題》（新北：蜃樓股份有限公司，2013年8月），頁120。

〔註2〕楊小濱：《到海巢去：楊小濱詩選·一陣女風吹來》（新北：印刻文學生活雜誌出版有限公司，2015年2月），頁240。

徵引文獻

一、六位詩人著作（按姓氏筆畫）

1. 林燿德：《銀碗盛雪》，臺北：洪範書店有限公司，1987 年 1 月。

2. 林燿德：《都市終端機》，臺北：書林出版有限公司，1988 年 1 月。

3. 林燿德：《妳不瞭解我的哀愁是怎樣一回事》，臺北：光復書局股份有限公司，1988 年 4 月。

4. 林燿德：《都市之甍》，臺北：漢光文化事業股份有限公司，1989 年 6 月。

5. 林燿德：《一九九〇》，臺北：尚書文化出版社，1990 年 7 月。

6. 林燿德：《不要驚動不要喚醒我所親愛：林燿德的長詩》，臺北：文鶴出版有限公司，1996 年 1 月。

7. 夏宇：《備忘錄》，臺北：夏宇出版，1984 年 9 月。

8. 夏宇：《腹語術》，臺北：夏宇出版，1991 年 3 月。

9. 夏宇：《摩擦·無以名狀》，臺北：夏宇出版，1995 年 5 月。

10. 夏宇：《Salsa》，臺北：夏宇出版，1999 年 9 月。

11. 夏宇：《粉紅色噪音》，臺北：夏宇出版，2007 年 7 月。

12. 李格弟／夏宇：《那隻斑馬》，臺北：夏宇出版，2010 年 10 月。

13. 夏宇：《詩六十首》，臺北：夏宇出版，2011 年 10 月。

14. 夏宇：《88 首自選》，臺北：夏宇出版，2013 年 1 月。

15. 夏宇：《第一人稱》，臺北：夏宇出版，2016 年 7 月。

16. 陳克華：《星球紀事》，臺北：時報文化出版企業有限公司，1987 年 9 月。

17. 陳克華：《我撿到一顆頭顱》，臺北：漢光文化事業股份有限公司，1988年9月。

18. 陳克華：《與孤獨的無盡遊戲》，臺北：皇冠文學出版有限公司，1993年8月。

19. 陳克華：《我在生命轉彎的地方》，臺北：圓神出版社，1993年10月。

20. 陳克華：《欠砍頭詩》，臺北：九歌出版社有限公司，1995年1月。

21. 陳克華：《美麗深遂的亞細亞》，臺北：書林出版有限公司，1997年4月。

22. 陳克華：《因為死亡而經營的繁複詩篇》，臺北：探索文化事業有限公司，1998年8月。

23. 陳克華：《花與淚與河流》，臺北：書林出版有限公司，2001年7月。

24. 陳克華：《騎鯨少年》，臺北：小知堂文化事業有限公司，2004年1月。

25. 陳克華：《善男子》，臺北：九歌出版社有限公司，2006年8月。

26. 陳克華：《啊大，啊大，啊大美國》，臺北：角立有限公司，2011年9月。

27. 陳克華：《當我們的愛還沒有名字》，臺北：釀出版，2012年12月。

28. 陳克華：《漬》，臺北：釀出版，2013年7月。

29. 陳克華：《一：陳克華詩集》，臺北：釀出版，2015年4月。

30. 陳克華：《乳頭上的天使：陳克華情色詩選，1979～2013》，臺北：釀出版，2016年7月。

31. 陳黎：《廟前》，臺北：東林文學社，1975年11月。

32. 陳黎：《動物搖籃曲》，臺北：東林文學社，1980年5月。

33. 陳黎：《小丑畢費的戀歌》，臺北：圓神出版社，1990年4月。

34. 陳黎：《家庭之旅》，臺北：麥田出版有限公司，1993年4月。

35. 陳黎：《島嶼邊緣》，臺北：皇冠文學出版有限公司，1995年12月。

36. 陳黎：《貓對鏡》，臺北：九歌出版社有限公司，1999年6月。

37. 陳黎：《苦惱與自由的平均律》，臺北：九歌出版社有限公司，2005年11月。

38. 陳黎：《輕／慢》，臺北：二魚文化事業有限公司，2009年4月。

39. 陳黎：《我／城》，臺北：二魚文化事業有限公司，2011年6月。

40. 陳黎：《妖／冶》，臺北：二魚文化事業有限公司，2012年10月。

41. 陳黎：《朝／聖》，臺北：二魚文化事業有限公司，2013年6月。

42. 陳黎:《島／國》,臺北:印刻文學生活雜誌出版有限公司,2014 年 11 月。

43. 陳黎:《小宇宙&變奏》,臺北:九歌出版社有限公司,2016 年 4 月。

44. 陳黎:《藍色一百擊:陳黎詩選》,臺北:新星出版社,2017 年 11 月。

45. 鴻鴻:《黑暗中的音樂》,臺北:現代詩季刊社,1993 年 8 月。

46. 鴻鴻:《在旅行中回憶上一次旅行》,臺北:唐山出版社,1996 年 1 月。

47. 鴻鴻:《與我無關的東西》,臺北:鴻鴻出版,2001 年 12 月。

48. 鴻鴻:《土製炸彈》,臺北:黑眼睛文化事業有限公司,2006 年 9 月。

49. 鴻鴻:《女孩馬力與壁拔少年》,臺北:黑眼睛文化事業有限公司,2009 年 8 月。

50. 鴻鴻:《鴻鴻詩精選集》,臺北:新地文化藝術有限公司,2010 年 4 月。

51. 鴻鴻:《仁愛路犁田》,臺北:黑眼睛文化事業有限公司,2012 年 10 月。

52. 鴻鴻:《暴民之歌》,臺北:黑眼睛文化事業有限公司,2015 年 5 月。

53. 羅青:《神州豪俠傳》,臺北:武陵出版社,1975 年 9 月。

54. 羅青:《捉賊記》,臺北:洪範書店有限公司,1977 年 12 月。

55. 羅青:《水稻之歌》,臺北:大地出版社,1981 年 4 月。

56. 羅青:《不明飛行物來了》,臺北:純文學出版社有限公司,1984 年 5 月。

57. 羅青:《錄影詩學》,臺北:書林出版有限公司,1988 年 6 月。

58. 羅青:《吃西瓜的方法》,臺北:麥田出版,2002 年 12 月。

二、專書（按姓氏筆畫）

1. 丁旭輝:《臺灣現代詩圖象技巧研究》,高雄:春暉出版社,2000 年 12 月。

2. 方漢文:《後現代主義文化心理:拉康研究》,上海:上海三聯書店,2000 年 11 月。

3. 王文仁:《現代與後現代的游移者:林燿德詩論》,臺北:秀威資訊科技股份有限公司,2010 年 11 月。

4. 王岳川:《後現代主義文化研究》,臺北:淑馨出版社,1993 年 2 月。

5. 王威智編:《在想像與現實間走索:陳黎作品評論集》,臺北:書林出版有限公司,1999 年 12 月。

6. 包亞明編，《後現代性與地理學的政治》，上海：上海教育，2001 年 1 月。

7. 老硪：《後現代建築》，臺北：揚智文化事業股份有限公司，1996 年 7 月。

8. 余光中：《在冷戰的年代》，臺北：純文學出版社，1984 年 2 月。

9. 李癸雲：《朦朧、清明與流動：論臺灣現代女性詩作中的女性主體》，臺北：萬卷樓圖書有限公司，2002 年 5 月。

10. 孟樊：《當代臺灣新詩裡論》，臺北：揚智文化事業股份有限公司，1995 年 6 月。

11. 孟樊：《臺灣後現代詩理論與實際》，臺北：揚智文化事業股份有限公司，2003 年 1 月。

12. 林水福、林燿德主編：《當代臺灣情色文學論：蕾絲與鞭子的交歡》，臺北：時報文化，1997 年 3 月。

13. 林水福主編：《林燿德與新世代作家文學論》，臺北：行政院文化建設委員會，1997 年 6 月。

14. 林燿德、孟樊編：《世紀末偏航──八〇年代臺灣文學論》，臺北：時報文化出版企業股份有限公司，1990 年 12 月。

15. 林燿德：《不安海域──台灣新世代詩人新探》，臺北：師大書苑，1988 年 5 月。

16. 周英雄、劉紀蕙編：《書寫臺灣──文學史、後殖民與後現代》，臺北：麥田出版股份有限公司，2000 年 4 月。

17. 唐捐：《蚱哭蜢笑王子面》，新北：蜃樓股份有限公司，2013 年 8 月。

18. 夏鑄九、王志弘編譯：《空間的文化形式與社會理論讀本》，臺北：明文書局，1994 年。

19. 高友工：《中國美典與文學研究論集》，臺北：臺大出版中心，2004 年 3 月。

20. 高辛勇：《形名學與敘事理論：結構主義的小說分析法》，臺北：聯經出版事業公司，1987 年 11 月。

21. 高宣揚：《存在主義概說》，香港：谷風出版社，1986 年 1 月。

22. 高宣揚：《後現代論》，臺北：五南圖書出版有限公司，1999 年 10 月。

23. 高宣揚：《論後現代藝術的「不確定性」》，臺北：唐山出版社，1996 年 10 月。

24. 張仁春：《邊陲的狂舞與繆思：陳黎後現代詩研究》，臺北：稻鄉出版社，2006 年 8 月。

25. 張京媛：《當代女性主義文學批評》，北京：北京大學出版社，1992 年 1 月。

26. 陳政彥：《身體‧意識‧敘事：現代詩九家論》，臺北：秀威經典出版社，2017 年 12 月。

27. 陳義芝：《從半裸到全開──臺灣戰後世代女詩人的性別意識》，臺北：臺灣學生書局，1999 年 9 月。

28. 陳義芝：《現代詩人結構》，臺北：聯合文學出版社股份有限公司，2010 年 9 月。

29. 陳義芝：《聲納──臺灣現代主義詩學流變》，臺北：九歌出版社，2006 年 3 月。

30. 陸揚：《後現代性的文本闡釋：福柯與德里達》，上海：上海二聯書店，2000 年 12 月。

31. 楊小濱：《到海巢去：楊小濱詩選》，新北：印刻文學生活雜誌出版有限公司，2015 年 2 月。

32. 楊小濱：《語言的放逐：楊小濱詩學短論與對話》，臺北：釀出版，2012 年 2 月。

33. 楊小濱：《欲望與絕爽：拉岡視野下的當代華語文學與文化》，臺北：麥田出版，2013 年 9 月。

34. 鄔昆如：《西洋哲學史》，臺北：正中書局，1971 年 12 月。

35. 廖炳惠：《關鍵詞 200：文學與批評研究的通用辭彙編》，臺北：麥田出版社，2003 年 9 月。

36. 趙毅衡：《當說者被說的時候：比較敘述學導論》，北京：中國人民大學出版社，1998 年 10 月。

37. 劉永謀：《傅柯的主體解構之旅──從知識考古學到「人之死」》，南京：江蘇人民出版社，2009 年 5 月。

38. 劉紀蕙：《孤兒‧女神‧負面書寫──文化符號的徵狀式閱讀》，臺北：立緒文化事業有限公司，2000 年 5 月。

39. 蔡美麗：《胡塞爾》，臺北：東大圖書股份有限公司，1990 年 3 月。

40. 蔡源煌：《從浪漫主義到後現代主義》，臺北：雅典出版社，1994 年 8 月。

41. 蕭蕭：《後現代新詩美學》，臺北：爾雅出版社有限公司，2012 年 2 月。

42. 鍾玲：《現代中國繆司：臺灣女詩人作品析論》，臺北：聯經出版事業公司，1989 年 6 月。

43. 簡政珍：《詩的瞬間狂喜》，臺北：時報文化出版企業有限公司，1991 年 9 月。

44. 簡政珍：《臺灣現代詩美學》，北京：北京大學出版社，2014 年 1 月。

45. 羅青：《什麼是後現代主義》，臺北：臺灣學生，1989 年 10 月。

46. 羅青：《詩人之燈》，臺北：光復書局，1988 年 2 月。

三、外文譯作（按字母順序）

1. 【美】班納迪克・安德森（Benedict Richard O'Gorman Anderson）著；吳叡人譯：《想像的共同體：民族主義的起源與散布》，臺北：時報文化，1999 年 4 月。

2. 【瑞】卡爾・古斯塔夫・榮格（Carl Gustav Jung）著；馮川、蘇克譯：《心理學與文學》，臺北：久大文化股份有限公司，1990 年 10 月。

3. 伊麗莎白・弗洛恩德（Elizabeth Freund）著；陳燕谷譯：《讀者反應理論批評》，臺北：駱駝出版社，1994 年 6 月。

4. 伊麗莎白・萊特（Elizabeth Wright）著；楊久穎譯：《拉岡與後女性主義》，臺北：貓頭鷹出版，2002 年 7 月。

5. 【奧】胡塞爾（Edmund Husserl）著；張憲譯：《笛卡兒的沉思：現象學導論》，臺北：桂冠圖書股份有限公司，1987 年 12 月。

6. 【美】詹明信（Fredric Jameson）著；唐小兵譯：《後現代主義與文化理論》，臺北：合志文化事業股份有限公司，2001 年 6 月。

7. 【美】弗萊德・R・多邁爾（Fred R. Dallmayr）著；萬俊人譯：《主體性的黃昏》，桂林：廣西師範大學出版社，2013 年 1 月。

8. 【瑞】斐迪南・德・索緒爾著；沙・巴利、阿・薛施藹、阿・里德林格合作編印；高名凱譯；岑麒祥、葉蜚聲校注：《普通語言學教程》，北京：商務印書館，1980 年 11 月。

9. 【法】加斯東・巴舍拉（Gaston Bachelard）著；龔卓軍、王靜慧譯：《空間詩學》，臺北：張老師文化事業股份有限公司，2003 年 8 月。

10. 【美】伊哈布·哈山（Ihab Hassan）著；劉象愚譯：《後現代的轉向：後現代理論與文化論文集》，臺北：時報文化出版企業股份有限公司，1993年1月。

11. 【法】李歐塔（Jean-François Lyotard）著、車槿山譯：《後現代狀態：關於知識的報告》，臺北：五南，2012年。

12. 【法】拉康（J.M. Lacan）著；褚孝泉譯：《拉康選集》，上海：上海三聯書店，2001年1月。

13. 【法】德希達（Jacques Derrida）著；張寧譯：《書寫與差異》，臺北：麥田出版，2004年5月。

14. 【法】雅克·德里達（Jacques Derrida）著；汪堂家譯：《論文字學》，上海：上海譯文出版社，2015年2月。

15. 【加】琳達·哈琴（Linda Hutcheon）著；李楊、李鋒譯：《後現代主義詩學：歷史·理論·小說》，南京：南京大學出版社，2009年9月。

16. 【法】米歇爾·傅柯（Michel Foucault）著；謝強、馬月譯：《知識考古學》，北京：生活·讀書·新知三聯書店，2003年1月。

17. 【法】米歇爾·傅柯（Michel Foucault）著；莫偉民譯：《詞與物——人文科學的考古學》，上海：上海三聯書店，2016年7月。

18. 【美】安哲利茲（eter A. Angeles）著；段德智、尹大貽、金常政譯：《哲學辭典》，臺北：貓頭鷹出版社，2004年4月。

19. 【英】帕特里莎·渥厄（Patricia Waugh）著；錢競、劉雁濱譯：《後設小說：自我意識小說的理論與實踐》，臺北：駱駝出版社，1995年1月。

20. 【法】羅蘭·巴特（Roland Barthes）；汪耀進、武佩榮合譯：《戀人絮語》，臺北：桂冠圖書股份有限公司，1991年7月。

21. 【奧】西格蒙特·弗洛伊德（Sigmund Freud）著；趙蕾、宋景堂譯：《性欲三論》，北京：國際文化，2000年10月。

22. 【奧】西格蒙德·佛洛伊德（Sigmund Freud）著；林塵譯：《自我與本我》，上海：上海譯文出版社，2011年9月。

23. 【美】史帝文·貝斯特（Steven Best）、道格拉斯·凱爾納（Douglas Kellner）著；朱元鴻等翻譯：《後現代理論：批判的質疑》，臺北：巨流圖書公司，1994年8月。

24.【英】蒂姆克雷斯韋爾（Tim Cresswell）著；徐苔玲、王志弘譯：《地方：記憶、想像與認同》，臺北：群學出版社，2006 年 2 月。

25.【美】韋恩・布斯（Wayne Booth）著；華明、胡曉蘇、周憲譯：《小說修辭學》，北京：北京聯合出版公司，2017 年 7 月。

四、期刊論文（按年份先後）

1. 廖咸浩：〈離散與聚焦之間——八十年代後現代詩與本土詩〉，收入封德屏主編《臺灣現代詩史論》，（臺北：文訊雜誌社，1996 年 6 月），頁 437～450。

2. 焦桐：〈身體爭霸戰——試論情色詩的話語策略〉，收入林水福、林燿德主編《當代臺灣情色文學論：蕾絲與鞭子的交歡》（臺北：時報文化，1997 年 2 月），頁 197～229。

3. 廖咸浩：〈悲喜未若世紀末——九〇年代的臺灣後現代詩〉，收入林水福主編《兩岸後現代文學研討會論文集》，（新莊：輔仁大學外語學院，1998 年），頁 33～55。

4. 陳義芝：〈臺灣後現代詩學的建構〉，收入國立臺灣師範大學國文系編《解嚴以來臺灣文學國際學術研討會論文集》（臺北：萬卷樓出版社，2000 年 10 月），頁 384～419。

5. 蕭水順：〈後現代主義的臺灣論述——羅青論〉，《國文學誌》第 10 期（2005 年 6 月），頁 105～128。

6. 陳義芝：〈夢想導遊論夏宇〉，《當代詩學》，第 2 期（2006 年 9 月），頁 157～169。

7. 葉淑美：〈「邊緣」作為後現代的聲源——試析陳黎《島嶼邊緣》的後現代詩風〉，《臺灣文學評論》第 8 卷第 3 期（2008 年 7 月），頁 28～52。

8. 顧蕙倩：〈論夏宇浪漫美學的個人主體性〉，《臺灣詩學學刊》第 15 期（2010 年 7 月），頁 235～264。

9. 陳俊榮：〈陳黎詩作的語音遊戲〉，《臺灣詩學學刊》第 18 號（2011 年 12 月），頁 7～29。

10. 林餘佐：〈（填充題）詩是一種＿＿＿＿＿方式：鴻鴻小論〉，《創世紀詩雜誌》第 172 期（2012 年 9 月），頁 15～20。

11. 劉正忠：〈朝向「後人類詩」——陳克華詩的科幻視域〉，《臺大文史哲學

報》第 78 期（2013 年 5 月），頁 75～116。

12. 陳允元：〈問題化「後現代」——以八〇年代中期台灣「後現代詩」的想像建構為觀察中心〉，《中外文學》第 42 卷 3 期（2013 年 9 月），頁 107～145。

13. 游正裕：〈從羅青、夏宇的詩探索台灣詩作的電影符號〉，《高雄師大學報》人文與藝術類 37 期（2014 年 12 月），頁 63～77。

14. 楊小濱：〈文學作為「搵學」：陳黎詩中的文字灘塗〉，《國文學報》第 60 期（2016 年 12 月），頁 79～102。

15.【法】米歇爾·傅柯（Michel Foucault）著；王俊三譯：〈「作者」探義〉，《中外文學》第 13 卷第 1 期（1984 年 6 月），頁 130～147。

五、學位論文（按年份先後）

1. 鄒桂苑：《拼貼當代臺灣情／色文學地景——陳克華詩作文本探勘 1981～1997》，臺北：淡江大學中國文學系碩士論文，1998 年。

2. 王文仁：《光與火——林燿德詩論》，嘉義：南華大學文學研究所碩士論文，2002 年。

3. 鄭智仁：《苦惱與自由的平均律——陳黎新詩美學研究》，高雄：國立中山大學中國語文學系研究所碩士論文，2003 年。

4. 陳柏伶：《據我們所不知的——夏宇詩研究》，臺南：國立成功大學中國文學系碩博士班碩士論文，2004 年。

5. 張仁春：《陳黎後現代詩研究》，嘉義：國立嘉義大學中國文學系碩士論文，2005 年。

6. 蕭芳珊：《羅青詩藝研究》，臺中：逢甲大學中國文學所碩士論文，2010 年。

7. 甘能嘉：《台灣現代詩壇的「新世代」論（1985～1990）——以林燿德為問題核心》，新竹：國立清華大學中國文學系碩士論文，2011 年。

8. 李宥璇：《夏宇詩的修辭意象與其後現代風格》，高雄：國立中山大學中國文學系研究所碩士論文，2012 年。

9. 張之維：《臺灣現代詩中的廢墟詩境——以商禽、羅門、林燿德為例》，桃園：元智大學中國語文學系碩士論文，2012 年。

附錄一：陳克華情色詩中的欲望主體

摘要：

　　本文關注的起點在於後現代詩中的主體如何展現，發現在陳克華詩作中，欲望主體的確立產生於異性、同性與無性之間，因為詩人藉由不斷向肉體、向精神挖掘來辨認自我的存在。詩人透過詩作（他者）攫取自我，詩作映照出無意識主體的同時，也回應了大他者的欲望。筆者認為，貫穿陳克華三十多年創作歷程的欲望內容，是如騎鯨少年般最初的「愛」，超越性別二分的限制。

　　透過性意象（欲望的小它物）的分析，詩中的無意識主體是在「戀愛中自覺」、「做愛中自由」及「生殖中自動」間流動，透過欲望主體的確立，一面批判（物質性）、一面自我消解（背德性），展現後現代詩的精神。

關鍵詞：後現代詩、情色、陳克華、主體

一、前言

　　在臺灣新詩領域中，後現代詩的論述最早經由羅青展開，[註1]並以「解構」作為後現代詩的特色；[註2]之後孟樊則列出七項特徵，強調「後設」、

〔註1〕蕭蕭：「後現代主義的輸入，顯示臺灣詩壇也在臺灣經濟之後走向國際貿易的路子，其中最主要的推手就是羅青，創作、翻譯、論述，三管齊下。」參見蕭水順：〈後現代主義的臺灣論述──羅青論〉，《國文學誌》第 10 期（2005年 6 月），頁 106。

〔註2〕羅青：「1970 年，我自己發表〈吃西瓜的六種方法〉，充滿了解構式的觀念，運用留白，開啟單元相互對照的多元技法，是新詩中後現代傾向的一個先聲。」參見羅青：《什麼是後現代主義》（臺北：臺灣學生，1989 年 10 月），頁 320。

「拼貼」及「諧擬」等，〔註3〕並列舉多達十二種後現代詩，總括以「從邊緣出發」為其特性。〔註4〕而陳義芝歸納為五點，著重於後現代詩的表現，如「仿造」、「廣告」及「讀者參與」等。〔註5〕後現代詩的定義莫衷一是，源自於後現代主義的「不確定性」，它是一種社會文化思潮、一種精神狀態或生活方式，「旨在批判和超越現代資本主義社會內部佔統治地位的思想、文化及其所繼承的歷史傳統，提倡一種不斷更新、永不滿足、不止於形式和不追求結果的自我突破的創造精神。」〔註6〕，因此，後現代詩得以囊括各種前衛的浪潮，以至於面目模糊。

然而，有關後現代詩的界定儘管眾說紛紜，實際運用於辨認後現代詩的途徑，主要還是經由詩的表面下手，因此簡政珍批評臺灣後現代詩的研究：

> 在臺灣，所謂後現代詩幾乎都在文字或是圖像的刻意扭曲下，成為「形而下」的遊戲。如此的詩作，也是一般批評家趨之若鶩的舉證對象。於是，夏宇、林燿德、陳黎等人的作品一直曝顯在批評家的聚光燈下。〔註7〕

所謂「形而下」的遊戲，指出後現代詩最顯著的特色為「拼貼」，例如夏宇〈連連看〉將詞語置放兩端，暗示讀者自行串連、林燿德〈鋁罐的生態〉將鋁罐上

〔註3〕孟樊認為臺灣後現代詩創作的特徵有：「1. 文類界線的泯滅。2. 後設語言的嵌入。3. 博議（bricolage）的拼貼與混合。4. 意符的遊戲。5. 事件般的即興演出（happening performance）6. 更新的圖像詩與字體的形式實驗 7. 諧擬（parody）大量的被引用。」參見孟樊：《當代臺灣新詩理論》（臺北：揚智文化，1995 年 6 月），頁 265～280。

〔註4〕十二種依討論順序為：「語言詩、圖像詩、網路詩、科幻詩、都市詩、生態詩、政治詩、方言詩、情色詩、女性詩、原住民詩、後殖民詩。」參見孟樊：《臺灣後現代詩理論與實際》（臺北：揚智文化，2003 年 1 月），頁 90～154。

〔註5〕陳義芝：「1.不再追求個人主義風格的創新，反而將仿造（pastich）作為一種寫作策略。2.以不連續的文字符號建構出有別於傳統、不具意指（signification）的語言系統。3.創作的精神不在於抒發情感，而在於表現媒介本身；不在於呈現真實事物，而在完成一種廣告式的幻象。4.表現手法不依賴時間邏輯，而靠並時性空間關係的突出，景物與景物間、事件與事件間，因互不相屬而留下更多聯想的空間。5.要求讀者參與創作遊戲，讀者可以在作者有意缺漏的地方填入不同的意符而產生不同的意指。」參見陳義芝：〈臺灣後現代詩學的建構〉，收入國立臺灣師範大學國文系編《解嚴以來台灣文學國際學術研討會論文集》（臺北：萬卷樓出版社，2000 年 9 月），頁 385。

〔註6〕高宣揚：《論後現代藝術的「不確定性」》（臺北：唐山，1996 年 10 月），頁 2。

〔註7〕簡政珍：《臺灣現代詩美學》（北京：北京大學出版社，2014 年 1 月），頁 167。（此書於 2004 年在臺灣由揚智出版社出版。）

的廣告詞及原料成分穿插成詩、陳黎〈島嶼飛行〉大量羅列山脈名稱，以及陳克華〈車站留言〉並置多個時空、不同對象的對話於一詩。〔註8〕諸如此類皆是以詞語的拼貼為主要表現手法。

再者，「後設作為一種創作樣式，在更為廣泛的文化運動中經常涉及到後現代主義。」〔註9〕例如羅青多次被引用的〈一封關於訣別的訣別書〉，其中後設語言亦成為辨認後現代詩的簡便途徑。〔註10〕

由此可知，評論後現代詩除了辨別拼貼手法及後設語言之外，詩作中的後現代精神是容易被忽略及難以指認的。簡政珍曾提出對後現代精神的看法：「後現代主義重要的精神是雙重視野。後現代論述是一面批判、一面自我反思；有時批判的箭頭也會反轉朝向自我。」〔註11〕點出後現代的不確定性，其中雙重視野強調並置兩端，而任一端都無法完全佔有主導權；那朝向自我的箭頭，放置在文學作品中，揭示出作者自我質疑或自我消解的可能。反之，對於讀者而言，閱讀後現代文本則「不再相信『作者』是某一個人或許是恢復表達行為完整性的又一種方式。作品的製作者可能代表了文本中需要填充的一個位置（就像接受者一樣）。」〔註12〕於是，在後現代的情境下，「作品中的主體」變得不確定。

本文關注的正是後現代詩中主體的展現，學者雅各．拉岡（Jacques-Marie-Émile Lacan，1901～1981）提出鏡像理論，指出人們只能獲得自我的幻象，而「主體」是被分裂的無意識主體；〔註13〕因此，當「中心主體」的

〔註 8〕以上列舉詩作依序參見夏宇：《備忘錄．連連看》（臺北：夏宇出版，1984 年 9 月），頁 24、林燿德：《都市之覺．鋁罐的生態》（臺北：漢光文化，1989 年 6 月），頁 103～119、陳黎：《島嶼邊緣．島嶼飛行》（臺北：皇冠，1995 年 12 月），頁 199～201、陳克華：《美麗深邃的亞細亞．車站留言》（臺北：書林，1997 年 4 月），頁 9～10。

〔註 9〕帕特里莎．渥厄（Patricia Waugh）著；錢競、劉雁濱譯：《後設小說：自我意識小說的理論與實踐》（臺北：駱駝，1995 年 1 月），頁 24。

〔註 10〕參見陳義芝：《聲納——臺灣現代主義詩學流變》（臺北：九歌出版社，2006 年 3 月），頁 190～192。

〔註 11〕簡政珍：《臺灣現代詩美學》，頁 109。

〔註 12〕【加】琳達．哈琴（Linda Hutcheon）著；李楊、李鋒譯：《後現代主義詩學：歷史．理論．小說》（南京：南京大學出版社，2009 年 9 月），頁 110。

〔註 13〕拉岡：「一個尚處於嬰兒階段的孩子，舉步趔趄，仰倚母懷，卻興奮地將鏡中影像歸屬於己，這在我們看來是在一種典型的情境中表現了象徵性模式。在這個模式中，『我』突進成一種首要的形式。以後，在與他人的認同過程的辨認關係中，『我』才客觀化；以後，語言才給『我』重建起在普遍性中的主體

概念不存在於後現代情境中，對於詮釋後現代詩中的主體，較傾向於說明主體對世界的回應，也就是說，主體被動地作為世界的回聲，從中顯露「大他者」〔註14〕的欲望：

> 如果我說無意識就是大寫的他人的話語，這是為了指出對欲望的辨認與辨認的欲望在那兒結合的彼處。〔註15〕

因此，本文所謂「欲望主體」探究的是詩作中主體的欲望如何展現？而「欲望」的層面多樣，生理的或心理的欲望皆是，本文聚焦於描寫身體情欲的情色詩，「傳統的『情色詩』（Erotic Poems）是情詩滲入色慾或身體器官的描繪。那是一種再製經驗，一種和實際性行為分離的想像架構。」〔註16〕，以 1960 年代余光中的〈雙人床〉為例：「最多跌進你低低的盆地／讓旗和銅號在高原上舉起」〔註17〕，當雙人床外正發生戰爭，而床上的戰爭充滿亢奮的情慾，這首詩以男女情愛之微小反差對照社會戰爭之巨大，是反戰詩也是情色詩，詩中滲入色慾的意象如「盆地」、「旗和銅號」等，而 1990 年代以後臺灣興起的後現代浪潮，與傳統情色詩的表現有很大的不同：

> 後現代時期詩人對於情慾的鋪陳與呈現，如前所述，均較以往來得直接、大膽，新世代詩人如陳克華、林燿德、顏艾琳、江文瑜等人，堪稱代表。他／她們不避諱情慾，甚至正面肯定其必要性。〔註18〕

功能。」、「鏡子階段是場悲劇，它的內在衝勁從不足匱乏奔向預見先定——對於受空間確認誘惑的主體來說，它策動了從身體的殘缺形象到我們稱之為整體的矯形形式的種種狂想———一直到達建立起異化著的個體的強固框架，這個框架以其僵硬的結構將影響整個精神發展。由此，從內在世界到外在世界的循環的打破，導致了對自我的驗證的無窮化解。」參見【法】拉康（J.M. Lacan）著，褚孝泉譯：《拉康選集》（上海：上海三聯書店，2001 年 1 月），頁 90、93。

〔註14〕「大他者」的概念來自拉岡提出的「L 模式」，（S→a→a'→A），S：主體、a：客體、a'：自我、A：大他者。「這個模式表示，主體 S 的情況（精神官能症或精神錯亂）取決於在他人 A 那兒發生的事。那兒所發生的事都連貫成一篇話語（無意識是他人的話語）。」參見【法】拉康（J.M. Lacan）著；褚孝泉譯：《拉康選集》，頁 482。

〔註15〕【法】拉康（J.M. Lacan）著；褚孝泉譯：《拉康選集》，頁 457。

〔註16〕焦桐：〈身體爭霸戰——試論情色詩的話語策略〉，收入林水福、林燿德主編《當代臺灣情色文學論：蕾絲與鞭子的交歡》（臺北：時報文化出版企業有限公司，1997 年 3 月），頁 197。

〔註17〕余光中：《在冷戰的年代·雙人床》（臺北：純文學出版社，1984 年 2 月），頁 16。

〔註18〕孟樊：《臺灣後現代詩理論與實際》，頁 129～130。

情色詩在後現代情境中的表現，更為直接露骨，突破傳統詩學以含蓄為美的審美標準。詩人陳克華（1961～）作品中俯拾即是的性意象「乳頭」、「陽具」等，成為其顛覆道的體系、顛覆主流的書寫工具，[註19] 蕭蕭曾指出陳克華詩作的別有用心：

> 陳克華的身體詩並不以情色自許，他的詩不在視覺意象上悅人耳目，不在情事、性事上美化細節，與挑逗性字眼保持相當距離，反而與批判性的詞語、憤怒性的語彙長相交雜。汙穢之情、噁心之狀，與裸露的身體同陳，自非以挑起情慾為目的之情色作品所樂意為之。[註20]

由此觀之，「情色」在陳克華詩中所扮演的角色，不在於抒情（目標），而更接近於一種途徑（手段）。當情色是一種途徑，那麼陳克華在後現代情境中創作的情色詩，呈現出的欲望主體為何？陳克華在 2016 年出版的情色詩選序言中寫道：

> 我的「色情」大多不過是多用了些器官和生理字眼罷了，真正寫到性本身的，並不多。這樣的創作心態，只圖讓讀者看著刺眼礙眼，衝撞內心道德柵欄，臉紅心跳，只好做嘔心狀逍．這也叫詩？這也能寫成詩？
>
> 我的「情色詩」其實並不「色」，反而比較接近控訴，顛覆與反擊。
>
> [註21]

詩人所定義的情色詩重點有二：一是企圖衝撞傳統詩學的審美標準，表現顛覆主流的後現代精神；二是以「情色」作為控訴的手段，達到警醒讀者的效果。依據上述，本文以後現代詩人陳克華的情色詩為例，討論詩作中展現的欲望主體。筆者考察陳克華詩作，分出以下三個層面進行論述，包含：戀愛中自覺（異性／同性／無性）、做愛中自由（異性／同性／雌雄同體）以及生殖中自動（人類／後人類）。

[註19] 焦桐：「九〇年代的臺灣詩壇大量冒出情色詩，正呼應了社會進入後現代文化的現象。這個時候，詩人的描寫漸趨大膽、露骨，性器官已不再是禁忌，而是可以作為書寫策略的工具，隨時暴露出來，顛覆道德體系，顛覆主流。」參見焦桐：〈身體爭霸戰——試論情色詩的話語策略〉，收入林水福、林燿德主編《當代臺灣情色文學論：蕾絲與鞭子的交歡》，頁 222～223。

[註20] 蕭蕭：《後現代新詩美學》（臺北：爾雅出版社，2012 年 2 月），頁 116。

[註21] 陳克華：《乳頭上的天使·序》（臺北：釀出版，2016 年 7 月），頁 3。

二、戀愛中自覺

陳克華的情色詩涉入「異性／同性／無性」之間的戀愛，在觸及同性戀愛時套用異性戀愛的模式，因而自覺於欲望主體。此處的「自覺」意思是詩作中的主體回應大他者的傳統性別觀點，產生的自我幻象，進而認同自我的欲望主體。

（一）對異性戀愛的拒斥

陳克華早期詩作《騎鯨少年》（1982 年初版）中，仍有表現傳統詩學含蓄保守的作品，例如〈井〉，對於異性戀愛的想像是一種模糊的理想，因為難以觸及真面目而始終處在等待的姿態：

> 通過黑瞳的瓶頸
> 是妳汲走了妳的形影
> 碎在水面的
> 仍只是一張窄窄的天空
>
> 為等待一張完整的臉頰
> 我將永不枯乾〔註22〕

「井」作為互動的場域，汲水的關係是愛情流動的隱喻。汲水的「妳」並沒有細看這座井，黑瞳中顯現的只是瓶身，當「妳」離開，破碎的水面只剩下天空，是一場失敗的單戀。這首詩中「水」是井的一部分，而「我」作為一口井，井是「我」的身體，對方取水卻沒有動情，暗示異性之間的無感。其中「水面」具備鏡像的功能，詩作中「我」等待著「妳」完整的臉頰出現，準備投射自我的幻象，是無意識主體在回應異性戀主流的大他者欲望，而最終「妳」無感離去，則暗示無意識主體對異性戀愛的拒斥。

如果說這是詩人陳克華以同志身分對異性戀進行的想像，詩中沒有激烈的身體互動，甚至看不清楚對方，只是癡情地守候著，而那張模糊的臉，可能正因為不符合期待所以模糊，詩人沒有寫出的是，那一張完整的臉頰應該與自己的相仿，例如〈書〉：

> 如果有人
> 讀完了這本書
> 希望他不要發現

〔註22〕陳克華：《騎鯨少年‧井》（臺北：小知堂，2004 年 1 月），頁 93。

其中有兩頁是相同的〔註23〕

於是，在對異性戀愛的想像過程中，詩作中的無意識主體自覺於對同性的傾慕，你我是書中不相鄰的兩頁，戀愛或者依靠緣分在茫茫人海中感知彼此的存在、或者積極依據條件篩選對象。閱讀的過程代表時間的流逝，彷彿一段愛情的旅程，而當閱讀結束，發現其實你我是相同的兩頁故事、你我是相同的同類。在詩的結尾揭出「相同」的謎底，扭轉一開始的異性戀情境，是一種對自己的發現，而這樣的同類害怕被讀者（社會）發現，呈現出同性戀對情感的壓抑。

詩中的理想對象從模糊不清到遙遙相望，對於異性戀的拒斥是鮮明的，而最終同性的面貌顯現於詩中：

終於，我來到長得和我一模一樣的男孩

的身邊　並肩躺下

如青鳥遺落在巢裡的兩根羽毛

那般自然　那般華美

那般理所當然的對稱〔註24〕

陳克華在晚近詩作《當我們的愛還沒有名字》（2012 年出版）中，已經明顯直抒對同性戀愛的認同。在同性戀愛的情境中洋溢著幸福，愈是自然華美，愈是表現出對異性戀的扞格，這是無意識主體回應大他者欲望的變化，隨著時代環境的變遷，無意識主體認同的自我幻象，已經能清楚呈現同性戀愛的欲望主體。

（二）從同性戀愛中甦醒

從同性戀愛中甦醒，意思是無意識主體回應的同性欲望，在陳克華早期詩作中，曾經用「轉彎」來暗示同性戀愛與眾不同的特質：

我在十字路口停下來，等你

希望你會跟上來，詢問

我再小聲告訴你

這裏是我生命轉彎的地方

很久了，我僅有的夢境遲緩地／自黃昏的櫥窗浮現——〔註25〕

〔註23〕陳克華：《騎鯨少年·書》，頁 75～76。

〔註24〕陳克華：《當我們的愛還沒有名字·男男愛諦》（臺北：釀出版，2012 年 12 月），頁 42。

〔註25〕陳克華：《我在生命轉彎的地方·我在生命轉彎的地方》（臺北：圓神，1993 年 10 月），頁 103～105。

以夢境為背景，夢中的「你」是愛慕的對象，「你」飛快地奔跑、喘息，最終沉默道別，一直都沒有注意到「我」想對你說話。這首詩表達對愛慕對象的期盼之情，曾經那樣地翹首盼望，站在十字路口徘徊、猶豫、等待。而「我」當時堅持沉默轉身離去，從此生命轉彎。詩的結尾：「曾經，我在生命轉彎的地方等你」，「曾經」強調有那麼重要的一瞬間，我在等待你，因為你是我生命轉彎的關鍵。

這首詩相當深情，表達出同性之間擦肩而過的曖昧感受，等待的一方不敢輕易表露感情，只是跟在後面、等待詢問。而「轉彎」的動作有出櫃的意味，不論出櫃與否都是生命的轉彎，因為在等待的人發現了自己的感情，已經是一種轉彎；而對方究竟會不會接受自己，又會是另一個方向，所以「我在生命轉彎的地方」即是發現自我的地方，為欲望主體的自覺。

從曖昧進入戀愛階段，經由身體的探索來確認彼此的感覺。如〈我們總是愛人一般相遇〉：

　　　　我們總是愛人一般相遇

　　　　在以為彼此具有朋友的素質

　　　　之前，便做過愛了

　　　　然後發覺

　　　　真的只適合做個普通朋友〔註26〕

此階段戀人間的曖昧探索或錯愛遺憾，在同性戀或異性戀之間並無差別，說明「欲望」的本質已然超越性別。進一步，以身體部件展現情慾的流動，在愛情當中的徬徨反覆，同性戀與異性戀並無不同，〈盟誓〉〔註27〕為例：

　　　　頭一次相遇，他切下一根手指頭給我

　　　　因為我們的盟誓

　　　　他說：你會忘記的，不要等我罷

　　　　我右手有六根指頭

　　　　第二次相遇，他臨走前在馬上

　　　　摘下他珠灰的眼睛贈我，因為

〔註26〕陳克華：《與孤獨的無盡遊戲‧我們總是愛人一般相遇》（臺北：皇冠，1993
　　　　年8月），頁92。
〔註27〕陳克華：《騎鯨少年‧盟誓》，頁42～43。

　　　　從此，我不再處女

詩中表現的是先用身體確認彼此狀態，再約定情感。第一次相遇「手指」成
為愛情的信物，第二次是眼珠。第一節切下手指是真情的表現，但是隨即在
第二節忘記，因為那是「多餘的」手指。對情感的不安全感反映在夢境中：

　　　　當我走在湖畔，雙手捧著我的頭顱

　　　　夢魔在前頭指引我說：

　　　　水底那些骷髏們都在等著你呢

　　　　沉下去罷，魚族會吃盡你的屍身

夢境中，頭顱已取下，身體聽憑身體（欲望）指引，水底的骷髏是死去的同
類，魚水交歡、生死纏綿，夢境成為逃避現實壓迫的地方，能讓情慾放肆流
動。如果將夢境視為鏡像的隱喻，那麼「手指頭」、「眼珠」這些性意象則是象
徵著小它物（欲望），當無意識主體被小它物吸引，進而產生分裂，分裂出的
種種意象（符號）正指引著欲望的存在。〔註 28〕而這些身體「物件」在陳克
華詩作中成為情慾表現，將情慾拆解為物件，顯現後人類欲望主體的傾向。

　　　類似這樣以夢境為鏡面型態的詩作還有〈旅人的夜歌〉：「像隻天鵝飛落
湖心悄然／憩在水面，打著悠悠的圈子／安靜地騰起我夢魘的波紋」〔註 29〕、
〈失眠〉：「在我意識的汪洋深處／一隻白鯨／夢一般／自在嬉戲」〔註 30〕、
〈迷路的魚〉：「所謂陸地的生活不過是他所做的夢中之夢，前世的前世，如
今他正獨自驅車通過海底前往更真實的真實」〔註 31〕等，夢境成為同性情慾
流淌的鏡像場域。

　　　在夢境中反覆呈顯的同性情慾，終會有浮現於日常生活的時候，所以陳
克華描寫同志生活的日常，是相當直接的告白：

〔註 28〕詩的「意象」可以作為精神分析中的標的物，因為意象透過語言符號來表現，
　　　　因而連繫到主體分裂的呈現。拉岡：「我們有幸在我們的日常經驗中和在象徵
　　　　的效用的陰影中看到意象的被遮掩的面影的出現。鏡中形象顯然是可見世界
　　　　的門檻，如果我們信從自身軀體的意象在幻覺和在夢境中表現的鏡面型態的
　　　　話，不管這是關係到自己的特徵甚至缺陷或者客觀反映也好，還是假如我們
　　　　注意到鏡子在替身再現中的作用的話也好。而在這樣的重現中異質的心理現
　　　　實就呈現了出來。」參見【法】拉康（J.M. Lacan）著；褚孝泉譯：《拉康選
　　　　集》，頁 91。
〔註 29〕陳克華：《騎鯨少年·旅人的夜歌》，頁 51～52。
〔註 30〕陳克華：《我撿到一顆頭顱·失眠》（臺北：漢光文化，1988 年 9 月），頁
　　　　29。
〔註 31〕陳克華：《與孤獨的無盡遊戲·迷路的魚》，頁 117。

> 我愛你
>
> 因此我總是悲哀的，想像你是一塊不斷融化的冰
>
> 那美絕流麗的透明正簌簌掉淚並迅速消瘦
>
> 彷彿流淚才能證實自己的存在
>
> 或者，並不存在〔註32〕

消融的冰，曾經存在又難以證明存在，是夢境的變形。而「總是悲哀」表達詩中我對於同性傾向的確認與自覺，自覺欲望主體。再者，欲望本身即是悲哀的存在，注定要不斷受傷斷折：

> 想像我是一條不斷前行但已歪斜的直線
>
> 正不斷與所有平行無憂正直安全的直線交叉而
>
> 不斷受傷斷折……〔註33〕

同性戀愛的日常像走在一條畫歪的直線，一條與眾不同的線，只因為自己的方向不同就要承受不斷地挫敗。雖然大多數所謂異性戀者，彼此平行、安全，但是異性、同性皆是直線，一路前行的悲哀表現出與異性戀狀態同樣的癡情，所以它其實不是歪斜，只是方向不同。

　　然而，受傷斷折的姿態是自覺的初始階段，在這條畫歪的直線上前行，詩人以背德的姿態展開新的面向。以〈我在城市中戀愛〉為例：

> 我終於放棄清洗自己
>
> 把頭按進馬桶
>
> 思維流入了城市下水道：
>
> 「我在城市中戀愛了……許多的良辰，」──
>
> ……
>
> 在咀嚼中逐漸淡似口香糖的屍體
>
> （淡似我在城市中的戀愛）
>
> 今天我終於吐出
>
> 貼在公車座位上，顯得如此
>
> 自由。平等。
>
> 博愛。美麗。〔註34〕

〔註32〕陳克華：《與孤獨的無盡遊戲‧因此我總是悲哀的》，頁106。
〔註33〕陳克華：《與孤獨的無盡遊戲‧因此我總是悲哀的》，頁109～110。
〔註34〕陳克華：《我撿到一顆頭顱‧我在城市中戀愛》，頁102～103。

詩中的我放任自己汙濁，將頭按進馬桶，「馬桶」連結排泄物，將「思維」放入糞便、尿液所在之處是對思想的賤斥。劉正忠：「人對屎尿的拒斥，具有強烈的區隔作用，劃開了『自然／社會』、『野蠻／文明』、『動物／人類』、『昏昧／醒覺』等等對立的概念。屎尿是中間的這條分際線：『／』，它既是真實可觸的物質性存在，也是虛幻游移的精神性產物。」〔註35〕，這首詩透過馬桶帶出的屎尿意象，造成精神性的反叛，顛覆理性、乾淨的思維，因為思維進入下水道後，發現愈是汙濁愈是良辰美景。相對於正直安全的直線，陳克華選擇將這條歪斜的線走得理直氣壯，走到絕對的反面，然後正面迎擊，詩作中的無意識主體回應大他者的欲望，呈現社會環境走向更開放、更多元的面向。

以口香糖譬喻在城市中的戀愛如此即時可棄，最終將口香糖黏在公車座位上，藉此沒有公德心的做法比擬欲望，因此「欲望」被物化，只是不斷重覆的過程，和結尾空洞的標語一樣虛無。在城市中的戀愛，被過多的欲望掩蓋，金魚（詩中的我）的眼淚始終透著一絲悲哀。同性戀者如何在速食的環境中得到戀愛？或者不論同性或異性，欲望皆是唯一真實。

（三）在無性戀愛裡佇候

筆者所謂「無性戀愛」指的是排除肉體欲望、沒有性別之分，純粹的精神戀愛。陳克華詩作中的欲望主體在異性／同性戀愛的自覺間，一直保留著童年般初始美好的愛情想像，這是最終朝向後人類發展的契機。

拉岡曾說：「無意識是他人的話語」〔註36〕，而陳克華在《與騎鯨少年相遇》中提到：「詩原是自我的顯現，但途徑卻只能透過『他』者。」〔註37〕，1982年陳克華出版第一本詩集《騎鯨少年》，其中〈騎鯨少年〉的意象貫串於後來的詩作中，這騎鯨少年的形象可視為詩作中反映出的自我幻象，作為無意識主體回應的「他者」：

　　　白鯨上屹立的少年

　　　永遠地朝我微笑揮手

　　　呵，永遠童年似地

〔註35〕劉正忠：〈違犯・錯置・汙染──臺灣當代詩的屎尿書寫〉，《臺大文哲史學報》第69期（2008年11月），頁161。

〔註36〕參見【法】拉康（J.M. Lacan）著；褚孝泉譯：《拉康選集》，頁409～411。

〔註37〕陳克華：《與騎鯨少年相遇：陳克華的「詩想」》（新北市：臺灣商務，2018年3月），頁100。

在我冰封的堤外洶湧航過〔註38〕

想像那屹立的少年將永保童年，保留純真的目光，不沾情色。最後「在我冰封的堤外洶湧航過」展現騎鯨少年的熱情活力，他一次次地航過「我」，成為「我」的榜樣，「我」所等待的海上傳說。陳克華：「『騎鯨少年』這意象，也在我記憶裡永遠鮮明：寧做永遠的少數，永遠在文字的疆域裡開疆拓土，詩國的乘桴者，不屑茶杯裡的風浪，寧願放牧整座天空」〔註39〕，詩人所謂永遠的少數，雖然指向同志身分，但是「騎鯨少年」所展現出的形象並不是情欲，而是赤子之心般的純真情懷，在詩人的情色詩中，這個意象會是「永遠童年似地」存在，而詩人將永遠等待：

很久了，風浪平靜

我與水平線呈直角，等待

海風中那騎鯨的少年〔註40〕

寬闊平靜的海面，詩中的「我」佇立著等待騎鯨的少年。「等待」是「我」面對愛情的姿態，像直角那樣絕對。詩所勾勒的等待，如同傳說，將會是長久地、重複出現的畫面。這首詩表達赤子之心，心中永遠童年的少年，擁有潔淨的情感，在洶湧的海面上向「我」微笑揮手。

童年之愛是不必刻意區分性別的，因為它不牽涉情慾流動，而是發自內心純真的戀慕情懷，因此分類為「無性戀愛」。陳克華：「可是心裡還有一個孩子，沒有性別／在心之暗角佇立／他眼角淌者淚，安靜而沉默／渴求愛」〔註41〕類似的詩可見〈海豚搖籃曲──回憶花蓮海岸〉：「海豚躍起於你瞳之海面／瞬間閃逝／短暫如同在你身上殘留著的／年輕男來善泅的背影──／／為了守住與海洋重逢的誓言／我日夜守住大海」〔註42〕。

通過「異性／同性／無性」戀愛的分析可見，陳克華詩中欲望主體的表現在於對異性戀愛的拒斥、從同性戀愛中甦醒以及在無性戀愛裡佇候之中。在這些詩作當中回應了大他者的欲望，呈現為永不乾枯的井、畫歪的直線、會以手指頭和眼珠為盟誓、會盼望野生的鯨群等，這些意象強調不變與永恆，使戀愛成為一個永恆的傳說。在戀愛中自覺的欲望主體，以騎鯨少年為

〔註38〕陳克華：《騎鯨少年‧騎鯨少年》，頁114～115。
〔註39〕陳克華：《騎鯨少年‧第三次出版自序》，頁6。
〔註40〕陳克華：《騎鯨少年‧騎鯨少年》，頁114～115。
〔註41〕陳克華：《善男子‧想我這男身》（臺北：九歌，2006年8月），頁79～80。
〔註42〕陳克華：《當我們的愛還沒有名字‧海豚搖籃曲》，頁206～209。

自我幻象，進而回應了大他者（性別主流）的變遷。

三、做愛中自由

做愛是陳克華情色詩中鮮明的主題，欲望主體在身體器官的物質化過程中更加鮮明。而本節討論「異性／同性／雌雄同體」做愛的差異，可以與前一節進行對照。

（一）異性做愛

異性做愛的主題在陳克華的詩中變成政治性的批判工具，2011 年出版的《啊大啊大啊大美國》極盡叛逆之姿控訴政治生態，在那樣的詩行中感受不到做愛的歡愉，而是人性深沉的卑劣。以〈大人啊，求求你讓我繼續躺著幹……——為台北市廢禁公娼八年並感念「日日春協會」而寫〉：

> 老查某不死，或
> 老查某們不知道應該要早早去死——我們
> 這群數十冬被台灣男人肏過坑過買過
> （其中當然包括體體面面的政客們）
> 的賺吃查某　突然，
> 就成為一種
> 城市的羞恥〔註43〕

詩人著重於性交的權力關係，嫖客與妓女對應政客與百姓，異性做愛成為一種羞恥。而當詩人更進一步描寫做愛過程，卻因為疼痛而止步：

> 沸騰的夜，
> 將她最燙的一塊皮膚
> 貼在我頰上。
>
> 我疼出淚來，說：不，
> 這裏不是我最需要溫暖的位置。〔註44〕

性在夜晚沸騰，在肉體貼近的過程中，詩中的「我」清楚地發現根本感受不到做愛的歡愉，甚至流淚，那近乎絕望的發現，是欲望主體的宣言。以「她」字暗示「我」對女體的排斥，「我」最需要溫暖的位置，在另一個「他」身上。

〔註43〕陳克華：《啊大啊大啊大美國·大人啊，求求你讓我繼續躺著幹……》（臺北：角立出版，2011 年 9 月），頁 33。

〔註44〕陳克華：《騎鯨少年·夜》，頁 28。

從做愛過程所領悟的疼痛，是無法偽裝也不願假裝的欲望本質。這首詩以溫度變化表現熾熱的情慾，燙出的眼淚最終澆熄了錯覺。

異性做愛是痛苦的，同時也讓欲望更肉體、更具象，認清性交不過是肉體交纏。於是攻擊異性做愛成為詩人批判虛偽道德、破除迷思的途徑：

> 那些誓死捍衛器官構造之生理正當性與道德合法性的道德重整委
>
> 員們，你們已經準備好要「隨時隨地性交」了嗎？〔註45〕

「生理正當性」與「道德合法性」是對異性做愛的諷刺，凸顯做愛的本質僅是欲望的流淌，與正面或者背面性交並沒有分別。

（二）同性做愛

1995年《欠砍頭詩》出版，是陳克華創作情色詩的高峰，「背德者」一首〈「肛交」之必要〉一鳴驚人。〔註46〕而陳克華自言一切是猥褻之必要：「猥褻原只是一種手段，無奈有人對其他視而不見。因為表面上的猥褻，喚醒的是他們自身人格裏更深一層的猥褻，那潛伏但永遠無法享用的快感。於是他們整齊方正的人格被深深激怒了——他們習於安穩的性格不容任何輕挑的撼動。」〔註47〕這是詩人身處異性戀社會中，為相對弱勢族群所發出的強勢宣言。當情色是一種途徑，肛交的姿勢則強迫人們逼視所謂良知：

> 讓我們呈上自己全裸的良知和肛門供做檢驗
>
> 並在一枚聚光的放大鏡下
>
> 觀察自己如何像鼠類一般抽搐
>
> 感受狂喜疼痛
>
> 毛髮被血浸濕像打翻了一瓶顏料——呵，我們
>
> 我們是否能在有生之年有幸證實肛交之必要性……
>
> 勢必我們要在肛門上鎖前回家
>
> 床將直接埋入墓地
>
> 背德者又結束了他們欺瞞的榮耀一日
>
> 沒有人知道縫線間的傷口包藏著什麼腐敗的理由

〔註45〕陳克華：《善男子‧如果我是封建小陽具，那你就是禮教小淫娃》，頁72。

〔註46〕王浩威：「陳克華寫下驚世駭俗的〈肛交之必要〉時，遭到兩大報副刊等各類『正式』刊物的拒刊，最後只好『淪落』在《島嶼邊緣》這本日後因情色文學而聲名大噪的半地下刊物露臉。」參見王浩威〈道德者陳克華〉，收入陳克華：《欠砍頭詩》（臺北：九歌，1995年1月），頁3。

〔註47〕陳克華：《欠砍頭詩‧猥褻之必要》，頁15。

我們何不就此失血死去？〔註48〕

讓「全裸的良知」與「肛門」並置，是要脫去偽善後的道德與人性原始的欲望放在同一平面上受檢驗。「鼠類」凸顯人的獸性，欲望如血一般流淌，證據如此鮮明，於是詩人感嘆「我們是否能在有生之年有幸證實肛交之必要性」，表達捍衛同性做愛的合法性；然而，現實生活中卻「勢必」要隱藏自己，於是「背德者又結束了他們欺瞞的榮耀一日」，欺瞞所謂正面性交的異性戀者。在無人瞭解的寂寞裡，興起死亡的念頭，「我們何不就此失血死去？」表達同志內在的掙扎矛盾。

能指符號「肛門」是排泄的出口，也是欲望的通道，然而「肛門」本身並不占據什麼，它只是虛掩，只是欲望的小它物，標誌著分裂主體，〔註49〕做愛或不做愛、敲叩或推開……能指「肛門」是永遠不被窮盡的欲望：

　　但是肛門只是虛掩

　　悲哀經常從門縫淺露一如

　　整夜斷斷續續發光的電燈泡

　　我們合抱又合抱不肯相信做愛的形式已被窮盡

　　肉體的歡樂已被摒棄

　　我們何不就此投入健康沉默的大多數？

　　我們何不就此投入多數？

　　多數是好的

　　睡眠是好的

　　做愛是好的

　　不做愛也是好的

　　無論是敲扣或直接推開肛門

　　肛門其實永遠

　　只是虛掩……〔註50〕

詩在最後一節重申「肛門只是虛掩」，做愛的形式只是表面，內在的欲望本來

〔註48〕陳克華：《欠砍頭詩・「肛交」之必要》，頁68～72。

〔註49〕楊小濱：「從拉岡理論的角度來看，語言象徵化在某種程度上的缺失，來自符號秩序無法絕對整合的真實域的殘餘，也就是『小它物』（objet petit a）——拉岡理論中的欲望原因—對象。」參見楊小濱：《欲望與絕爽：拉岡視野下的當代華語文學與文化》（臺北：麥田出版，2013年9月），頁27。

〔註50〕陳克華：《欠砍頭詩・「肛交」之必要》，頁68～72。

就不分異性或同性，因此「我們合抱又合抱不肯相信做愛的形式已被窮盡」想像肢體交纏的窘迫，以及對欲望的單純執著。在掙扎的過程中也想著「我們何不就此投入多數？」在多數的羽翼下過活，也許就不會有這麼多痛苦，此處的「多數」成為壓迫來源，令人反思做愛的形式沒有唯一，而多數也不代表正確的做愛形式。「無論是敲扣或直接推開肛門」，都是欲望呈現的方式之一，它沒有標準，更無對錯。

這首詩以醒目的意象「肛門」做為欲望的代表，顛覆一般對性交的形式、意義的印象。其中「我們」雖然宣稱是新品種，但是仍掙扎著想進入大多數，以免受到放大鏡的檢驗。加入健康沉默的大多數，以「多數」做為對多數的批判，最終要表白的是「欲望」才是永遠的大多數，而肛門只是虛掩。虛掩就像虛晃一招，「肛交」不過是欲望的代名詞。在這首詩中所宣洩的，是大多數表面健康沉默的人所不願公開討論的欲望，詩人所要揭開的是那些沒有人願意公開討論，但是每個人都會各自解決的「問題」，而欲望正是每個人都會面臨的問題之一。

以看 A 片為例，〈下班後看 A 片〉〔註51〕這首詩以女同志做愛為題材，詩中的「他」在觀看 A 片，片中是兩個女人，「一種雌性的真誠」感動他：

　　　　看見兩個女人在做愛
　　　　頓時有一種雌性的真誠
　　　　溢滿了他的雙眼

　　　　兩個女人
　　　　不必扮演男人，也能做愛
　　　　如此取悅，如此潮濕
　　　　如此泛愛

兩個女人做愛不必扮演男人，暗指兩個男人做愛也不必扮演女人，就能如此盡興。敘事者「他」在觀看「她們」做愛時將自己涉入其中，打開異性、同性做愛的界限，透過做愛的主題突破性別結構，解構傳統性別觀點，欲望主體經由能指「性慾」分裂而游離在異性、同性做愛之間，被「深深嘉許」：

　　　　性慾是值得深深嘉許的

〔註51〕陳克華：《美麗深邃的亞細亞‧下班後看 A 片》（臺北：書林，1997 年 4 月），頁 117～119。

　　如開在深深陰道裡的裝飾花——

　　欲望則屬陰性

　　靦腆的，無氣味的辭彙

　　在兩個豐美的女人的四雙乳房

　　的摩擦之間他願意將那時他極度許願：

　　他願意是待哺的

　　永遠待哺的陽具——

將「性慾」比喻為「陰道裡的裝飾」，遮掩做愛的生殖目的，而深深肯定兩個女人展現出的欲望。接著，敘事者「他」幻想進入其中，形成三人性交，「乳房」與「陽具」的連結打開欲望溝通的渠道，顛覆「陽具」符號的中心地位，讓它成為待哺的、永遠匱乏的符號，等待被能指「性慾」占據，因此欲望主體藉由在旁觀看到想像涉入，跨越了性別二分的架構。能指「性慾」的游離指向主體的分裂，代表永遠不被滿足的欲望。

　　另外，詩人由做愛的獸性，延展想像到動物之間的同性做愛，試看〈獸姦之必要〉：

　　抹香鯨罕見的帶倒鉤陽具，承受得起深海兩萬噚累積的壓力與海底活火山外洩的高溫，與核子潛艇潛望鏡的搔擾性蒐尋。「我游過了整個太平洋與半個南極，才遇到地球上另一個同類，剛巧，我又不喜歡他……」而且都是雄鯨。但我們仍在黑暗的海溝做愛做了一整個月圓的時間，才各自離去。因為下一次遭逢的機會太過渺茫，而彼此竟也都本能地知道如何從同性的身體裡擷取溫暖與感動。你看見金星掉入寧靜海所起的高昂水柱了嗎？那不過是從我們背部的通氣孔所呼出的一小道水花而已……下一次的相遇，或許，我們會更懂得留住彼此的技巧，畢竟，愛好獨自遷移是我們抹香鯨天生無法改變的習性……〔註52〕

「壓力」、「高溫」、「蒐尋」等，暗示同志生活的遭遇。而即使沒有愛，仍可以做愛，甚至「做了一整個月圓的時間」。此段藉抹香鯨剖白同志心情，直接正面地呈現「天生無法改變的習性」，於是同性做愛不再掙扎，而能夠坦然。

　　陳克華情色詩的語言表現，顛覆傳統審美觀點，不含蓄委婉，而是直露

〔註52〕陳克華：《乳頭上的天使‧獸姦之必要》，頁49。

淺白；從肛交、獸姦等主題，可以看到詩人解構性別的企圖，因此隨著欲望主體的確立，陳克華情色詩的後現代特性表現在語言顛覆與解構性別的傾向。

（三）雌雄同體

無意識主體在異性與同性間流動，最終在想像中匯聚為一體。跨越性別的同時彰顯性別主體自我消解的後現代精神。以〈我終於治癒了這世界的異性戀道德偏執熱〉為例：

> 但我終於也移植了一個屄。
> 擁有貯藏乳汁的雙乳
>
> 每月一次
> 倒立精神的子宮，傾洩靈魂的月經
> 本能的腺體肥大
> 愛藏匿陰毛叢的深穴
> 亞當夏娃不過是洞口霎時掠過的受驚嚇的小鬼
>
> （相對於慾望的古老，他們多麼天真而且無邪。）〔註53〕

敘事者「我」終於有了女性的第二性徵，以男身加疊女身，不用再承受道德偏執熱（認為做愛應該是男女交媾）的指責。然而，每月一次的月經對於「我」而言卻是「倒立精神」、「傾瀉靈魂」，顯現「終於也移植」性徵的委屈。從男性角度書寫月經，讓男身流淌月經，跨越了性別，主體消解性別的同時亦兼容性別。而在〈性別〉〔註54〕兩首更徹底地讓男身、女身交融：

> （一）女人的隱形陽具
> ……
> 當二頭肌如陰蒂充血
> 她積極轉換為男人
> 或者
> 一個和男人對峙的女人
> 有鋼質的骨髓與帶刃的白齒
> 顧盼睥睨男人們羞怯的肛門。
> ……

〔註53〕陳克華：《善男子・我終於治癒了這世界的異性戀道德偏執熱》，頁81～82。
〔註54〕陳克華：《乳頭上的天使・性別》，頁129～133。

在一切指涉飢渴的隱喻裡

她是熠熠發亮的

因喘息而震動的

隱形的　不需恥毛和血管和海綿體裝飾的

如假包換的

陽具。

在想像的情境中，女人潛在的異性形象具體化為陽具（詩中的啞鈴），〔註55〕「二頭肌」充血是性慾的擴張，女人變得鋼硬而驕傲，可以主動「進攻」男人。甚至在最後「她」直接成為「陽具」。雌雄同體轉變為雌雄易體：

（二）男人的陰道慶典

……

選擇了只接吻而不肛交　　　　或

不口交　　只肛交　　　　　　或

只肛交又只接吻

的午後的

那個男人體內長出一朵奇異卻又尋常如痔瘡的花

……

鬆弛的

那個男人走向槌子敲打的講台說這是公平合法的榮耀地被強姦

被敲打的

那個男人剝開藏於雙乳間的刺青撫著唉軟不下來的青春舞區喲嘿

於是的

那個男人極女性地聲明我也將或許大概不確定支持所謂異性戀霸權

……

〔註55〕依據榮格的觀點，「不管是在男性還是女性身上，都伏居著一個異性形象，從生物學的角度來說，僅僅是因為有更多的男性基因才使局面向男性的一方發展。少數的女性基因似乎形成了一種女性性格，只是因為這種女性性格的從屬地位，所以它通常停留在無意識之中。」參見【瑞】卡爾‧古斯塔夫‧榮格（Carl Gustav Jung）著；馮川、蘇克譯：《心理學與文學》（臺北：久大文化，1990 年 10 月），頁 49。

> 那個男人，和頭上那一朵花
>
> 稍縱即逝地在宇宙某處的節日慶典
> 躁動男人們的陰道裡
>
> 遊行而過……

詩中的男人在不斷性交後，在體內長出一朵花，但是卻想護衛自己濫交的合法性，「榮耀地被強姦」翻轉女性被強姦的地位，當男性處在這樣的位置，則主動地視為榮耀。接著將「極女性」表現為極端的不穩定，企圖動搖異性戀霸權的地位。

從異性、同性到雌雄同體的做愛，欲望主體是貫穿一切的主軸。直面欲望的目標是要成為「全新的品種／豁免於貧窮、運動傷害和愛滋病」〔註56〕，於是得以在做愛中達到自由。

四、生殖中自動

「生殖」是做愛的下一個階段，由於同性做愛無法生殖，因此需要透過想像生殖，由此產生「人類／後人類」的想像。劉正忠從科幻視域詮釋後人類：

> 陳克華在〈星球紀事〉裡所展現的「後人類思維」，主要源自他的「同志」關懷，以及對既有性／別框架的質疑。不過，同志之愛不必然衍生後人類主體，而後人類思維所含帶的跨界與解構的傾向，則不僅有性別重組的作用，同時也寓有社會批判與詩學反思的潛能。……陳克華年輕時即經歷一場激烈而困難的自我辯證。藉由科幻敘事詩，他找到一種介乎「人類／後人類」之間的徬徨主體，不準備符合傳統「人類」或「詩人」的標準。〔註57〕

從人類到後人類，其中解構的傾向展現後現代精神，結合簡政珍所謂一面批判一面自我反思的雙重視野觀之，則陳克華詩中對生殖的想像是一種自我消解再重新組構的過程。以下分為「人類物質化」與「後人類無性化」進行討論。

（一）人類物質化

人類的物質化展現於將人視為可以投擲的貨幣，以〈致陌生人〉為例：

〔註56〕陳克華：《欠砍頭詩・「肛交」之必要》，頁68～72。
〔註57〕劉正忠：〈朝向「後人類詩」──陳克華詩的科幻視域〉，《臺大文史哲學報》
　　　　第78期（2013年5月），頁100。

　　隊伍中我看不見

　　排隊的人潮的前端——我們正一個個堆疊

　　被投進那巨大的人形投幣口〔註58〕

人在隊伍中，看不見前方的狀態，因此人是盲目的。人們總是排在生命中一條又一條長長的隊伍裡，排在性別刻板印象的隊伍、排在課業成績的隊伍、排在成家立業的隊伍……而人們大都看不見人潮的前端是什麼，因為隊伍太長了，因為這是一條健康沉默的大多數。詩人說前方是一個巨大的人形投幣口，也就是當人們乖乖地依照隊伍的引導，成為特定的「人形」，符合某個標準，他就能投進去，描繪人類物質化的現象。又如〈程序〉一詩仔細規劃人的一生：

　　首先，你必須先交出右手

　　在右轉櫃檯4號標誌處

　　驗證你獸的裸體，舌頭，皺紋

　　還有你的信用卡、指甲刀、脫毛劑

　　驗血報告書和語言成績單

　　通過測謊的性幻想測驗

　　你才可以繼續往前走

　　9號窗口的人形投幣口

　　你可以先擲一次

　　你的政見，保險號碼，口交次數

　　再宣誓效忠陽具般的大哥大

　　和今生你所有的邂逅〔註59〕

先肢解人體，依序通過標準驗證，才可以往前走向人形投幣口。詩作諷刺健康沉默大多數的製作流程。反之，如果不跟隨大多數，人體將如零件般潰散：

　　我確然已走在與時代逆行的方向

　　且不知從何時起，花樹凋零，路已崎嶇

　　……

　　我頭顱如陀螺旋轉，震盪

〔註58〕陳克華：《騎鯨少年‧致陌生人》，頁135。

〔註59〕陳克華：《美麗深邃的亞細亞‧程序》，頁101～105。

肩胛被卸下，雙足如石膏粉碎

「在潮流中倒退的，必被淹死……」我聽見
鬼魂遙遠而細緻的嗓音，以一種人類感官無法企及的頻率

針一般穿透靈魂的耳膜：
你看這四處遍布的歷史刻意埋下的頭顱化石們……〔註60〕

在堅持成為少數的道路上，風景荒涼，充滿死亡陰影。「頭顱如陀螺旋轉」，四周迴旋成圈接近幻覺一般，從而聽見鬼魂的聲音。而這些頭顱化石將成為前往後人類的重要物件。在〈我撿到一顆頭顱〉〔註61〕中，一開始以為是肢解人體器官，看到最後會發現，是藉由撿到的器官組成一個人，從運用人類零件（器官）創造出後人類的過程：

我撿到一隻手指。肯定的
遠方曾有一次肉體不堪禁錮的脹裂
胸壓陡昇至與太陽內部
氫爆相抗衡的程度。我說
一隻手指能在大地劃寫下些什麼？
我遂吸吮他，感覺那
存在唇與指尖恆久的快意。

第一節撿到手指，手指是探索，呼應體內禁不住的脹裂，那是一種原始欲望，如同太陽內部永恆生發的原始能量。一隻手指能寫下什麼？符號？文字？或者拿來吸吮，手指與口腔的接觸產生快感，〔註62〕存在於唇與指尖恆久的快意，表現人類初始的欲望。

之後我撿到一只乳房。
失去彈性的圓錐
是一具小小型的金字塔，那樣寂寞地矗立

〔註60〕陳克華：《善男子·我確然走著與時代逆行的方向》，頁90～91。
〔註61〕陳克華：《我撿到一顆頭顱·我撿到一顆頭顱》，頁9～13。
〔註62〕拇指吸吮在幼兒時期表現最明顯，幼兒的性本能與攝取食物的欲望聯繫在一起，而且吸吮的情況沒有限定身體部位，身體的任何部分都可以獲得與生殖器官相同的快感。有關幼兒期性欲的表現參見【奧】西格蒙特·弗洛伊德著；趙蕾、宋景堂譯：《性欲三論》（北京：國際文化，2000年10月），頁43～48。

......

之後我撿到一副陽具。那般突兀

龐然堅挺於地平線

荒荒的中央──在人類所曾努力豎立過的一切柱狀物

第二節是乳房，從「失去彈性」、「寂寞」及「踩扁」、「凌虐」可知，相較於陽具，陳克華對女性性徵的描述是貶抑的。流淌的乳汁是嬰兒營養的來源，但是在這首詩中只是「一整個虛無」，於是將小小的圓錐踩扁後，在胸膛留下凌虐過的一點證據，可以視為將女性的乳房踩扁成了男性的乳頭。進入第三節，陽具，詩人認為是「人類所曾努力豎立過的一切柱狀物」，陽具是欲望的延伸及權威的象徵，至此到達一個新的階段。在柱狀物倒下後，性交迎面而來，瞬間的高潮讓時間凝聚彷彿過了一整個世紀，此刻出現「鯨」的意象，處在陳克華詩中永遠的騎鯨少年再度出現，展現赤子的、原始的欲望主體。最後以「地球小腹」擴大性交空間，讓第一節太陽的原始能量傳遞到地球內部，那是慾的蠱惑，深邃而巨大。

之後我撿到一顆頭顱。我與他

久久相覷

終究只是瞳裏空洞的不安，我納罕：

這是我遇見過最精緻的感傷了

......

最後我撿到一顆漲血的心臟。

脫離了軀殼仍舊猛烈地跳彈

邦浦著整個混沌運行的大氣，地球的吐納

我將他攔進空敞的胸膛

終而仰頸

「至此，生命應該完整了……」當我回顧

第四節撿到的頭顱是人類思想的發動處，而詩人將其安排在身體欲望之後，顯見欲望本能不待思考即成。那麼頭顱的意義是什麼呢？久久相覷之後只得到不安的結果，「精緻的感傷」意指一切虛無的源頭來自思想的空洞，細膩繁複又脆弱不堪的感傷是精緻的。驕傲的唇、漠然的眼與鬆弛的眼袋、瘦削的頰匯聚成那樣的一張臉：精緻，卻感傷。接著，「我吻他」企圖用欲望喚醒他，於是頭蓋骨如地殼般震盪，呼應「地球小腹」，將頭顱比擬為地球。

最後三行的問句，遠方是追尋的目標，頭顱與軀幹的分離是生命的消逝，遠方消失，可能指涉人類的毀滅，於是手指等器官皆是殘留的物件。

第五節到達遠方，代表新的目標產生或是新的人類產生。「我」逼近生命源頭，進入到太陽內部，因此質變為光，最終發散至於消失；可是，仍然有「不可穿越的最初的蠻強與頑癡」，接續最後一節，一顆漲血的心臟還猛烈地跳動著，那是生命原始的能量，維繫地球的運作。最終「我」將心臟放進胸臆，認為這就是生命的完整。整首詩中，手指、乳房、陽具、頭顱及心臟，都指向原始欲望，因為欲望是「最初的蠻強與頑癡」，所以生命仍然會周而復始地循環下去，呼應詩末兩句，圓潤也是、傷損也是完滿。

這首詩將人類零件化，探究根植於生命內部的原始欲望，並將欲望的運作放置在「太陽──地球」這般源頭與生成的場域間，營造遼闊的想像情境，從中透顯對生命的省思：生命的各種狀態皆是完滿。

（二）後人類無性化

詩人對後人類的想像來源於同志之愛，超越生殖枷鎖，希望回到最初相戀的感動：

> 是的，一個和我一般溫暖
> 心如處子　身如脫兔　的男孩
> ──我們相互愛著
>
> 超越生殖　沒有婚禮
> 也不會有花朵的盟約和節慶的祝福〔註63〕

沒有婚禮亦不需要祝福，這是放下要擁有與異性戀者同等待遇的執著，解構異性同性的框架，直面欲望主體。相較於超越性別，詩人甚至跨越肉體與靈魂的分界：「我想聽聽比胎兒，比受精卵／比慾念之起／更早的心跳聲。……因為那些／我們彼此認得。」〔註64〕而對於後人類生活的想像則通過科幻達成，以〈星星原子人〉為例：

> 嘆息著你說：如果我們能是最基本的電子多好
> 在能量最初的流動中，我們從容選擇

〔註63〕陳克華：《當我們的愛還沒有名字・男男愛諦》，頁42～43。
〔註64〕陳克華：《垃圾分類說明・傷》（臺北：書林出版有限公司，2018 年 7 月），頁68。

真正我們所要的宇宙———那時在北方

幻麗的極光是你眩人的眸光；

太陽風中將浮滿我們作樂的電訊，由地軸兩端

擁吹向慵懶的赤道———那時候只有

我們，我們對望的姿勢

是那時代惟一的圖騰〔註65〕

「如果我們能是最基本的電子多好」，化去形體，只以原初的能量相互交會，那將會是理想的宇宙。這首詩從同性戀在異性戀社會中的獨特性，再延伸思考完全新型態的生命，「星星原子人」是全新的生存模式，跳出性別，展開另一個自己。如〈星球紀事〉中的混血嬰兒：

自那次母親有意跌落精子池中

和一具懂得作愛的電腦受孕

我即在切斷輸送程式的臍帶後

成為戰後最後一名

通過智力測驗出生的混血嬰兒

（WS，你有血統證明書嗎？可以獲獎的）〔註66〕

劉正忠視之為人機結合的「機體人」，「幾乎是『無父』的，有則為『一台懂得作愛的電腦』或現成的『精子池』。就連居於主導地位的所謂『母親』，也是構造曖昧的（未必是純粹的血肉之軀）。」〔註67〕機械與人體結合，成為後人類無性化的表徵，依靠程式產生複製人，如〈寫給複製人的十二首情歌之十〉：

如何召喚下個世紀的高潮？你是無性生殖技術

的祭司　還是羔羊？

但你只是以身試法般地

愛我　像幽浮

鉅大如雲層的幽浮降落在

我被愛撫太久太頻繁的衰老體表

掠奪我的全部觸覺在我渴望被殖民的身體〔註68〕

〔註65〕陳克華：《騎鯨少年·星星原子人》，頁226～228。

〔註66〕陳克華：《星球紀事·星球紀事》（臺北：時報文化，1987年9月），頁61～62。

〔註67〕劉正忠：〈朝向「後人類詩」——陳克華詩的科幻視域〉，頁94。

〔註68〕陳克華：《乳頭上的天使·寫給複製人的十二首情歌之十》，頁171。

跨越性別後，即使走到後人類的境地，詩人仍舊探問「高潮」，由此可知，回歸欲望的「後人類」屬於無性生殖，沒有性別區分，而是原初能量的互動交流。

從人類到後人類的變革是生殖的自動化發展，不需要依賴性別條件，就能產出個體，在科幻的想像中，詩人依循著欲望本質，將自我消解的性別主體重組為後人類主體。

五、結語

當情色是一種途徑，陳克華將性意象拋散、堆疊，甚至組合性器官等，於是情色並不色情，凸顯的只是肉體之間的交纏、交纏至虛無。從本文戀愛、做愛到生殖的討論中可以看到詩人對欲望主題的殷切叩問，性意象在詩作中物質化為符號，成為詩人批判異性戀霸權、政治權力等主流價值的工具，這些符號作為詩人逼視社會的手段，愈是讓人不敢直視，愈是對虛偽造作的道德社會進行強而有力的嘲諷，因此，物質性是陳克華情色詩的後現代特性。

再者，物質化的情色符號承載的是詩人背德者的精神，作為少數，詩人走向與時代逆行的方向，但是透過本文在雌雄同體及後人類的討論可知，陳克華能走出自己獨特的路。從幻想女人的陽具或男人的陰道，轉向機械與人體的結合，期盼一個沒有生殖，不索求祝福的新世界，那是背德者不會再被另眼相看的未來國度，後人類將是徹底的顛覆與告別。所以，背德性是陳克華情色詩的後現代精神。

本文探討陳克華情色詩中的欲望主體，發現欲望主體的確立產生於異性、同性與無性之間，因為詩人藉由不斷向肉體、向精神挖掘來辨認自我的存在。透過性意象（欲望的小它物）的分析，詩中的無意識主體是在「戀愛中自覺」、「做愛中自由」及「生殖中自動」間流動，透過欲望主體的確立，一面批判（物質性）、一面自我消解（背德性），展現後現代詩的精神。

六、參考文獻

（一）專書

1. 余光中：《在冷戰的年代》，臺北：純文學出版社，1984 年 2 月。
2. 孟樊：《當代臺灣新詩裡論》，臺北：揚智文化，1995 年 6 月。
3. 孟樊：《臺灣後現代詩理論與實際》，臺北：揚智文化，2003 年 1 月。
4. 林燿德：《都市之甍》，臺北：漢光文化，1989 年 6 月。

5. 夏宇：《備忘錄》，臺北：夏宇出版，1984 年 9 月。

6. 高宣揚：《論後現代藝術的「不確定性」》，臺北：唐山，1996 年 10 月。

7. 陳克華：《星球紀事》，臺北：時報文化，1987 年 9 月。

8. 陳克華：《我撿到一顆頭顱》，臺北：漢光文化，1988 年 9 月。

9. 陳克華：《與孤獨的無盡遊戲》，臺北：皇冠，1993 年 8 月。

10. 陳克華：《我在生命轉彎的地方》，臺北：圓神，1993 年 10 月。

11. 陳克華：《欠砍頭詩》，臺北：九歌，1995 年 1 月。

12. 陳克華：《美麗深邃的亞細亞》，臺北：書林，1997 年 4 月。

13. 陳克華：《騎鯨少年》，臺北：小知堂，2004 年 1 月。

14. 陳克華：《善男子》，臺北：九歌，2006 年 8 月。

15. 陳克華：《啊大啊大啊大美國》，臺北：角立出版，2011 年 9 月。

16. 陳克華：《當我們的愛還沒有名字》，臺北：釀出版，2012 年 12 月。

17. 陳克華：《乳頭上的天使》，臺北：釀出版，2016 年 7 月。

18. 陳克華：《與騎鯨少年相遇：陳克華的「詩想」》，新北市：臺灣商務，2018 年 3 月。

19. 陳克華：《垃圾分類說明》，臺北：書林出版有限公司，2018 年 7 月。

20. 陳義芝：《聲納——臺灣現代主義詩學流變》，臺北：九歌出版社，2006 年 3 月。

21. 陳黎：《島嶼邊緣》，臺北：皇冠，1995 年 12 月。

22. 楊小濱：《欲望與絕爽：拉岡視野下的當代華語文學與文化》，臺北：麥田出版，2013 年 9 月。

23. 蕭蕭：《後現代新詩美學》，臺北：爾雅出版社，2012 年 2 月。

24. 簡政珍：《臺灣現代詩美學》，北京：北京大學出版社，2014 年 1 月。

25. 羅青：《什麼是後現代主義》，臺北：臺灣學生，1989 年 10 月。

26. 【瑞】卡爾‧古斯塔夫‧榮格（Carl Gustav Jung）著；馮川、蘇克譯：《心理學與文學》，臺北：久大文化，1990 年 10 月。

27. 【法】拉康（J.M. Lacan）著；褚孝泉譯：《拉康選集》，上海：上海三聯書店，2001 年 1 月。

28. 【加】琳達‧哈琴（Linda Hutcheon）著；李楊、李鋒譯：《後現代主義詩學：歷史‧理論‧小說》，南京：南京大學出版社，2009 年 9 月。

29. 帕特里莎・渥厄（Patricia Waugh）著；錢競、劉雁濱譯：《後設小說：自我意識小說的理論與實踐》，臺北：駱駝，1995 年 1 月。

30.【奧】西格蒙特・佛洛伊德（Sigmund Freud）著；趙蕾、宋景堂譯：《性慾三論》，北京：國際文化，2000 年 10 月。

（二）期刊論文

1. 焦桐：〈身體爭霸戰——試論情色詩的話語策略〉，收入林水福、林燿德主編《當代臺灣情色文學論：蕾絲與鞭子的交歡》（臺北：時報文化，1997 年 3 月），頁 197～229。

2. 陳義芝：〈臺灣後現代詩學的建構〉，收入國立臺灣師範大學國文系編《解嚴以來臺灣文學國際學術研討會論文集》（臺北：萬卷樓出版社，2000 年 9 月），頁 384～419。

3. 蕭水順：〈後現代主義的臺灣論述——羅青論〉，《國文學誌》第 10 期（2005 年 6 月），頁 105～128。

4. 劉正忠：〈違犯・錯置・汙染——臺灣當代詩的屎尿書寫〉，《臺大文哲史學報》第 69 期（2008 年 11 月），頁 149～183。

5. 劉正忠：〈朝向「後人類詩」——陳克華詩的科幻視域〉，《臺大文史哲學報》第 78 期（2013 年 5 月），頁 75～116。

附錄二：論夏宇詩中的主體意識

摘要：

在後現代主義中主體空缺的狀態下，藉由佛洛依德的意識及拉康的鏡像理論，企圖從「我」的辨認探討夏宇在詩中的主體意識。

「我」的辨認是主體意識的辨認，分出女性我、群體我兩個面向。女性我屬於性別主體意識，而群體我讓時空開展，兩方面都顯現後現代詩主體位置開放的特質。其次，夏宇的詩經常呈現出對存在的焦慮，夏宇的焦慮是一種厭煩，「厭煩」呈現在生存的焦慮感，或是時間的緊張感上。

最後，以「我」的流動詮釋從《備忘錄》（1984）到《第一人稱》（2016）的主體意識特徵，分為「從表象到虛無」再「回歸本質」。

關鍵詞：夏宇、後現代詩、主體意識

一、前言

夏宇（1956～）自 1984 年出版《備忘錄》至 2016 年《第一人稱》，已出版 9 本詩集。其靈巧多變的詩語言，以及女詩人的身分，使夏宇成為研究者關注的目標，如學者鍾玲〔註1〕從後現代主義分析夏宇詩中的後設性及

〔註1〕鍾玲：「夏宇的詩的確在多方面呈現了西方理論家所列舉出的後現代主義作品特色；諸如對文字功能之信仰。以遊戲態度處理文字、透過模仿嘲弄成規，以求創新的後設性、多元化而表面呈混亂的敘事方式、對傳統文學準則之採納並同時進行對其解構等等。」參見鍾玲：《現代中國繆司：台灣女詩人作品析論》（臺北：聯經，1989），頁 352～366。

解構性、孟樊〔註2〕同樣從後現代解讀夏宇的文字遊戲並觸及女性詩學；李癸雲〔註3〕則從女性主體建構指出夏宇詩的流動意旨、陳義芝〔註4〕是以達達實驗解讀詩人的心理狀態。上述學者大致肯定夏宇在創作上語言的特殊性，同時成為後現代詩人及女詩人的代表作家。

走過早期的語言叛變，詩人夏宇的實驗還在繼續。2009年孟樊在〈夏宇的後現代語言詩〉加入夏宇第五本詩集《粉紅色噪音》為討論對象，指出詩語言中意符遊戲和讀者參與的特性，「一首詩能從正面、後面乃至側面同時被閱讀，顯然它已不在傳達某種確定的訊息，而這種意義的未確定性便反過來讓詩創作本身成了一種意符的遊戲。〔註5〕」夏宇不斷尋找詩的「形式」，從《摩擦‧無以名狀》的大規模剪貼，到《粉紅色噪音》堆疊的透明片，甚至《這／那隻斑馬》直接斷開頁面，讓詩的上半下半可以自由組合成新的詩篇，夏宇將文字視為字塊，任意拼湊意符的舉動未曾停歇，讓研究者驚豔於詩的外表；然而，本文欲探討的是夏宇在詩中所呈現的主體意識，即使是隨意的意符拼貼，最終完成的詩仍然承載了詩人的企圖。

顧蕙倩〈論夏宇浪漫美學的個人主體性〉從浪漫主義追求個人主體性為基底，論述夏宇個人主體性；然而，其分析的脈絡卻與後現代主義有關主體意識及意符流動有疊合之處，〔註6〕綜合前述學者多從後現代詩人定位夏宇，

〔註2〕孟樊：「關於夏宇的後現代詩，男性批評家（簡政珍、林燿德）多半認為『意旨的消失』、『意符的游移』、『意符和意旨的乖離』、『文字的遊戲』等為其詩之特徵……奚密即指出夏宇的後現代風，最深刻的表現並非上述那些男性批評家所認為的特點。（而是根植在激進的女性主義精神上）。」參見孟樊：《當代臺灣新詩裡論》（臺北：揚智文化，1995年6月）頁222～325。

〔註3〕李癸雲：「夏宇將語言破框之後，讓語義四處流竄，意旨流動起來，呈現複雜、創造性與不穩定的一種語言狀態。」參見李癸雲：《朦朧、清明與流動：論台灣現代女性詩作中的女性主體》（臺北：萬卷樓，2002）頁157～164。

〔註4〕陳義芝：「夏宇的達達實驗也應看作是1990年代她的一個心理狀態。」參見陳義芝：《聲納：臺灣現代主義詩學流變》（臺北：九歌，2006），頁197～208。

〔註5〕孟樊：〈夏宇的後現代語言詩〉，《中外文學》第38卷第2期（2009.06），頁197～227。

〔註6〕顧蕙倩的分析脈絡為：「神話、古詩的主體性重建」、「顛覆二元劃分，走向女性主體」以及「流動的女性主體認知」，文中所論援引解構語言及顛覆父權的概念，與前人研究夏宇詩作所運用的手法相似，例如〈野餐〉、〈南瓜載我來的〉兩首詩皆在鍾玲以後現代視角論夏宇時出現。參見顧蕙倩：〈論夏宇浪漫美學的個人主體性〉，《臺灣詩學學刊》第15期（2010.07），頁235～264。

筆者擬從後現代主義視角，探究夏宇詩中的主體意識，以期能對於後現代詩人主體意識之建構有另一番視野。

（一）後現代主義中的主體

後現代主義（Postmodernism）為二戰之後發展的文化浪潮，影響擴及生活各個層面。後現代理論的發展主要在法國，從結構主義到後結構主義的發展，形成一系列對理性主義的反叛。〔註7〕

> 結構主義將主體界定為只是一種語言、文化或無意識的效應，因此將它摒除或徹底地拆解，連帶地，也否定了主體的發生性、創造性效力。……在這種模型下，意義不再是自主的主體以清楚的意向所創造的；主體本身就是被語言系統中的關係所構成的，因此，主體性只是一種社會的和語言的建構。
>
> ……
>
> 比起結構主義者和符號學家，後結構主義者以更激進的方式強調符號的任意性、差別性以及無指示性。事實上，後結構主義理論家和後現代理論家強調社會上每件事物——語言、文化、實踐、主體性乃至社會本身——的任意性和因襲性。〔註8〕

主體（subject）在哲學概念上為主觀、自我與實體，〔註9〕而結構主義、後結構主義強調主體在社會及語言當中「被」建構，排除主體的能動性，由此發展到文學作品中，一旦作者的主體意識遭到排除，或者忽略，那麼重新詮釋和創作，就產生了不同價值與意義。

因此，從「解構」的角度看待後現代主義中的主體，它喪失權威性，是透過語言符號建構而成，它的狀態是「空缺的位置」，隨時可以被替換、被塑造。傅柯（Michel Foucault，1926～1984）認為作者提供的是空間，作者在

〔註7〕後結構主義與後現代主義的關係是緊密的，可以視為其中的一部分：「後結構主義是後現代理論源頭的一部分，後結構主義式批判也直接關聯到後現代的理論斷裂，因此，後結構主義應該被詮釋成塑造後現代論述的理論趨勢、文化趨勢以及社會趨勢的一部分。」參見史帝文·貝斯特（Steven Best）、道格拉斯·凱爾納（Douglas Kellner）著；朱元鴻等譯：《後現代理論：批判的質疑》（臺北：巨流，1994），頁46。

〔註8〕史帝文·貝斯特（Steven Best）、道格拉斯·凱爾納（Douglas Kellner）著；朱元鴻等譯：《後現代理論：批判的質疑》（臺北：巨流，1994），頁39～40。

〔註9〕蔡進松、曹逢甫、余玉照總編輯：《文馨當代英漢辭典》（臺北：文馨，2000），頁1794。

書寫中扮演的是死亡的角色：

> 書寫好像遊戲般展開，而且這種遊戲必然超越它自身的法則與界
> 限。就書寫而言，其要點不在於彰顯或提升書寫的作為，亦非將某
> 一主體圍禁在語言中，而是要創造出一個寫作主體經常隱遁其中的
> 空間。〔註10〕

傅柯進一步討論「主體」在書寫主體方面的特性，認為書寫是展開一個遊戲空間，作者最終將隱遁──或死亡，從而顛覆作者權威，讓文本成為一個開放的空間，誰都有可能佔據那個主體位置。

（二）後現代詩中主體意識的建構

在後現代主義中的主體是處於空缺的狀態，那麼所謂隱遁或者死亡的作者為何？是本文思索的起點，因此，藉由探討後現代詩中主體意識的建構，欲架構出詮釋夏宇詩作的途徑。

筆者從佛洛依德（Sigmund Freud，1856～1939）在精神分析學的觀點出發，意識可以分為「意識」、「前意識」及「潛意識」，而透過壓抑機制，讓主體能夠統合三方意識，達到和諧。〔註11〕之後拉康（J.M. Lacan，1901～1981）以鏡像理論發展主體心靈結構：

> 一個尚處於嬰兒階段的孩子，舉步趔趄，仰倚母懷，卻興奮地將鏡
> 中影像歸屬於己，這在我們看來是在一種典型的情境中表現了象徵
> 性模式。在這個模式中，「我」突進成一種首要的形式。以後，在與
> 他人的認同過程的辨認關係中，「我」才客觀化；以後，語言才給
> 「我」重建起在普遍性中的主體功能。〔註12〕

拉康的「我」是經由「他者」認識到自己的存在；因此，主體意識的建構可以從「我」的辨認作為起點。以下本文討論的途徑從「我」的辨認開始，發現夏宇詩作中對於存在的焦慮，進而詮釋從《備忘錄》（1984）到《第一人稱》（2016）流動的主體意識。

〔註10〕米歇爾·傅柯（Michel Foucault），王俊三譯：〈「作者」探義〉，《中外文學》
　　　　第 13 卷第 1 期（1984.06），頁 131～132。

〔註11〕參見【奧】西格蒙德·佛洛伊德（Sigmund Freud）著；林塵譯：《自我與本我》
　　　　（上海：上海譯文出版社，2011），頁 197～216。

〔註12〕拉康（J.M. Lacan）著；褚孝泉譯：《拉康選集》（上海：上海三聯，2001），
　　　　頁 90。

二、「我」的辨認

（一）女性我

對於個體的存在，是從認知到「我」的存在開始，而「我」的概念是從辨認出「他者」的過程中誕生。以〈無感覺樂隊（附加馬戲）及其暈眩〉為例，在樂隊中出現「我」（女性）、「他」（男性）及小孩（無性別），以音樂帶動情節，思考存在的過程近乎耳鳴，讓人暈眩：

> ……
>
> 如何解釋即使一個簡單的句子也是分歧的不確定的無可詮釋
> 的如何證明如何告訴你我們極瞌睡我和我的小孩像豆子躺在
> 豆莢裏那瞌睡———怎麼說怎麼說———一片樹葉飄下來落在一
> 管口琴的第七個音節上秋天開始得很是時候我們收養的另一
> 個小孩發問了到底存不存在不存在的東西呢我們常常搬家
>
> 我決定我是處女懷孕就像他決定他自己是什麼什麼主義。他
> 贊成不見得所有比喻都必須是準確的但他說小孩自己恐怕不
> 會同意的所有的小孩第一件事就是想知道自己是怎麼來的做
> 一個小孩是極艱難的當他們找不到解釋或是解釋不夠充分他
> 們無法繼續下去他們就提早長大了。啊那瞌睡。那瞌睡像是
> 10 除以 3。我的小孩，在我們一起慎重睡著以前我說你知道
> 不知道現在現在我感覺自己像一座沙丘正在正在被風吹散
>
> 又被一陣更強的風吹到一個更陌生的城市種滿葡萄橄欖樹和
> 無花果的城市找到的唯一解釋是音樂是一切。於是我們的樂
> 隊繼續存在用一種絕大的意志力繼續存在馬戲部分則視表演
> 者當日醒來的精神狀況決定。他也無論如何決定要繼續寫他
> 的傳單沿途發送我看到的一些比較不激烈的句子是這樣的：
> 「形式。深沉的形式。密閉的。隨時可以瓦解的。匿名的形
> 式。」有人簡潔地重視形式以輕視細節為榮。我握著我的口
> 琴終於成功地在一個櫃子裏被變走然後在百哩外一個鎮暴隊
> 伍裏出現我驕傲地壓抑地用我的沙漏起誓我極端暈眩我認得
> 的有些磨菇亦致人如斯

暈眩令人豔羨〔註13〕

這首詩在形式上雖然像散文，但是沒有標點，是聚集成一塊塊的詩。在塊狀的詩節中，推展一支樂隊的表演。

第一節，「我」和男人在街頭表演，我吹口琴，而他是逃亡的某某主義。在沒有標點的詩句中，詩人的口氣如旁觀者一般淡漠，偶爾有些任性、有些脾氣。詩的第四節，加入三個流浪漢，其中一人出示假鈔。如果在街頭賣藝是一種誆騙的手段，那麼「假鈔」又帶出虛假的意象。在第五節，詩中的「我」懷孕，男人帶著她去參加各種主義的聚會，像是一種意識的灌輸。

接著，樂隊命名為「無感覺樂隊」，她負責收錢，原因不是性別，而是因為她擁有一頂帽子。至此，詩中的「我」身為一名女性，「懷孕」加強女性特質，而「收錢」如果也被當作女性特質，則將視女性為樂隊賣藝的附屬；詩人不要這樣的設定，而讓「擁有」帽子作為判斷的依據。當女性擁有資產，她有能力、有權力，就有機會排除「因為你是女人，所以……」的標籤。

當表演結束，詩的內容推展到小孩身上。在第七節，出現「存在」一詞，從小孩的提問發展出來，從小孩到大人，對於存在的認知有什麼轉變？藉由小孩對存在的好奇，提示了對於存在的關注，而詩僅以「常常搬家」作結。

觀察在前半部出現的意象，樂隊透過街頭賣藝尋找生存的機會、詩中的「我」生產存在，收養的小孩詢問存在。但是「我們常常搬家」，像是逃避了回答。

在倒數第二節中，「我決定我是處女懷孕」意思是我的身體由我自己掌握，懷孕也不用男性介入，展現強烈自主性。而「他」則是決定自己的主義，他能選擇自己的思想，同樣的，「我」也可以。至於小孩，當解釋不能繼續就長大，表示長大是解釋的喪失，意義不明彷彿是長大的常態。然後是打瞌睡，慎重地睡著，慎重地失去解釋，逐漸被風吹散。至此「存在」面臨消失的結局。

而最後一節，唯一的解釋是「音樂是一切」，聲音做為存在的證明穿越時空，繼續讓樂隊存在。其中提到的句子，形式可以指樂隊，也可以指這首詩的形式，形式隨時可以瓦解，「我」不在乎、詩人亦無所謂。最終的「磨菇」讓人暈眩、讓人欣羨沉醉，回應詩題「無感覺樂隊及其暈眩」，音樂讓人無感卻暈眩，如果音樂代表生存，那麼這首詩能表達出對於生存的無感及暈眩，

〔註13〕夏宇：《夏宇詩集 Salsa・無感覺樂隊（附加馬戲）及其暈眩》（臺北：夏宇，1999），頁 8～12。

它是生存、生育、生長的一切過程，磨菇是解藥也是毒藥，存在之生滅令人
目眩。

　　女性我的辨認帶出性別主體意識，「懷孕」及「小孩」連結母性，而「他」
（男性）能決定自己是什麼主義，因此這首詩中的主體位置可以多元展開。

（二）群體我

　　當時間開始推展流動，是「我」的延續。「我」與「他者」的存在辨認從
「我」擴及到「我們」。試看〈竊竊私語〉：

　　　　灰睡在灰上
　　　　水關在水裏

　　　　時間曾經打一個摺
　　　　把我們摺進去

　　　　那個向前標示卻不斷後退的箭頭
　　　　原是一大群逆向飛著的蜂

　　　　已經是上個世紀
　　　　我們存的一大罐蜂蜜

　　　　我們的竊竊私語
　　　　我們的竊竊私語〔註14〕

　　這首詩的特點在於邏輯的巧思。當我們從詩的結尾逆向閱讀到詩的開頭，
會發現竊竊私語的那句話正是開頭兩句：「灰睡在灰上／水關在水裏」。灰字，
以顏色沉睡在灰色上面，給予讀者的畫面是重疊的灰色，它或因重疊而加深
濃度，或有深淺，因為時差；第二句流動的水竟能被關住，原來柔弱如水，才
能留住水，在水流的包覆中，它正流動，也正停駐。在詩的第一節，詩人切入
一個新穎的視角，打破邏輯的規律，剖開思考的表層。

　　進入第二節，當不復的時間打了摺，那麼必定有什麼發生了改變，「我們」
是其中的變因，將「我們」包覆，代表將一部分的回憶包覆，因為是「曾經」，
所以「我們」被迫停留在過去的時間裏。至此，「灰色」、「水流」及「回憶」
停駐在某個位置，在暫停的這一刻，就是這首詩所要抓住的瞬間。

〔註14〕夏宇：《夏宇詩集 Salsa・竊竊私語》（臺北：夏宇，1999），頁2。

　　而那個不斷後退的箭頭，是逆向飛行的蜂，如果以蜂喻人，那麼看似前進的人們，事實上是不斷後退，要奔向生命的終點。詩的最後兩節，重複竊竊私語，像蜂蜜，像甜蜜的謊言，封存了一個世紀。同樣地，整首詩突出「暫留」的意象，我們的一切行動、話語在龐大的宇宙中，像是竊竊私語般存在；然而，再微不足道的存在都是事實，都有它的一席之地。

　　在這首詩中我們看到詩人以鮮明的細語動作，凸顯時間洪流中人們微小存在的事實，它不予人楚楚可憐的感傷，而是帶出理直氣壯的議論面貌。

　　群體我的辨認讓這首詩的主體位置向時空展開，任何時空的竊竊私語都能被裝入罐子裡。

三、「我」的焦慮

　　辨認出「我」的存在之後，下一步是對辨認出的這個結果產生懷疑，這個「我」是如何形成的？在什麼情況下形成？在反覆地質問中，「我」將更加突出或者模糊？這是詩人在詩作中不斷呈現出的，對存在的焦慮。以〈繼續討論厭煩〉為例：

　　　　所以我們必須繼續討論厭煩
　　　　厭煩的東西都是厭煩的
　　　　任何厭煩的東西都是厭煩的
　　　　事實上只有厭煩的東西才是
　　　　厭煩的
　　　　它不必被發現，它在。

　　　　它有一種遙遠而清澈的感覺
　　　　有一點瘋狂
　　　　也有懷舊和顫慄的情愫
　　　　其實也離道德不遠

　　　　你要怎麼形容厭煩的味道呢？
　　　　只有最老成持重的侍者會說：
　　　　「你要怎麼形容橘子的味道呢
　　　　我們只能說有些味道像橘子。」

　　　　讓人著迷的不是它的建築

而是它的癱瘓。有一種龍涎香。
琥珀色。也不妨甚至
像是一些呆滯的水管的樣子。
一些牛皮紙袋的樣子。
機緣、回憶、慾望和巧合
的反向下水道的歷史背面的城市

那真是一種氣氛的問題
厭煩
接近印象派
在狂喜最薄最薄的邊上
只有光可以表達
每一個時刻移動的光
那奢侈寧靜那逸樂那膩
是那種以為再也不可能醒來的午睡
接近恐怖主義

接近水泥和沙和鐵
用叉子刮著盤底
剩下一些指甲和皮屑

而並不曾意料的
以傢俱店的形式出現的
店名就叫做厭煩與狂喜的

毫不妥協的低調裝飾
卻是所有的椅子都經過設計
到了絕不可能回返的境地
那些櫃子虛掩
接近直覺

它們帶來凝聚和沉溺的晚上
主題是自我的可厭
儀器的不同形式

屏風的無目的結論

以及燈光暴力猶豫不決的裝飾性

誰比誰正確，或者說

誰比誰遠離直線

誰比誰更激進

更富音樂性

更具節慶氣氛

更允許豐富的插圖

和冗長的遊行隊伍

誰更接近一間完美的浴室

誰比較是浴缸

你不能判斷那狂喜或厭煩

誰是軸誰是旋轉〔註15〕

第一節重複「厭煩」七次，引起直接的厭煩感受，接續下去轉了彎，厭煩的感覺開始旋轉。

該怎麼形容厭煩的感覺，一句「其實也離道德不遠」，讓厭煩的存在好像理所當然，而厭煩的味道呢？龍涎香是鯨魚體內的分泌物，一種香氣以琥珀色蔓延，高尚的成品與卑微的來源共存。「厭煩」看上去就像是一座高聳入雲的尖塔，轉個方向就會發現它只是平躺的剪紙，平凡無奇。詩人以多種意象對「厭煩」進行換喻，打造出厭煩的形象。

再說厭煩的氣氛，靜看時間的移動，視線緩慢、行動遲緩，真正是厭煩的動作，在不期待醒來的午睡裡，毀滅一切的不在乎接近恐怖主義，讓人既害怕卻又興奮的狀態。

「用叉子刮著盤底」簡直達到厭煩的高峰，出現了「狂喜」，聯繫著前一節「恐怖主義」的緊張感，接近癲狂的僵硬狀態，用傢俱的外表來呈現。倒數兩節，揭曉厭煩的主題是「自我的可厭」，在周遭的目光下，不能認同自我的內在衝突，激烈地翻騰著，往下到最後一節，「誰比誰」是抗議的口吻，「正確」、「直線」與「激進」堆疊出社會單一而強勁的價值觀禁錮著個體的靈魂，所以厭煩、所以狂喜，結尾「誰是軸誰是旋轉」點出主客地位混淆，自我的混亂標誌著社

〔註15〕夏宇：《夏宇詩集 Salsa・繼續討論厭煩》（臺北：夏宇，1999），頁 21～24。

會凌駕於個體意識之上的現象，誰是號稱中心的軸？誰是跟從的瘋狂旋轉？可以再進一步問，「你不能判斷」代表「你不能承認」或者「你不願承認」，當自我的可厭只是狂喜的旋轉，那麼真正讓人厭煩的軸究竟是「我」，還是「社會」？

這首詩以厭煩為軸，旋轉出味道、氛圍、聲音與外表等，最後顛覆自我，放掉軸的位置，反而旋轉出更多可能性，更接近狂喜。

對於存在的焦慮是詩中不斷迴旋的噪音。拼湊、堆疊或者切割、刪除等，通過翻譯系統一秒製造出來的詩，夏宇面對這些作品的態度，像濾網篩過詩句，他也是詩的讀者之一。試看〈發現多麼恰當她的激情濾網〉：

> 這是一個愚笨的文件
> 它是無意義的蠢話
> 她不盼望任何幾十億個人在她的行星
> 實際上讀
> 不滿意妥協無止境的系列
>
> 她忘記一切為那裡是沒什麼記住
> 問題是它們狂放和華麗的外部
> 她也許有洞察
> 通過那
> 和看見什麼實際上是在裡面〔註16〕

當詩人退一步看自己的焦慮，他自己也不能夠肯定，那在焦慮裡面的是什麼東西？從後設的角度看待，「這是一個愚笨的文件／它是無意義的蠢話」嘲諷了所有讀者，繼之而起的「厭煩」感受，讓夏宇詩的獨特風格再翻新頁。

在狂放和華麗的外部，實際上存在於內部的是什麼？生命多姿的面貌，喧囂的外表下，真實的又會是什麼？在直線衝刺的翻譯詩句中，詩人這回是站在讀者的角度探問，而「存在」也許就是那「不滿意妥協無止境的系列」。

夏宇對於聲音的關注度甚高，存在之於詩人而言，像是一段又一段不知所起亦不知所終的旋律，誘發詩人的焦慮。從女性我到群體我，指出詩人在詩作中所展現對存在現象的反覆叩問，而詩作中的主體從「我」的辨認產生，到最後消解「我」存在的絕對性，開放出主體位置，形成多元共構的情境。

〔註16〕夏宇：《粉紅色噪音·發現多麼恰當她的激情濾網》（臺北：夏宇，2007），編號第 19 首。

四、「我」的流動

（一）從表象到虛無

夏宇的詩，從《備忘錄》（1984）開始，靈敏的詩想是其特出之處，翻轉常見的意象，讓詩心跳躍。詩人將「我」投射於萬物表象，如〈跟你的 Texwood 一樣藍的天〉一段：

> 當你走累了席地而坐
> 在任何一座教堂同樣厚度的陰影裏
> 思索著
> 做一隻輪胎
> 就必須不停的忘掉路面
> 是多麼累人的
> 一件事〔註17〕

陰影的厚度疊合教堂的神聖性，將「信仰」不可動搖的特性具體展現出來。接著以「輪胎」比擬人的生存，如果輪胎忘掉路面是為了前進，輪胎不停翻滾著，累的實際上是人，而不是輪胎，所以多麼累人，當生命是一再地遺忘與重複。

然而，忘掉才能前進嗎？或者經過的路面其實是不斷碾壓在輪胎上的塵土，輪胎可以「忘掉」也可以「記得」，而詩人選擇「忘掉」做為前進的動力。詩人瘂弦：「而既被目為一條河總得繼續流下去的／世界老這樣總這樣：——」〔註18〕生存的姿態是不斷往前，而前進的方式則各有各的驕傲矜持。夏宇是累人的一種。

在《腹語術》（1991）的方塊大字，鮮明而奪目，詩人同時在詩集的形式上不停鍛鍊。詩人將「我」投射於輪胎，又投射於火柴盒。試看〈當傾斜的傾斜重複的重複〉：

> 繃緊一面意志的薄膜
> 在早晨的牛奶杯裡
> 破裂的剎那的音符
> 在杯沿升高收斂
> 然後降低了半音。

〔註17〕夏宇：《備忘錄・跟你的 Texwood 一樣藍的天》（臺北：夏宇，1984），頁6。
〔註18〕瘂弦：《深淵》（臺北：晨鐘，1975）。

　　　　仍然把牛奶喝了把細軟收好

　　　　照著鏡子像一個全新的

　　　　還沒有擦傷過的火柴盒

　　　　當傾斜的傾斜

　　　　重複的重複並一再

　　　　一再傾斜地重複

　　　　你所錯過且亦被斜切過的不尋常之街

　　　　我們所錯過的糖果紙等等

　　　　黎明比愛陌生愛比死冷〔註19〕

　　晨起的臉龐僅靠薄薄的一層意志撐著，否則就要睡著，第一行就將勉力生存的模樣展露無遺。杯緣的音符磨擦，升高又降音，在開口說話的剎那，一天正式開始，於是仍然喝完牛奶、仍然收拾東西準備出門。「照著鏡子像一個全新的／還沒有擦傷過的火柴盒」，連結第一行「薄膜」的意象，一旦觸碰就會破壞全部的概念，火柴盒是那樣簡單而不易保存的東西，以此喻人，將人的脆弱與敏感清楚呈現。

　　而人的脆弱正是在傾斜與重複的環境下培養，當「一再傾斜地重複」，傾斜是萬物開始活動的表徵，以及動作的持續。傾斜是偏於一方，所以當傾斜的傾斜，就是意志開始作用，進行評估、判斷與執行的過程，而這一切又將會重複再重複，所以意志不斷被削弱、變薄，在日復一日的瑣碎當中，人們錯過了不尋常的街道，錯過發現改變的契機，於是繼續輪迴；而錯過的糖果紙，是已經消逝的過往美好，糖果紙的曾經包裹住的，因為錯過而不再被想起，諸如此類，進入詩的尾聲。

　　「黎明比愛陌生愛比死冷」連結第一行晨起的意志，黎明的溫度比愛還生冷，但是愛卻比死亡還要寒冷，那麼黎明將是最冷冽的。生命的色調在傾斜與重複當中淬煉成冰冷的臉色，每個軀體火柴盒般活著，保持表面完好、害怕擦傷。這首詩呈現出生存的面貌與溫度，存在的傾斜與重複。

　　透過詩人不停對「我」進行表述，如同以文字磨擦，讓「我」逐漸走向虛無，過度的噪音近乎耳鳴。

　　當夏宇重新拼湊《腹語術》，完成《摩擦·無以名狀》（1995），將字視為色塊，在字詞組合過程感覺其發出的聲音、形成的氣味，每一首詩的完成就是

　　　　　　　　　　

〔註19〕夏宇：《腹語術·當傾斜的傾斜重複的重複》（臺北：夏宇，1991），頁100。

詩人展現自我的一次完成。這本不期望被記得的詩集，是夏宇想留下的印記。
夏宇：「即使詩可能是失敗的，希望企圖可以留下來。」〔註20〕詩集其中一首
〈由1走向2〉再次重複傾斜：

> 斜傾複重
>
> 斜傾複重斜傾
>
> 複重複重斜傾複重
>
> 緊繃斂收高升霍揮落趺
>
> 失遺低降開撕裂破
>
> 擠壓滿充透穿
>
> 息嘆潰崩〔註21〕

簡單的換位，帶來形音義的錯亂，它不追求意義，只呈現出聲音、形體排列
的感受，回應詩題〈由1走向2〉，從一個位置走到另一個位置，當字離開了
原本的位置，就產生新的結局，無論結局的意義為何，一切究竟是不同了。

　　詩集《粉紅色噪音》（2007）以翻譯詩為創作形式，在透明紙片上堆疊英
文與中文詩句，號稱泡在魚缸裏仍能繼續存活的詩集，這是對形式的又一次
顛覆。這一次，夏宇讓「我」從表象走向了虛無，以頻繁的性交沖刷存在的意
義。以〈令人心碎的時代和普通每日片刻〉為例：

> 怎樣性交是蠕動那？
>
> 很不同和甜
>
> 承諾等候我們
>
> 在神秘愛的限額
>
> 在明亮，發光，似神的煥發
>
> 如果我們必須死
>
> 我們將需要那些押韻的技能
>
> 某些人是出生與
>
> 其他人顯現出
>
> 外面，雨夾雪落
>
> 並且有歡樂宿酒愚鈍的痛苦到處

〔註20〕夏宇：《摩擦‧無以名狀》（臺北：夏宇，1995），序。
〔註21〕夏宇：《摩擦‧無以名狀‧由1走向2》（臺北：夏宇，1995），第42首。

> 如果我們必須死
> 我們可能舒適地被安置在敬佩的
> 人群的中心
> 我們太無動於衷以至於不能終止
> 暫掛感覺
> 真正的生命發生其他地方〔註22〕

透過翻譯機的直譯所成就的詩，可追索的主體意識更加稀薄，「詩」成為符號，只在讀者一方進行詮釋。想像夏宇的姿態是：「看吧！你能讀出些什麼？」

閱讀這首詩的第一句，「怎樣性交是蠕動那？」，以漢字的邏輯去理解會引起一種反射動作，就是將它調整為「那蠕動是怎樣的性交？」去理解這句話。那麼問題很快就產生了，究竟哪一句是詩人的創作，而哪一句才是詩人想表達的呢？

假設第一種情況，為整首詩按照原句閱讀。那麼我們會感到整首詩的失敗，在於語法的凌亂破碎，彷彿是努力學中文的初學者，嘗試以中文創作罷了。我們僅能看到單句，而難以成篇。

第二種情況，就是以中文的邏輯重新調整詩句，那麼我們就可以暫時拋開奇怪的語法，而從散亂各處的意象去編織出這首詩所要表達的主題。例如：「性交」、「承諾」、「神秘愛」、「押韻」、「出生」等字詞，聚焦於生命的產生。「性交」是生命的開始，而「性交」可能隱含某種「承諾」；「神秘愛」是生命的化身，而「押韻」則是生存的技能；「某些人是出生」關聯到生命的產生，「其他人顯現出」留下的空缺亦是「生命」的位置。

在詩的第二節，生命成長後，經歷生老病死的普遍苦樂，而「如果我們必須死」接續第一節對生命的定調，死亡是必然的結果。最後四行，「我們」在人群的中心，卻沒有感覺，被「掛」起的感覺能力，像個配件，而「真正的生命」原來不是「我們」，詩在結尾否定「我們」的存在，「真正的生命」不在「敬佩的人群的中心」，而在其他地方。因此，從「性交」到「出生」可能是機械性地生產，「我們」其實是沒有「感覺」的「生命」。

當筆者試圖去理解這首詩的內涵，所體悟到的是生命的廉價。當性交的泛濫只是日常，遂由「普通每日片刻」的性交構成「令人心碎的時代」，那時代

〔註22〕夏宇：《粉紅色噪音·令人心碎的時代和普通每日片刻》（臺北：夏宇，2007），
　　　　編號第1首。

是沒有感覺的生命群體所構成的時代。這首詩質疑生命的存在，帶著批判的眼光看待集體無感的生命現象。

《這／那隻斑馬》（2010），直接斷開頁面，讓詩的上半下半可以自由組合成新的詩篇。這本詩集中收入一些舊作，在閱讀的過程中仍有驚喜，像穿越時空一般，不僅是當下的拼貼組合，還能跨越時空，與所有夏宇詩開一場派對。

這本詩集的特點在於較以往的詩更口語，像流行歌詞，押韻的情況較為普遍；而在劇烈放大縮小的字體中，筆者注意到詩集中遇到關於「你愛我嗎」的字眼就特別放大，讓整本詩集像瘋狂的質問，執著地索取愛的溫暖。以編號 69〈不明飛行〉為例：

> 快要用完末世紀／晃來晃去／虛空如何生萬有／晃來晃去／有時
> 在有時不在／晃來晃去／雲裏來霧裏去／晃來晃去／我真的還愛
> 你／早睡早起／我知道你不愛我／早睡早起／愛你的你不愛他／
> 早睡早起／你愛的他不愛你／早睡早起／那情銷魂那歌斷腸／既
> 存在如何忘／快樂伴隨虛無／無聊十面埋伏／你不愛只想被愛／
> 沒有關係／你無賴讓我等待／沒有關係／春蠶到死絲方盡／沒有
> 關係／千金散盡還復來／沒有關係／無恥感官帝國／恐怖地獄沙
> 漏／無盡欲望沼澤／泥濘泥濘泥濘／就撐著一把破傘好像一個骷
> 髏／回憶生前溫暖感覺好孤單〔註23〕

如果說一首好詩的條件至少有二：意象精準連貫、節奏清楚流暢。那麼這一首〈不明飛行〉可就要落入壞詩的行列，重複的字詞與套語堆疊，讓詩的意象鬆散失焦，節奏在結尾拖長的句子中顯得苟延殘喘，又讓人感覺「厭煩」。

細究詩行，「虛空如何生萬有」、「我真的還愛你」，質疑存在的真實性，在愛慾橫流的世紀末，詩人的探問仍舊點出當下對世界的觀察與體悟；而「無恥感官帝國」、「就撐著一把破傘好像一個骷髏」彰顯感官刺激無限展開的社會，頻繁的感官刺激早已跨越道德底線，愛或者不愛都不是莊重的諾言，將前人深情的詩句穿插放入更顯諷刺，人們已是死亡的骷髏，只能懷念生前的溫暖。

「我」的流動從表象到虛無，頻繁地叩問是詩人主體意識的展現；然而，在夏宇出版《詩六十首》後，「我」的流動又產生新的可能。

〔註23〕夏宇：《那隻斑馬‧不明飛行》（臺北：夏宇，2011），編號第69首。

（二）回歸本質

《詩六十首》（2011）詩集封面以刮漆處理，原本純色的封面，會在不經意的磨損中掉漆，露出藏在底下的六十首詩句。一首詩對另一首詩涉入的可能性，夏宇用實際行動證明。

在《詩六十首》讀到的詩，語氣強烈，態度兇狠。〔註 24〕有別於《摩擦・無以名狀》及《粉紅色噪音》的文字叛逆，它呈現出近似於《Salsa》的強烈敘事企圖，好像過了很久以後，繞了一圈，詩人夏宇又有話想說、有詩想寫了。

而夏宇對於「我」的表述依舊存在，但是不同於過度磨擦的虛無，詩作中所呈現出的態度是漠然。詩人依舊諷刺存在的表象，讓世紀末橫流的欲望窒息得更加徹底。試看〈春日無名腫脹其之為瘟疫戰爭與惆悵〉：

> 你會嗎給我更多的愛
> 更充耳不聞只為忘記存在
> 你把 U 型試管捅了捅
> 一端的開口是我整座的海
>
> 我的耳朵浸滿海
> 是我要的那種失敗裏
> 才能夠遇見的你
> 那種放棄讓死
> 死讓噪音更為具體
>
> 而實際上我像一個短暫的女人一樣出門
> 購物單上只有礦泉水狗食和貓砂
> 肥肥的木棉花躺在地上
> 當我最喜愛人類的時候
> 我去摸摸它看是不是我遺失的嬰孩〔註25〕

「你愛我嗎」的質問再次出現，更充耳不聞只為忘記存在，忽視質問，為了忘記存在的事實，也就是說，即使存在是真實的，也會被遺忘。

〔註 24〕例如：〈每天都想被充滿是怎樣〉、〈二輪電影院〉、〈串聯佔領空屋〉等。
〔註 25〕夏宇：《詩六十首・春日無名腫脹其之為瘟疫戰爭與惆悵》（臺北：夏宇，2011），頁 9～10。

　　從「你會嗎」這一問句證明，當一段關係產生就永遠處於不確定的狀態，因此「存在」也是不確定的。「你把 U 型試管搖了搖／一端的開口是我整座的海」可能指涉受精過程，這讓詩的第一節塑造出在一個性愛過程中，一名男子重視性，而一名女子重視愛。「那種放棄讓死／死讓噪音更為具體」詩的第二節女子索愛失敗，放棄愛、放棄讓愛存在，死亡像一堆亂碼畫面，讓噪音磨擦充塞耳際。

　　到第三節，實際上「我」裝扮成一名單身女子，出門買寵物飼料，看見路上的木棉花，當成是遺失的嬰孩。遺失暗示曾經擁有，可能是指墮胎或者整個過程都只是幻想。回應詩題，戰爭與惆悵像是幻想整個性愛戰爭後所留下的惆悵情緒，最後遺失的嬰孩終究是不存在的存在。在這首詩中，對於「存在」不是焦慮，而是漠然。

　　另一首〈絞肉機〉則顯現出「我」聽到生命的本質，讓「我」成為純粹的主體而存在。

　　　　無時無刻我聽到一台
　　　　巨大絞肉機的聲音
　　　　各種肉塊不停
　　　　被丟進去絞成碎肉
　　　　萬物泯除界線的最終暗示

　　　　就像海關人員禮貌相詢
　　　　您有何物申報
　　　　面對公務員我只有一種想法是
　　　　要儘量幫助他們儘快填滿所有表格
　　　　讓他們趕快下班回家

　　　　於是好像瀕臨死亡
　　　　愛愛愛愛我說
　　　　愛愛愛愛愛愛
　　　　一生快速閃過
　　　　一部勵志電影
　　　　夾雜大量的性〔註26〕

〔註26〕夏宇：《詩六十首・絞肉機》（臺北：夏宇，2011），頁 21～22。

「無時無刻我聽到一台／巨大絞肉機的聲音」點出生命的常態，巨大的絞肉機是命運的手在操弄，那機器運作的聲音彷彿時間的滴答聲，恆久而淡漠。各種肉塊是各式人類，最終成為碎肉，牛驥同皁。

第二節將絞肉機比喻為填寫表格，表格內的資料不重要，重要的是填寫完畢才可以下班。表格內的資訊代表一個人存在的證明，然而對於絞肉機而言，不過只是大小形狀不同的肉，最後會變成一樣粗細的碎肉。

來到第三節，所有存在無時無刻都「好像瀕臨死亡」，「愛」像碎肉充滿死亡的過程，在絞進機器的瞬間，「一生快速閃過」，「勵志電影」與「大量的性」形成對比，奮力求生可能是勵志陽光的一面，然而夾雜的性是宣洩慾望黑暗的一面，那麼瀕臨死亡的「愛」只淪為口號。這首詩顯現對「存在」漠然，一切如絞肉機、填表格和一部電影，生命持續死亡，愛不斷消逝，最後只有大量的性留下殘影。

再看〈更多的規則為了更多的例外〉呈現夏宇的思索，縱使疑點甚多，仍能過活。這是詩人面對「我」的流動，從虛無回歸本質的證明。

> 果然出來混總是要還的
> 產生反物質了
> 我還是認為　儘管有點遲疑
> 吻值得反覆　值得深入
> 我準備把自己弄得很乾淨
> 只帶著剩下的自卑感
> 引以為傲地與你相親相愛
> 房東留下整排有關性靈生活的書
> 我從來搞不清楚這四個字的意思
> 我也有睡意但睡不著
> 人生疑點甚多他說
> 我說是啊人生疑點甚多
> 除了雷鬼樂隊
> 和貓薄荷〔註27〕

第一句直述生活經驗，到第二句才變成詩，「反物質」與物質相對，兩者碰撞產生能量。回應詩題，更多的規則產生更多的例外，所以「我還是認為」

〔註27〕夏宇：《詩六十首・更多的規則為了更多的例外》（臺北：夏宇，2011），頁51。

是例外,「吻值得深入」表現對愛的執著。

雖然自卑,卻仍引以為傲,展現自信,對愛的自信。而「性靈生活」是重視精神生活,相對而言為物質生活,「我」搞不清楚性靈生活,表示沒辦法掌握精神的修養,接續「人生疑點甚多」,人生充滿不確定性,規則多、例外也多,除了音樂與貓薄荷,藉由興奮劑暫時免除對生命的焦慮,但是也因此提示了焦慮的存在。如果說對存在的焦慮是一規則,那麼人的思想就是不斷的例外。

最後,《第一人稱》(2016)以老電影院的形式,一張照片搭配一句詩,在全黑的環境下,透過詩人的眼睛,我們閱讀了他看到的世界:詩的世界。第一人稱「我」的誕生:

> 以搖晃和煙霧產生的第一人稱
>
> 我沒有預備準時到達
>
> 遲到十分鐘對大部分情境都不是好概念
>
> 你不是想過要如何辨識我嗎這就是了
>
> 遲到十分鐘我就會為你準時出現
>
> 兩張 X 光片在逆光處重疊
>
> 遇見怎麼會就像不曾遇見〔註28〕

「以搖晃和煙霧產生的第一人稱/我沒有預備準時到達」第一人稱「我」在模糊的狀態下產生,存在的不確定性開始蔓延,「我」可能會、可能不會遲到,但是一開始就沒預備準時。如果準時是規則,遲到就是例外,提示「我」的存在一直是個例外,也就是說「我」是真實的存在,回歸本質。

五、結論

追索後現代詩人主體意識的建構,為本文的起點。在後現代主義中主體空缺的狀態下,筆者藉由弗洛依德的意識及拉康的鏡像理論,企圖從「我」的辨認探討夏宇在詩中的主體意識。

「我」的辨認是主體意識的辨認,分出女性我、群體我兩個面向。女性我屬於性別主體意識,而群體我讓時空開展,兩方面都顯現後現代詩主體位置開放的特質。

〔註28〕夏宇:《第一人稱·(無題)》(臺北:夏宇,2016),小冊子頁 2。

其次，筆者注意到夏宇的詩經常呈現出對存在的焦慮，因此在第三章以「我」的焦慮開展，夏宇的焦慮是一種厭煩，「厭煩」呈現在生存的焦慮感，或是時間的緊張感上。閱讀夏宇的詩，是容易厭煩的，因為它不耐咀嚼、它平鋪直敘又經常重複、倒裝；然而它卻能吸引人一路閱讀下去，想看清楚究竟藏著什麼謎底。雖然結果不一定開心，但是仍無法否認夏宇是一位寫詩的人，他的詩自成宇宙，不索求溫暖或安慰，而給予讀者更多，更多看待這個世界的新角度，更多我們不斷忽略的日常生活。

最後，以「我」的流動詮釋從《備忘錄》（1984）到《第一人稱》（2016）的主體意識特徵，「從表象到虛無」再「回歸本質」。筆者認為夏宇詩中的主體意識「我」先是投射於萬物表象，經由頻繁地思索（磨擦的噪音），造成「我」走向虛無，「我」崩潰於物質世界；直到《詩六十首》（2011）出版，「我」的流動產生新的可能，即回歸本質，透過「我」的實存，展現詩中主體意識，以「第一人稱」宣告「我」的存在。

夏宇背負後現代詩人及女詩人雙重標籤，在絢爛的書衣及靈巧的語言技巧之下，有關夏宇詩的後現代語言表現、顛覆霸權的手法論者眾多，而筆者在建構詩人主體意識的過程中，發現夏宇對「我」的辨認、焦慮與流動亦是值得開展之處。對詩人夏宇而言，處在磨擦的狀態彷彿就是活著的表徵。夏宇的企圖在他對詩的殘暴處理中淋漓盡致。他讓字磨擦、讓詩磨擦、讓詩集磨擦。在聽不見的音頻當中，能感受到一切磨擦的煩躁與快感，能感受到存在，讓一切具體起來。

六、引用書目

1. 李癸雲：《朦朧、清明與流動：論台灣現代女性詩作中的女性主體》，臺北：萬卷樓，2002。

2. 孟樊：《當代臺灣新詩裡論》，臺北：揚智文化，1995。

3. 夏宇：《備忘錄》，臺北：夏宇，1984。

4. 夏宇：《腹語術》，臺北：夏宇，1991。

5. 夏宇：《摩擦‧無以名狀》，臺北：夏宇，1995。

6. 夏宇：《夏宇詩集 Salsa》，臺北：夏宇，1999。

7. 夏宇：《粉紅色噪音》，臺北：夏宇，2007。

8. 夏宇：《那隻斑馬》，臺北：夏宇，2010。

8. 夏宇：《那隻斑馬》，臺北：夏宇，2010。

9. 夏宇：《詩六十首》，臺北：夏宇，2011。

10. 夏宇：《第一人稱》，臺北：夏宇，2016。

11. 陳義芝：《聲納：臺灣現代主義詩學流變》，臺北：九歌，2006。

12. 瘂弦：《深淵》，臺北：晨鐘，1975。

13. 蔡進松、曹逢甫、余玉照總編輯：《文馨當代英漢辭典》，臺北：文馨，2000。

14. 鍾玲：《現代中國繆司：台灣女詩人作品析論》，臺北：聯經，1989。

15. 顧蕙倩：〈論夏宇浪漫美學的個人主體性〉，《臺灣詩學學刊》第 15 期（2010.07），頁 235～264。

16. 拉康（J.M. Lacan）著；褚孝泉譯：《拉康選集》，上海：上海三聯，2001。

17. 米歇爾・傅柯（Michel Foucault），王俊三譯：〈「作者」探義〉，《中外文學》第 13 卷第 1 期（1984.06），頁 130～147。

18. 西格蒙德・佛洛伊德（Sigmund Freud）著；林塵譯：《自我與本我》，上海：上海譯文出版社，2011。

19. 史帝文・貝斯特（Steven Best）、道格拉斯・凱爾納（Douglas Kellner）著；朱元鴻等譯：《後現代理論：批判的質疑》，臺北：巨流，1994。

附錄三：論陳黎《島／國》中的延異策略

摘要：

　　陳黎為著名的後現代詩人，自《島嶼邊緣》開始有明顯的詩風轉變。其詩作中通過變化文字的形音義來達到詩意轉換的嬉戲手法不斷增加，因而受到關注。本文從延異的角度詮釋這類型的嬉戲手法，聚焦於 2014 年《島／國》中運用延異策略的詩作，探究詩人的延異策略如何呈現立足邊緣、兼容天下的後現代精神。

　　「延異」主要在於能指延緩找到所指的動態過程，筆者依據能指運動的軌跡，分為「集中」、「擴散」及「逃逸」三種方式討論。通過能指符號對所指符號的塗抹，達到去中心化以及立體邊緣的效果。

關鍵字：陳黎、島國、延異

一、前言

　　陳黎（1954～）是著名的後現代詩人，[註1]其 1995 年出版的《島嶼邊緣》為後現代詩風的代表作品。[註2]陳黎熱衷於創作，自言：「如果作詩如作曲的話，我的作曲法似乎常藉著形、音、義的歧義性，分裂、發展動機或主題。

〔註 1〕蕭蕭認為夏宇與陳黎是後現代詩最引人注目的兩大氣旋。參見蕭蕭：《後現代新詩美學》（臺北：爾雅，2012 年），頁 55～91。

〔註 2〕陳義芝認為陳黎的《島嶼邊緣》標誌著創作從現代主義手法轉向後現代詩風。參見陳義芝：《現代詩人結構》（臺北：聯合文學，2010 年），頁 165～196。

以此方式，我試著探索有別於其他語文的方塊中文詩的書寫新可能。」〔註3〕借重方塊字的特性，陳黎的後現代詩有鮮明的嬉戲性，展現詩人獨特的幽默感與創造力，讓〈一首因愛睏在輸入時按錯鍵的情詩〉〔註4〕傳頌不絕。

　　而在 2009 到 2014 年間，陳黎連續以符號「／」命名詩集，〔註5〕詩作中多有運用形音義的拆解或組合，因此受到關注。例如孟樊〈陳黎詩作的語音遊戲〉：

> 從《島嶼邊緣》開始，在他逐漸向後現代「超前衛」（trans-avantgardism）語言風格傾斜的同時，文字的物質性（materiality）（字音、字形、字義——尤其是前二者）越發受到重視，以致文字的嬉遊於其晚近的創作中（如《輕／慢》）日益佔有重要的地位，蓋因文字的嬉遊所形成的風趣，至少有一半是出自文字的物質性。〔註6〕

孟樊提出「複詞連用」、「諧音遊戲」與「近音詞連用」來分析詩作，然而僅止於修辭格分析，並於文末總結：「陳黎較為晚期的詩作，擅長以後現代風趣的語音遊戲展現其修辭伎倆，但其骨子裡滲發的則往往具有反諷或批判的現代精神。」〔註7〕姑且不否認陳黎詩作具備批判的現代精神，但是筆者以為陳黎詩作已呈顯出後現代精神。在上述文字的物質性方面，孟樊較關注於字音、字形的變化，然而字義的變化其實指向了後現代有關符號與重寫的概念。楊小濱認為：

> 在許多作品中，陳黎所實踐的是某種文字的拼貼、增刪、擬仿……的寫作策略。也可以說，對陳黎而言，純粹的原創已經不復存在：寫作意味著重寫，亦即寫作是一種德希達（Jacques Derrida）所謂的產生於「延異」（différance）的「蹤跡」〔註8〕

〔註3〕陳黎：《朝／聖・後記：香客朝拜四方五嶽》（臺北：二魚文化，2013 年），頁 230～231。

〔註4〕陳黎：《島嶼邊緣・一首因愛睏在輸入時按錯鍵的情詩》（臺北：皇冠，1995 年），頁 121～122。

〔註5〕分別為：2009 年《輕／慢》、2011 年《我／城》、2012 年《妖／冶》、2013 年《朝／聖》及 2014 年《島／國》。

〔註6〕陳俊榮：〈陳黎詩作的語音遊戲〉，《臺灣詩學學刊》第 18 號（2011 年 12 月），頁 8。

〔註7〕陳俊榮：〈陳黎詩作的語音遊戲〉，頁 27。

〔註8〕楊小濱：〈文學作為「搞學」：陳黎詩中的文字灘塗〉，《國文學報》第 60 期（2016 年 12 月），頁 80。

　　「延異」強調的是符號的差異性，來自能指與所指的脫落。德希達：「『符號』這個詞的意義一直是作為某物的符號被理解與被限定的，它又被理解和限定為指向某個所指的能指；因此，作為能指的符號總是不同於其所指的。」〔註9〕說明符號之所以是符號，就在於「差異」。高宣揚詮釋「延異」為「產生差異的差異」：

　　　　在德里達看來，人所創造的語言符號，其重要的特徵，不只是在於它本身內部和它同所表達的對象之間的差異性；更重要的，是語言符號中的任何一個因素，都包含著當場顯示和未來在不同時空中可能顯示的各種特徵和功能。正因為語言符號中隱含著這些看得見和看不見的，也就是在場的和不在場的、現實的和潛在的特徵和功能，才使人在使用語言的過程中，面臨著一系列非常複雜的差異化運動問題，〔註10〕

符號本身能乘載共時性及歷時性的意義，當話語寫成文本，就會面臨上下文的限制而產生複雜的差異運動，因此強調差異是一種過程，處於動態。「只有使能指和所指脫節，才能使能指的意指活動導向一個『不在』的不斷差異化的領域，並在那裡不但解除了原有的主體中心的秩序，而且也進入了真正無中心的自由領域。」〔註11〕由此可知，詩作中字義的變化涉及符號的延異，而且能夠展現後現代去中心化的精神。〔註12〕

　　相對於中心化的是邊緣性，身處臺灣東部花蓮的詩人陳黎曾自述邊緣特質：「不論我自己的創作是怎麼樣地擺盪變動，我發現在骨子裡，有一種立足島嶼邊緣，可是又可以放眼整個天下的兼容並蓄的特質。」〔註13〕肯定邊緣、立足當下，即具體而微地呈現出後現代精神。陳黎在《島嶼邊緣》之後，2014年

〔註9〕德希達（Jacques Derrida）；張寧譯：《書寫與差異》（臺北：麥田，2004年），頁550。
〔註10〕高宣揚：《後現代論》（臺北：五南，1999年），頁296。
〔註11〕高宣揚：《後現代論》，頁306。
〔註12〕「後現代理論也拒絕現代理論所預設的社會一致性、因果律，偏好多樣性、多元性、片斷性（fragmentation）以及不確定性。此外，後現代理論還放棄了許多現代理論所預設的理性的、統一的主體，偏好一種去（社會及語言）中心的、片斷的主體。」參見史帝文・貝斯特（Steven Best），道格拉斯・凱爾納（Douglas Kellner）著；朱元鴻等翻譯：《後現代理論：批判的質疑》（臺北：巨流，1994年），頁22。
〔註13〕陳黎：〈尋求歷史的聲音〉收錄於王威智編：《在想像與現實間走索：陳黎作品評論集》（臺北：書林，1999年），頁121。

以《島／國》為名，聚焦於臺灣地景描寫，本文選擇以《島／國》為討論中心，探究延異策略如何呈現立足邊緣、兼容天下的後現代精神。

「延異」主要在於能指延緩找到所指的動態過程，以下依據能指運動的軌跡，分為「集中」、「擴散」及「逃逸」三種方式討論。

二、集中

以〈三重〉〔註14〕為例，題目「三重」是指地理區域，而詩人以「三／重」解構能指符號，〔註15〕「三或重」皆有重複疊加的意思。在詩的前六行：

> 14路公車過台北橋，終點站：菜寮……
> 多年多年以後，回娘家，步出太魯閣號
> 或者計程車過忠孝橋，轉中正南路，或者
> 捷運六分鐘到民權西路站，再六分鐘到
> 菜寮站。菜寮，我們的家園，雖然不再有菜
> 時間以三重的速度，多種交通工具行進著

假設以題目「三重」為所指，這裡分出公車、火車、計程車、捷運四種方式前往目標三重，這時所指符號沒有出現，「三重」被轉為時間符號，以速度疊加的方式出現。接著「三重」轉為父權符號：

> 幫助親友建設新家，在他們同樣誕生的廣東
> 家父以為他是國父。在三重我們家，他的確
> 是。是國法，家法，戒嚴法。是國父，家父
> 嚴夫嚴父。三重的尊嚴：為國，為家，為自己

以層遞的方式說明「三重」是國法、家法與戒嚴，再與三重的尊嚴並置；而時間符號持續作用，點出父親逐漸衰老的模樣，家庭與親情的情境逐漸明朗：

> 而時間仁慈地送他拐杖，送他腰痛，調整他執法
> 的速度與力度，送他一個又一個愛他氣他又不敢
> 礙他逆他的兒女孫媳……。

〔註14〕陳黎：《島／國‧三重》（臺北：印刻出版，2014年），頁15～17。

〔註15〕關於「／」的用法，陳黎曾表示：「『輕／慢』一方面是『輕或慢』，『輕和慢』，一方面則是『輕慢』。」以此概念解讀「三／重」，可以觀察到能指符號的多義性。參見陳黎：《輕／慢‧後記》（臺北：二魚文化，2009年），頁169。

最後，「三重」轉為音樂符號，疊加時間符號，詮釋子女由童年至成人的記憶，而那聽起來有點菜、非常台的地方，才是這首詩真正要追索的所指「家」：

> 石枕，在他頑石的腦袋，暗暗滴出一個又一個
>
> 音孔，水與石與時光的三重奏：一個讓他與她
>
> 合成的我們安身／離開的家，一個聽起來有點菜
>
> 非常台的地方，一個讓旋轉木馬永遠迴旋的
>
> 記憶的圓心……。我們又回來了，三重
>
> 14 路公車過 24 忠 24 孝橋，終點站：菜寮……

於是，最後「我們又回來了」終於讓「三重」（能指符號）與「家」（所指符號）重疊。但是又不僅是簡單的重合，最後一行加上「24 忠 24 孝」，將第一行的台北置換為忠孝，詩人藉由一個家庭縮影社會上的忠孝。

觀察「三重」能指符號在時間、父權、音樂、家以及本身的地理意義間流轉、疊加的情況，可以知道能指分散為多個方向，而最終交疊於所指「家」之上。這是能指集中塗抹所指的運動軌跡。

再看〈賴和〉〔註16〕，「賴／和」解構為依賴與安和：

> 我們賴以和民眾共享安和生活者為何？
>
> 十六歲的你說：「好身體！」所以你
>
> 進入醫學校習醫。你二十二歲成親

整首詩以賴和為所指，用賴和的生平細細塗抹，從醫病情境到政治情境，其中穿插的是賴和的筆名「懶雲」所延伸的寫作情境：

> 海　以及波的羅列。而你知道二林事件後
>
> 還有二林事件後　還有二林事件後　還有
>
> 哪一天也許不見了的濕地，白海豚，以及
>
> 無法被禁錮的波……簷前燕子始來歸，幾
>
> 箭蘭花得雨肥。你覺得做為一朵雲，你
>
> 夠濕夠肥了。我們賴以共享安和生活者
>
> 為何？你很想偷偷告訴我們：還有賴和

從「賴／和」繞行回「賴和」，能指符號穿梭於不同情境，追索出立體的所指符號，賴和成為「我們」的寄託或典範的象徵。

〔註16〕陳黎：《島／國‧賴和》，頁 79～82。

三、擴散

以〈台北車站〉〔註17〕為例：

> 台北車站挺著東西南北四個大門站在那裡，向
> 四方張開一張以時刻表記憶卡鋪成的時間地圖：
> 「我是搭莒光號轉普悠瑪號北上的卑南族青年
> 請問尊貴的北部可有鷹架讓我振翅高飛？」
> 「我是越南來的新娘，在阿公店偷偷打工
> 他們說越往北，越好賺錢──敢係真欸？」

以台北車站為所指，而四面八方、縱貫古今的人潮是能指，這些能指通過所指符號後再擴散而去，這是能指從所指離散的運動軌跡。

細看詩行，能指為卑南族青年、越南來的新娘、找頭路的人、搭區間車的 OL、修 EMBA 學分的 CEO、從大阪來的奈緒子、後山離家的同志、菲傭桑德拉、要反攻大陸的他、鐵人三項的我、地下道流浪的我的音樂及慶祝開齋節的穆斯林等。這些能指之間的聯繫性不強，主要是在能指內塗抹自身，例如第四行「振翅高飛」雙關人生順利發展；第六行「越南」對比「越北」，從國家名轉為方位名。從這些塗抹中看到所指台北車站擴散為各個族群的自我認同。

又如〈普通的鄉愁〉：

> 台北／松山／七堵／八堵／暖暖／四腳亭／瑞芳／猴硐／三貂嶺
> ／牡丹／雙溪／貢寮／福隆／石城／大里／大溪／龜山／外澳／
> 頭城／頂埔／礁溪／四城／宜蘭／二結／中里／羅東／冬山／新
> 馬／蘇澳新站／永樂／東澳／南澳／武塔／漢本／和平／和仁／
> 崇德／新城／景美／北埔／花蓮〔註18〕

整首詩僅「大量表列」〔註19〕火車站站名，能指是鄉愁，而每一站有每一站旅客的鄉愁，因為沒有誰比較特別，所以這是普遍而普通的鄉愁。鄉愁能指符號擴散出去，尋找各自的所指，擴大了鄉愁含括性。

〔註17〕陳黎：《島／國・台北車站》，頁 12～14。

〔註18〕陳黎：《島／國・普通的鄉愁》，頁 64～67。

〔註19〕廖咸浩據此評論陳黎《島嶼邊緣・島嶼飛行》一詩的後現代表現，認為大量表列是用以凸顯物件背後的豐饒存在以及物件本身的物質性。參見廖咸浩：〈玫瑰騎士的空中花園──讀陳黎新詩集《島嶼邊緣》〉收錄於王威智編：《在想像與現實間走索：陳黎作品評論集》（臺北：書林，1999 年），頁 156。

四、逃逸

以〈虎尾‧一九七七〉為例：

> 那一天，星期六，家住西部的受訓預官們一早就放假返鄉，規
> 定投票給執政黨的候選人。家住東部和離島的我們這些人吃完
> 了早餐，唱完軍歌，才被放出去到虎尾街上。整個虎尾就那麼
> 一條主要的街，一條不怎麼長的老虎尾巴。我們買半票進入唯
> 一一家戲院，看早晨的歌舞團。隔了那麼多年，我完全忘記演
> 唱了什麼樣的歌，跳了什麼樣的舞。只記得表演到一半，三、
> 四個女郎突然跑上舞台，掀開外袍，光著上下體，微蹲著身子，
> 面對我們，足足好幾分鐘，其中一個，我記得很清楚，挺著一
> 個懷胎多月的肚子。老虎的尾巴像一條鞭子，虎虎有風地打在
> 我心上。像蒼蠅一樣的我們，那一天還環繞著這條虎尾做了什
> 麼，已無印象。那一晚回到營區，臨睡前，從北部投票回來的
> 同袍小聲說出事了，他們把警察局燒了，因為中壢的投票所有
> 人作票。我當時很累，不覺得事情有什麼重要，很快就睡著了。
> 〔註20〕

1977 年的雲林縣虎尾鎮為能指符號，第一個所指符號是虎尾街，在下一行轉
為老虎尾巴；然而這尾巴一點也不怎麼樣，暗示所指符號的落空。緊接著虎
尾變成情慾符號，被女郎挑起的興奮反而是虎虎生風，但是那一天也就如此
過去了，失去印象代表所指的意義落空，能指如蒼蠅般縈繞而徒勞。

最後情境回到選舉上，「有人作票」呼應開頭的「規定投票」，違法的情
事對於詩中的「我」來說不怎麼重要，很快睡著，對於詩中的情境再無反應，
於是能指符號脫離虎尾街、女郎之後，再找不到所指，虎尾的意義就此逃逸
出詩的語境，而難以辨別。

而〈林百貨〉〔註21〕的能指逃逸，則是拆解所指到無以回復的程度。先
看前四行：

> 林百貨，末廣町
> 最摩登的五層樓仔
> 一九三二年，我們

〔註20〕陳黎：《島／國‧虎尾‧一九七七》，頁 89～90。
〔註21〕陳黎：《島／國‧林百貨》，頁 126～128。

台南的一○一

林百貨是一棟五層樓的百貨公司，詩句僅是對台南地景的記錄。接著從五樓至一樓依序羅列販賣的商品，能指符號在這些百貨物件中不斷游離，直到詩的結尾：

林百貨，愛啥有啥

百百貨，百百好

但是，有一好

就無兩好

林百貨，林百好——

褲袋仔無錢

恁ㄅㄟ無好

以「貨」的閩南語讀音轉換至「好」，再加上「林百」轉換成「林ㄅㄟ」，所指符號林百貨被瓦解，剩下個體「我」的不好，因此能指符號的追索落空，詩的語境完全變調，是以能指符號被迫逃逸。

五、小結

觀察《島／國》中的延異策略，其意義有二：一是就各別詩作而言，能指與所指之間的差異運動，達到拓展想像空間，轉移大敘述視角，自由地從多方面角度切入，並置不同詮釋，展現去中心化的後現代精神；其次，就整本詩集而言，每一首詩所展現的地景樣貌，都是對「島國」的重寫，從寫實的角度來看，詩人所戮力經營的所指符號，經由能指符號的集中、擴散或逃逸，讓邊緣的島嶼留下鮮明的蹤跡，這就是寫作的意義。

六、參考書目

1. 史帝文・貝斯特（Steven Best），道格拉斯・凱爾納（Douglas Kellner）著；朱元鴻等翻譯：《後現代理論：批判的質疑》，臺北：巨流，1994 年。

2. 高宣揚：《後現代論》，臺北：五南，1999 年。

3. 陳俊榮：〈陳黎詩作的語音遊戲〉，《臺灣詩學學刊》第 18 號（2011 年 12 月），頁 7～29。

4. 陳義芝：《現代詩人結構》，臺北：聯合文學，2010 年。

5. 陳黎：〈尋求歷史的聲音〉收錄於王威智編：《在想像與現實間走索：陳

黎作品評論集》（臺北：書林，1999 年），頁 121～143。

6. 陳黎：《島嶼邊緣》，臺北：皇冠，1995 年。

7. 陳黎：《輕／慢》，臺北：二魚文化，2009 年。

8. 陳黎：《朝／聖》，臺北：二魚文化，2013 年。

9. 陳黎：《島／國》，臺北：印刻出版，2014 年。

10. 楊小濱：〈文學作為「搵學」：陳黎詩中的文字灘塗〉，《國文學報》第 60 期（2016 年 12 月），頁 79～102。

11. 廖咸浩：〈玫瑰騎士的空中花園──讀陳黎新詩集《島嶼邊緣》〉收錄於王威智編：《在想像與現實間走索：陳黎作品評論集》（臺北：書林，1999 年），頁 145～156。

12. 德希達（Jacques Derrida）；張寧譯：《書寫與差異》，臺北：麥田，2004 年。

13. 蕭蕭：《後現代新詩美學》，臺北：爾雅，2012 年。